本书系 2015 年国家社科基金项目（15BJY171）
"经济新常态下我国商业银行流动性风险的
防控及监管效果研究"部分研究成果

中国特色信贷配给问题研究

周　晔　著

首都经济贸易大学出版社

·北 京·

图书在版编目（CIP）数据

中国特色信贷配给问题研究/周晔著. －－北京：首都经济贸
易大学出版社，2017.10
ISBN 978－7－5638－2718－3

Ⅰ．①中…　Ⅱ．①周…　Ⅲ．①信贷管理—研究—中国
Ⅳ．①F832.4

中国版本图书馆 CIP 数据核字（2017）第 248642 号

中国特色信贷配给问题研究

周晔　著

责任编辑	江　风
封面设计	小　尘
出版发行	首都经济贸易大学出版社
地　　址	北京市朝阳区红庙（邮编 100026）
电　　话	（010）65976483　65065761　65071505（传真）
网　　址	http://www.sjmcb.com
E－mail	publish@ cueb.edu.cn
经　　销	全国新华书店
照　　排	北京砚祥志远激光照排技术有限公司
印　　刷	北京炫彩印刷有限责任公司
开　　本	787 毫米×1092 毫米　1/16
字　　数	268 千字
印　　张	10.75
版　　次	2017 年 10 月第 1 版　2017 年 10 月第 1 次印刷
书　　号	ISBN 978－7－5638－2718－3/F·1515
定　　价	38.00 元

目　录

序　言

一、选题意义与研究目的

随着经济体制改革的深入，中国的金融改革已经跨越过了艰难阶段，成果初现。其中，利率市场化以及商业银行改革是金融体制改革的中心环节。金融改革有助于改变我国长期存在的资源配置低效率的现状，使我国的经济增长方式从粗放型向集约型转变，有助于提高中央银行货币政策的有效性。金融改革还可以为银行等金融市场微观经济主体构建公平的竞争机制，并为我国资本项目的开放奠定基础。

但是，仅仅依靠商业银行改革和利率市场化并不能完全改善我国的资源配置效率，原因就在于针对借款人的不同特点，信贷市场会出现不同的利率约束，利率约束可分为外生性的和内生性的。外生性的约束是指通过法律或制度强制性地设置出不同的利率，如利率上限，这种外生性的约束是可以通过金融改革加以纠正的。内生性的约束是由区分客户不同的风险特征所引发的成本（尤其是信息成本）。由于银行并不能拥有足够的信息区分每一客户的风险特征，尤其是那些新加入市场的客户的风险特征，所以，当这种信息方面的约束很强，以至于信息成本过高或者是甄别的花费过高时，即便通过废除利率上限、促进银行经营自由化以确保银行间的自由竞争，也绝不意味着资本配置效率的改进。

在信贷市场中，企业和银行的经营目标是不一致的。企业的目标是追求自身利润的最大化，需要综合权衡投资项目的风险和收益；而银行只关心贷款本息的收回，更侧重于关注投资项目的风险。在借贷行为发生之前，作为代理人的企业为了吸引银行的信贷资金，往往对商业计划（投资项目）进行包装，这就影响了银行对真实信息的判断，进而引发信贷市场中的信息不对称问题。

信息不对称包括两种情况：其一，市场的一方具有比另一方更好的信息；其二，具有较少信息的一方知道另一方具有信息优势。在信贷市场上，由于委托人和代理人之间的信息不对称，便产生了借款人（企业）隐蔽特征的"逆向选择"行为和隐蔽行动的"道德风险"行为。

信息不对称的存在，使得银行无法分辨借款人质量的差异，因而在某种程度上不得不将高质量的借款人和低质量的借款人统一对待，这样，贷款利率的提高（平等地适用于所有的借款人）会把高质量的借款人挤走，而留下低质量的借款人，潜在的不良贷款风险往往来自于那些积极寻找贷款的低质量的借款人，这便是信贷市场中的逆向选择。在借贷行为发生之后，企业作为代理人对于借贷资金的实际投向及其风险、收益水平、贷款的偿还概率等信息比较了解，银行作为委托人则由于信息不对称而对此并不完全了解。由于二者经营目标上的差异性，企业有可能违反借款合同的约定进行高风险项目的投资，从而发生意外损失，不能按期偿还贷款，这便是信贷市场中的道德风险。由于逆向选择和道德风险使得贷款成为不良贷款风险的可能性增大，即使市场上有风险较低的贷款机会，银行也会有选择地仅满足部分借款人的贷款要求，从而就产生了信贷配给现象。

因为现实世界无法避免不完全信息以及由此导致的信息成本、监督成本，这些因素会迫使贷款人在贷出资金前，考虑借款项目的经营风险以及对借款人进行监督所需的成本，所以在向企业贷款时，贷款人会要求借款人承担一定的风险溢价。[①] 许多时候，面对一个借款人，贷款人所要考虑的问题不是要求多高的利率合适，而是借款人能否偿还贷款。这意味着在贷款人收益与贷款利率构成的坐标系中，贷款人收益在随贷款利率的提高而上升到一定水平后，将随贷款利率的上升而下降。在这种情况下，贷款人会在预期收益最大点锁定利率，并且有选择地满足借款人的借款需求将成为贷款人的理性选择，由此导致借款人在资金供应紧张时将不得不面对极为严厉的信贷配给，即便其愿意提高利率也无法从正常渠道借得资金。

非对称信息下的逆向选择和道德风险问题，一方面造成银行的大量存款贷不出去，使银行的贷款收益达不到对称信息下的帕累托最优水平；另一方面又造成企业资金短缺，使企业生产经营和投资无法正常进行。在以往金融自由化的文献中，仅仅强调了废除利率上限以及促使银行间的自由竞争等外生性约束，这在很大程度上忽视了信贷市场的内生约束，如信息不对称的影响。当外生性的约束，尤其是利率上限被取消以后，内生性的约束能够对资本的有效分配产生巨大的负面影响，甚至有可能成为信贷资源有效配置的关键障碍。由于大多数发展中国家的资本市场并不发达，国内的资本只能通过银行系统进行分配，因此这种影响显得尤其重要。

纵观中国近 40 年的经济改革进程，不难发现，各种显性或者隐性存在着的政府干预、利率管制、金融市场分割、银行业垄断等结构性问题，使得信贷市场中商业银行与企业之间的借贷行为经常带有信贷配给的特征，但又有一些不同于传统西方信贷配给模型中所描述的那种信贷市场的特点。这些特征大致表现为以下三种：

第一，许多企业具有投资高风险项目的强烈倾向，导致它们的还款拖欠率相当高，银行的坏账、呆账多，财务状况较差。

第二，不仅企业，而且不少商业银行也有投资高风险项目的强烈倾向。表现为商业银行既在高端市场上无节制地实施信贷集中，又在低端市场用严格的非信用保障条款配给数量相当的贷款，使得它们的主营业务利润率不稳定，受经济周期和国家宏观经济政策的影响极大，表现出较强的顺周期性。

第三，在经济改革初期，国家没有赋予银行视信贷市场变动相机调整利率的权利，银行不能运用利率机制甄别借款企业的风险类型，普遍实行按照配额分配贷款，因此银行与企业间的关系在一定程度和范围内具有信贷配给的特征。银行运用信贷配给的

---

① 这一风险溢价常常会大大高于借款人对借款项目风险程度的评估，将借款人挤出信贷市场。

权力，谋取自身利益最大化的方式，并不完全从银行账面利润最大化出发，而是兼有东亚各国普遍盛行的关系色彩，承续了计划经济时期听命于上级的官僚色彩和一定程度上的灰色收入色彩。在经济改革的后期，政府隐性金融干预则是形成信贷配给的途径之一。在我国东、中部地区，政府隐性干预下信贷配给表现为对私营个体单位的贷款支持，对公有制经济单位的配给。而对于西部地区，政府隐性干预下信贷配给表现为对公有制经济单位的贷款支持，对私营个体经济单位的配给。

上述三种表现引起的机会主义行为（逆向选择和道德风险行为）具有中国特色。因此，尽管中国的商业银行普遍存在着信贷配给，但这种信贷配给的主要原因并不能通过传统信贷配给理论加以解释，而应归结于银行自身对利润最大化目标的偏离。

依据斯蒂格利茨和韦斯（Stiglitz & Weiss，1981）的信贷配给理论，信贷配给的目的在于避免或减少逆向选择和道德风险行为，而中国银行业偏离利润最大化目标的一个重要原因就在于中央或地方政府的行政指导和干预。显然，具有中国特色的信贷配给无助于避免或减少企业的逆向选择和道德风险行为，所以中国银行体系改革最主要的目标理应回归到让银行重新定位于利润最大化目标。

中国是一个资本相对稀缺、劳动力相对丰富的国家，资金的匮乏导致中国金融体制发展的每一阶段都始终贯穿着资金配给的现实。在国有银行商业化改造完成以前，在政府主导的信贷分配机制下，除了政府直接施加的利率限制和信贷计划之外，还通过政府对国有银行的操控，将信贷资源直接配置给特定的借款厂商群体，即受到政府偏好的企业群体——国有企业能以非常低的成本享用信贷资源，而其他企业则必须依赖于企业的内部融资。随着中国市场经济的不断完善，尤其是随着20世纪90年代中后期微观主体市场力量的不断增强，国有银行开始受到"优胜劣汰"的市场机制制约，在市场风险逐渐凸现的情况下，受历史以及制度因素的限制，商业银行捕获和筛选信息的能力却没有随之增强，致使尖锐的信息问题成为信贷配给泛滥的另一个重要原因。而那些会减轻借贷双方信息不对称程度、为借款人与贷款人间的贷款交易提供借款人信息的制度，如评定信贷等级的中介机构以及健全可靠的会计、审计和信息披露制度，在我国部分区域的信贷市场还并不健全。随着金融领域的改革深化，逐步放开的利率使得信贷市场上的风险也随之增大，这些风险无时无刻不在威胁着商业银行资产质量的安全，商业银行的信贷配给策略也逐渐演变成为一种市场选择。

当前，对于中国这样的发展中国家来讲，信贷配给机制对银行预期利润和风险的影响是双重的。一方面，由信息不对称导致的市场风险，迫使银行在考虑自身的收益问题时，通常会采取配给措施降低自身风险；另一方面，由政府主导的信贷配给却通过逆向选择，在令贷款人（金融机构）风险增加的同时，还会增加市场的贷款需求，迫使低风险的投资项目退出信贷市场。在这两种因素的共同作用下，形成了中国现有的金融资源配置方式。虽然我国资本市场正在逐步完善，但银行体系依然还是金融资源配置的主要渠道，所以，在这种双重信贷配给机制的共同作用下，信贷市场中将出现多重均衡的情况，导致市场机制的失灵，形成二元金融结构，令中国经济时常陷入金融困境之中。

因此，中国特色的信贷配给机制有其特性，会给市场化改革后金融市场的运行带来很大的障碍。在此背景下，借鉴国外信贷配给理论，结合国内的实际情况，研究中国信贷市场当前存在的问题，深化金融体制改革实属必要。

第一，虽然信贷配给理论已经经历了几十年的发展，理论框架已经基本成熟，但是在现实社会中，由于不完全信息和风险是普遍存在的，当信贷市场受制于这些约束时，许多政策建议对信贷市场运行机制的有效性将会丧失解释能力。因而现有文献无法对信贷及金融市场的应用研究以及发展中国家的金融改革产生巨大影响。

第二，相关文献也忽视了对金融业市场结构，如对大多数欠发达国家中的寡占型及卡特尔型银行体系的研究。我国中小企业在国民经济中的贡献份额与其所获金融支持的不对等性，一方面反映了信息成本因素阻碍了信贷配给的局部均衡向社会总体福利均衡的收敛，另一方面也与我国集中统一的国有垄断银行体制这一结构性因素分不开。

第三，从国内的情况来看，部分学者对信贷配给理论进行了研究，但大多数成果或是对国外理论的介绍和评论，或是依据国外的理论阐述信贷配给对中国宏观经济调控所造成的影响，或是针对某一地区信贷配给的个案进行研究，做一些简单的定量分析。从总体而言，尚没有结合中国转型经济特点所进行的深入研究。

基于上述原因，笔者认为，选择"中国特色信贷配给问题研究"这一课题具有重要的理论价值和实践意义。本书从信息不对称和政府控制金融资源配置的角度出发，研究中国转型经济所特有的信贷配给现象，力求全面解释中国信贷配给的机理，以及它对微观主体（银行与企业）所造成的影响；通过考察信贷配给下资源配置的效率，将信贷配给与我国的二元金融结构、银行业市场结构等因素结合起来，分析研究信贷配给下货币政策运行的效果，以及信贷配给对宏观经济、对经济增长路径和对微观主体的影响，指出目前信贷市场上金融资源配置效率低下的根源，为我国下一步的金融改革提供相应的理论基础。

本书对信贷配给理论的研究对于我国金融体制的改革实践也具有重要的指导意义。当前，我国正处于深化金融体制改革的关键时期，对信贷配给理论的研究有助于改革银行的运行机制、取消政府对资金配置的行政干预、促进国有银行的独立经营，有助于建立公平竞争的信贷市场、降低获取信息的成本，有助于改革我国的资源配置机制、提高分配效率，有助于减少银行的盲目借贷行为、降低不良资产比率。这对于我们完善金融市场、引导金融资源流动、优化资源配置、充分发挥金融资源在我国经济发展中的作用，均具有重大的现实意义。

二、研究思路和本书的结构安排

本书通过借鉴已有信贷配给理论的研究成果，从中国金融市场的现存问题入手，对中国转型经济环境中金融业改革进行回顾，指出中国现阶段的信贷配给是在政府和市场风险共同作用下所形成的"双重信贷配给"机制。进而，本书指出政府是如何通过银行业市场结构、银行业进入以及退出壁垒、利率管制和信贷规则等手段，达到其主导信贷资源配置的目的。虽然政府干预的前提条件逐步消失，但是过度的政府干预行为却并没有消除。这样，由政府主导的信贷配给与商业银行主体出于对信用风险惧怕所实施的信贷配给交织在一起，形成了具有中国特色的信贷配给机制，对中国的经济增长带来了不可忽视的影响。伴随着中国的经济体制改革、金融体制改革，以及中国市场经济的逐渐成长壮大，中国经济经历了从资金匮乏阶段向资金丰裕阶段的转变，期间信贷配给的方式此消彼长，也在经历着从政府主导的信贷配给向市场主导信贷配给的转变，配给机制正逐渐发生着变化。

本书通过研究信贷配给的形成机制、形成原因、信贷配给所形成的金融困境，论述两种不同信贷配给方式的动态演变历程，指出信贷配给对银行业绩效、各类企业经济结构乃至于资金流动的影响。本书还借鉴了西方信贷配给的数理模型，并针对中国的现状加以修改。通过对一个不完全信息下经济增长路径两种选择模型的修正，分析信贷配给对经济增长的影响。本书的最后部分，在理论分析的基础上提出了中国解决信贷配给问题的政策建议。

本书共分为五章。

第一章是信贷配给理论综述部分，目的是为中国信贷配给机制奠定理论基础。首先讲述信贷配给理论的演进历程；其次介绍信贷配给理论的微观和宏观理论基础及其研究的最新进展。

第二章是对中国信贷配给的演进过程及机制的分析。首先，通过对中国银行业改革各个时期的回顾，透视金融业市场化的历程，并且证实中国经济已经实现了从资金匮乏阶段向资金丰裕阶段的转变；其次，阐述中国双重信贷配给的形成机制，分析信贷配给的形成条件，并且对信贷配给所造成的金融困境加以解释；最后，论证当前的金融结构是在利率逐步自由化的背景下，银行双重信贷配给共同作用的产物。

第三章阐述不完全信息对银行业市场结构所造成的影响。首先，评述银行市场结构的相关理论；其次，针对中国银行业现状，运用市场份额、市场集中度、市场壁垒等指标，对信贷配给机制下中国银行业的市场结构进行分析；最后，详细阐述中国银行业市场结构对信贷配给的影响分析，包括信贷配给主导下金融资源行政性垄断造成的银行业经济效率低下以及造成的社会福利损失。

第四章主要阐述信贷配给对中国经济的影响。首先，针对信贷配给对货币政策所造成的影响进行分析，论证宽松的货币政策与信贷配给并存的后果；其次，阐述信贷配给对经济基本面微观经济、宏观经济的影响，主要是其对国内企业、投资、区域金融资源配置、资金流动等方面的负面影响；最后，通过一个不完全信息下的新古典经济增长模型，描述不完全信息如何导致信贷配给、不完全信息下的经济增长以及资本积累的路径选择等问题。

第五章在上述各章分析的基础上，有针对性地提出消除信贷配给负面影响的政策建议，即引入竞争体制，消除国有银行垄断，推进银行体系的混合所有制改革，促进商业银行的独立经营；建立公平竞争的信贷市场，降低获取信息的成本；改革信贷资源配置机制，提高分配效率。

三、本书的研究方法和创新之处

本书主要运用以下四种研究方法。

（1）参考新凯恩斯主义学派关于信贷配给的研究成果和方法，对中国转型经济中的信贷市场进行分析，指出信贷配给所造成的中国信贷市场中的各种弊端，如金融市场的二元结构、银行业的寡头垄断、银行业所有制结构缺陷以及四大国有商业银行的资金运用和资金配置效率低下等问题。

（2）多处运用信息经济学的研究方法，分析不对称信息下，由逆向选择以及道德风险所造成的信贷配给对银企关系的影响，指出现阶段所出现的信贷配给现象的实质是信息不对称下的次优选择。此外，还借鉴福利经济学的分析方法，分析国有企业逆向选择所造成的金融困境。

（3）借鉴产业组织理论，通过 S－C－P（Structure Conduct Performance）范式，对中国银行业的市场结构做出判断，分析银行业市场结构对银行绩效以及银行市场行为所产生的影响。

（4）在论述信贷配给对经济增长的影响时，还借鉴了新古典经济增长模型，证明了当经济达到均衡时，贷款合同的形式依赖于经济中资本积累的水平，并且论证了当经济达到均衡时所采用的合同形式以及资本积累的动态均衡路径。模型证明，伴随着筛选合同的经济将沿着更高的资本积累路径增长，并且将获得更高的稳定资本存量。

从总体上讲，本书从信贷配给对中国金融资源配置的影响这一角度入手，结合中国转型经济的特点进行深入研究，创新之处体现在以下四个方面。

（1）研究从国内微观经济主体的特征出发，重点分析中国信贷配给的成因，并从信息经济学、福利经济学、产业经济学以及制度经济学等角度，论述信贷配给对中国经济的影响，提出中国目前的配给机制是一种双重的信贷配给机制。

（2）在中国经济转轨的过程中，二元金融结构的存在和发展应是中国现行资源配置的结果，或者说是在利率逐步市场化的背景下，由政府行政主导以及由市场风险所引起的银行双重信贷配给共同作用的产物，而中国的金融抑制政策并不是非正规金融广泛存在的根源。

（3）政府主导的信贷配给机制对于银行部门的市场结构的影响巨大，政府主导信贷配给的减少将加剧银行业的竞争。但是，在信息严重不对称的市场上，由于逆向选择和道德风险将对贷款合同产生影响，银行的市场结构对信贷配给机制的作用不能被低估。所以，仅仅通过银行系统自身的改革不会获得足够的效率，政府在银行业改革过程中应考虑银行市场结构的影响。

（4）通过不完全信息下的经济增长模型，演示出贷款合同随着信息可获得性提高而发生演变的过程，进而推导出金融深化发生的条件；证明银行一旦实现从使用信贷配给向筛选信贷合同的演进，将会把资本积累推入更高的动态路径，并且获得更高的稳定的资本存量。

第一章　信贷配给理论综述

理论文献中很早就有对信贷配给现象的描述，但是直到 20 世纪 50 年代初，经济学家才开始寻找信贷配给存在的微观基础，起初从银行对不同资产具有不同的偏好，以及市场本身竞争不完全等角度分析信贷配给的成因。但是，随着理论的发展，人们逐渐开始关注风险及其他因素对信贷配给的作用。20 世纪 70 年代中期，不完全信息理论被广泛用于研究信贷配给，进入 80 年代之后，合约理论也被引入解释信贷配给现象。从信贷配给理论的演进可以看出，对信贷配给现象的研究成果成为新凯恩斯主义学派理论框架的重要组成部分，在一定程度上反映了这一时期经济学的发展趋势。本章从信贷配给理论的演进历程入手，力图通过对信贷配给理论的微观和宏观基本理论及其进展的评述，阐明信贷配给理论。

第一节　信贷配给理论的演进

一、信贷配给理论的发展过程

两百多年前，亚当·斯密（Adam Smith，1776）在《国富论》中论述高利贷的最高数额时，曾扼要地探讨过信贷配给。他认为，"如果英国法定利息率，规定为百分之八或百分之十，那么，就有大部分待借的货币，会借到浪费者和投机家手里去，因为只有他们这一类人，愿意出这样高的利息。诚实的人只能以使用货币所获得的利润的一部分，作为使用货币的报酬，所以，不敢和他们竞争。"[①] 后来，凯恩斯（Keynes）在其《货币论》中也提到了信贷配给的作用，他认为"未被满足的借方资金需求"[②] 是影响投资数量的一个重要因素。

第二次世界大战后，信贷配给被罗萨（Roosa，1951）以及美联储的其他一些专家所推崇，作为"可贷资金学说"的一部分风行于美国。其要点是信贷配给单独地影响了投资利率以及其他一些改变借方需求时间的要素。罗萨强调，信贷配给现象是受某些制度制约所导致的长期非均衡现象。例如，政府约束的利率上限、制度约束的商业银行最小资产流动性要求等。这些现象造成了整体信贷供给的刚性约束。他认为，减少货币供给虽然仅仅会使利率少量增加，但却对信贷有重大的限制作用。这种在信贷需求者并没有降低他们需求的情况下，信贷数量却受到抑制现象的原因在于，银行通

[①] 亚当·斯密：《国富论》，陕西人民出版社，2002 年版，第 392 页。
[②] 凯恩斯：《货币论》（第 I 卷），商务印书馆，1997 年版，第 212－213 页。

过某些非价格手段，比如，通过一些分配计划，将信贷资源配置给它们的客户。银行减少客户信贷数量的行为约束了信贷资源，减少了资金的可获得程度。由此，罗萨暗示了在某种程度上，信贷配给是一个可供选择的货币政策传播途径。

"信贷配给是贷款人利润最大化行为的理性选择"，这一观点曾受到萨缪尔森（Samuelson）的挑战。他认为，非价格调整的信贷配给与利润最大化的行为是完全不一致的。但是与他的观点相反，有关信贷配给研究的进展却证明了信贷配给与利润最大化的行为是相一致的。豪治曼（Hodgman，1960）首先提出这样一种观点，所有关于信贷配给的解释不管是基于什么样的原因，都存在着利率黏性①的假定。进而，他给出了一个由理性的、追求利润最大化的贷款人所决定的信贷配给理论。豪治曼以及其后绝大多数基于这种设想的文献（加菲和莫迪格里亚尼除外）都致力于证实以下观点：相对于单个借款人，贷款人的信贷供给很可能是完全没有弹性的；甚至在某些利率下，信贷的供给曲线是向后弯曲的，贷款利率的增加不会诱使贷款人增加他愿意提供的信贷数量。这种论点的关键在于违约风险的存在。豪治曼等人认为，当贷款达到某一规模后，利率的增加并不能弥补给银行造成的损失。

这种损失源于贷款规模扩大所引起借款人违约风险的增大。在借款人财富给定的情况下，借款人最终能够偿付贷款的能力是有限的。所以，对银行而言，向单个借款人增加贷款会大大提升风险，这使得贷款利率成为贷款数量的非线性函数，如图1-1所示。信贷供给曲线的这种特性意味着针对借款人所愿意支付的利率，银行给予它的贷款额存在某一最大值，这同时也证明了信贷配给与追求利润最大化的理性行为相一致。所以，加菲和莫迪格里亚尼（Jaffee & Modigliani，1976）认为，对信贷配给的论证不仅要求分析贷款的供给，而且还要分析贷款的需求，尤其是要注意这两个决定价格的变量间的相互影响。他们通过假定在信贷市场上银行是价格的设定者，将问题简化为贷款人能否设定某一最佳的利率，在此最佳利率下，银行达到收益最大化，从而没有改变利率的倾向。但这一最佳利率会导致需求超过供给，即过度需求。

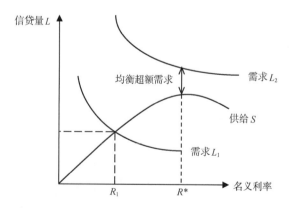

图1-1 贷款供给函数

从 20 世纪 70 年代开始，学术界对信贷配给及其形式和类型进行了深入探讨。长期以来，学术界对什么是信贷配给并没有一个清晰准确的定义，在有关文献中相当流行的观点就是把信贷配给定义为：通过提高贷款的"价格"把借款人挤出市场的现象，比如，通过利率以外的其他价格向量把借款人挤出市场。但是，在此情况下，被排挤出信贷市场的潜在的借款人会认为价格（借贷成本）太高了，所以通过利率以及除利率以外的其他价格因素将借款人挤出信贷市场的做法经常会被误认为是依据价格进行配置。

在对信贷配给理论的探讨过程中，加菲和莫迪格里亚尼（1969）很早就界定了信贷配给的两种相应形式，即均衡的信贷配给和动态（或非均衡）的信贷配给。其中，均衡的信贷配给被定义为当贷款利率被设定在其长期均衡水平时所发生的配给。动态的信贷配给则被定义为在短期内，当贷款利率不能被充分调整到长期最佳利率水平时所发生的配给。

现代信贷配给文献主要关注于均衡的配给，它们致力于阐述当价格持续保持在某一水平的情况下，持续超过供给的需求仍然与理性的借贷行为保持一致，即"关于信贷配给理论著述的目标，是识别那些作为充足条件使得理性的和非强迫的贷款人在连续的基础上，维持低于市场结算水平的贷款理论的内在因素。"[1]

对于均衡的信贷配给来说，相关文献主要关注于如何使市场出清这样一个问题，即究竟是通过调节贷款利率使市场出清，还是通过调节贷款合同的非价格因素[2]使市场出清。对此，巴尔滕斯波格（Baltensperger, 1978）提出，信贷配给是一种即便某些借款人愿意满足合同中所规定的价格和非价格因素，但他们的贷款需求还是无法得到满足的现象。巴尔滕斯波格的定义暗示着当在某一利率水平下存在着贷款的过度需求时，对于贷款人来说更为有利的反应不是提高利率，而是在较低的利率下配给信贷。

基通（Keeton, 1979）进而在假定商业银行面对的借款者群体多于其利率价格组合的前提下，把信贷配给分为两种类型：

Ⅰ类配给：在某一给定借款人群体中，全部或部分借款人受到了配给限制。

Ⅱ类配给：从贷款人的角度划分数类群体，其中某些群体的借款人得到贷款，而其他群体的借款人受到配给限制。

Ⅰ类配给与Ⅱ类配给的区别在于，假定有 2N 个借款人，融资需求为 1 个单位，资金供给为 N。Ⅰ类配给意味着每个借款人能得到 0.5 单位的贷款，Ⅱ类配给意味着从 2N 个候选人中随机挑选出的 N 个人里面，每人得到 1 单位的贷款。

尽管信贷配给所论证的是"价格向量"对借贷双方的影响，但是作为一种服务的贷款仅仅由利率表示并不够，还需要对其进行全方面的描述才能表达出它的特性。贷款合同中的某些非价格因素，比如担保、抵押品，以及借款人在投资项目中股权数量

---

① 《新帕尔格雷夫经济学大词典》，经济科学出版社，1996 年，第 778 页。
② 价格因素是指银行要求的，且不受政府约束的贷款利率水平，而非价格因素是指比如通过规定担保或抵押品，借款人所拥有投资的证券的数量，以及通过规定贷款期限的长短等信贷要求所制定的一系列价格以外的其他制约贷款的因素。

的改变等非利率因素的变化，都意味着可以通过不同类型的贷款设计，粗略地区分借款人，而这些都是对"名义"借贷利率的反应。这些因素的变化还预示着应该把信贷市场视为一个具有许多异质品种并且具有多重均衡的市场。此外，信贷并不是精确可分的商品，因此，当出现借款人更愿意在某给定利率借贷更多资金，而他的需求却未被满足的情况时，并不一定意味着他受到了信贷配给的限制。而在完全条件（Contingent）市场里，不满足合同条款而被拒绝的借款需求与信贷配给之间的区别却是比较明显的。因为任何借款人（厂商）都可以按照未来现金流量的净值融资，不会出现信贷配给。

另外，信贷配给还经常用来指某些被完全排除在信贷市场之外的借款人。由于这些借款人的未来现金流量或担保情况并不满足贷款条件，因此这类现象被称为触犯"红线（Redlining）"，这也不是均衡的信贷配给。

二、信贷配给理论的有关争论

（一）基于对贷款利率差别有限的争论

加菲和莫迪格里亚尼（Jaffee & Modigliani, 1969）认为，任何从制度上限制贷款人对存在差异的借款人索取不同信贷条件的做法，如利率上限，都将导致非均衡的信贷配给。他们证明，当一家垄断银行由于监管等原因不能实行差别定价时，将会以信贷配给代替浮动利率。

加菲和莫迪格里亚尼强调，在特定的约束条件下，银行对不同的客户所能索取的利率并不相同。他们假定，银行基本上可以被视为一个价格设定的寡占者，借款人则被视为价格接受者。因此，借款人的需求函数建立在其价格接受行为的基础之上，贷款人沿着借款人的需求函数求解自身行为的最优解。相对于他们自身的风险特性和需求函数，不同的借款人会有不同的选择。在贷款人能够为他所遇到的每一位客户设定贷款利率的情况下，贷款人永远不会把价格设定在客户的需求超过贷款人的最佳供给以上的水平，在这里，很明显没有客户被配给。然而，由于客观条件所限，商业银行面对的借款群体会多于其利率价格组合，此时，银行根据不同客户所设定的贷款利率差别是有限的。从某种意义上讲，就是向不同品质的客户索取相同的利率。客户被索取的利率是当银行把客户划分为不同的群体后，相对于其所属群体的最佳利率。[①] 在此利率下，由于群体内部分客户的需求超过贷款人对他们的最佳供给，以至于这些客户被配给。

基于贷款利率差别有限来论证信贷配给应该更为合理。如果把贷款利率差别有限按照模型的内生因素来解释，而不是被简单地推断为一种制度的原因，它能够被解释为将不同客户以及其风险特性（风险特性的甄别构成筛选成本）完全区分出来的成本（尤其是信息成本）问题。考斯克拉（Koskela, 1976）曾论述过银行没有完全筛选客户能力的现象，并且他的观点被加菲和拉塞尔（Jaffee & Russell, 1976）当作贷款利率差

---

① 此群体中各个成员利率的平均值。

别有限的原因。加菲和拉塞尔曾断言，至少在存在新客户的情况下，充分区分客户的风险特性是不可能的，或者是成本过高的。这种不具有完全筛选客户的能力意味着银行发放贷款的成本函数是不可分的，原因在于被核准的贷款的边际成本并不因客户的变化而变化。但是对于那些老客户来说，由于彼此比较了解，信息相对完备，因而被银行核准的信贷的成本函数相对于不同的客户应该是可分的，在这种情况下，筛选则是有可能的。

正如加菲和莫迪格里亚尼所论述的，如果存在贷款利率的制度约束或者对借款人的区别，那么通过允许贷款合同中的非利率因素在调节过程中发挥作用，将会改善其配置效率，原因是这将会放松施加在有效贷款利率上的约束。所以，只要配给像加菲和莫迪格里亚尼所关注的那样[1]，区分外生的和内生的约束就显得非常重要。由于内生约束基于信息不对称，因而不应该被视为引起市场无效和扭曲的因素。此外，由于在贷款市场中某些成本因素的存在，它还代表了对市场的有效反应。

（二）有关非均衡信贷配给的争论

由于信贷配给的行为基于对客户不完全的价格区分，即基于对不同借贷者在某种形式上的价格刚性，所以银行贷款价格（利率）调整缓慢的问题会在时间维度上出现跨期积累现象，并且与跨期成本或者需求转移联系。也就是，当价格不能通过连续的瞬间调整来适应成本或需求条件变化时就会产生暂时的超额需求或者暂时的超额供给，导致信贷出现配给的可能性，这种配给可以称为"非均衡配给"。克劳尔（Clower，1965）首先提出，"非均衡配给"并不单是借贷市场所独有的，它可能并且在某种程度上会在任何市场发生。对非均衡的非瞬间市场调整所导致的配给，也就是说，在一个更一般背景下"缓慢"的价格调整，才形成了非均衡的配给。巴罗和格罗斯曼（Barro & Grossman，1976）等人认为，虽然"均衡配给"在信贷配给的争论中占据支配地位，但是这种非均衡的配给理论甚至可能会比"均衡配给"更为重要。

由于价格调整的成本，银行不能连续地调整价格，至少暂时不能诉诸数量调整，因而考斯克拉（Koskela，chap.6）论述了巴罗模型的方法。他认为，如果银行每次调整价格都要耗费一些成本，那么在千变万化的市场中，银行将不会对价格进行连续的调整以达到其所希望的均衡值，而是仅仅在其所得利益大于调整成本时才会这么做。其结果就得到一个最优价格调整的供给成本策略，在特定的区域内[2]没有调整的必要。在市场中，此类影响价格调整成本的因素，既可以是直接的管理成本，比如雇佣人员、建立分支机构的信息成本，也可以是广告费用的变化等。阿尔钦（Alchian，1970）强调了稳定的价格政策会带给顾客储蓄成本[3]以及购买排队和存储费用的降低。考斯克拉试图根据艾扎瑞亚迪斯（Azariadis，1976）、拜利（Bailey，1974）以及戈登（Gordon，1974）的劳动力市场模型，通过设计"刚性"贷款契约，分担为风险规避借方和风险

---

① 加菲和莫迪格里亚尼类型的配给基于贷款利率和贷款条款的约束（它是一种"配给均衡"）。
② 其界限依赖调整成本的大小和性质。
③ 此类成本可以通过需求函数传达给贷方。

中性贷方之间的风险。他们将银行视为在固定的或者"可预测"的条件下提供贷款合同，风险回避的借贷方被假设为为了获取更高的期望价格，愿意为贷款合同中借贷者或者有关借贷人信息的某些特性信息支付费用，至少支付部分被视为"特定信息"的费用，或者是说，只有特定银行才能"拥有"的信息费用。

对阿尔钦（Alchian，1970）主张的另一种解释是根据"客观"的搜寻成本，而不是依赖于主观的风险规避。米尔德（Mild，1974）沿着这一思路来研究信贷配给。由于搜寻信息的成本，银行把消费者分为不同的风险等级的成本是昂贵的，也是不完善的，所以银行只需要制定出自己的价格，使每一个借贷者直接面对各家银行所提供不同价格的一个分布。由于借贷者更为重视价格变化对其自身成本所带来的变化，因此他们将在银行之间搜寻，而价格变动的减少将导致这种搜寻以及与之相关成本的降低。

第二节 信贷配给的微观理论基础

一、有限责任贷款的低效率

信贷学派自20世纪70年代以来发展得很快，它以信息不完全条件下的违约风险为基础，形成了严格的信贷配给理论。该理论从微观主体的角度出发，解释了信贷可获性的重要性，也解释了为什么金融机构（银行）和金融工具（信贷合约）会构成现在这种状态。在对信贷市场的分析中，随着不对称信息的引入，大量研究已经认同如下观点：在没有政府干预的情况下，由于借款人存在的逆向选择和道德风险行为，信贷配给会产生一种与贷款人理性行为相一致的长期均衡现象。在这种观点影响下，关于信贷配给的微观理论研究分为两类：一类是逆向选择模型；另一类则是"隐蔽行动"（Hidden Action）和"隐蔽知识"的道德风险模型。

在阐释这两种模型以前，首先假定银行为风险中性，借款人分为两种类型：一种是偏好风险的高风险借款人；一种是厌恶风险的低风险借款人。银行和借款人均以利润最大化为目标，由于银行间存在竞争，所以银行只能获得零利润。银行不知道借款人的类型，但是银行知道借款人成功概率的累积分布函数和密度函数，令银行资金的供给没有限制，一切潜在的贷款要求都可能会得到满足。同时，假设存款利率即银行资金的成本不变，因为银行的资金来自存款人，所以银行不会受到存款者资金供给的影响。

（一）对称信息下的有限责任贷款

在对称信息下，银行可以掌握借款人类型的信息，因而银行能够提供两种利率不同的贷款给两类借款人，此时最优契约为分离契约。在银行零利润的条件下，最优契约是使两种类型借款人的期望收入最大化的契约。当实行的是有限责任贷款时，借款人没有提供担保或抵押，一旦投资项目失败，银行不但不能从失败者那里获得任何回报，反而会丧失本金以及本金的机会成本——银行的存款利率 r。

将厂商投资项目的资金需求标准化为一个单位，投资安全类项目的成功概率为 p_s，投资风险类项目的成功概率为 p_r，$p_s > p_r$。此时，银行的零利润约束为：

$$\begin{cases} p_s(1 + r_s) - (1 + r) = 0 \\ p_r(1 + r_r) - (1 + r) = 0 \end{cases}$$

其中，r_s 和 r_r 分别代表银行向安全和有风险的借款人索取的利率，解之得：

$$\begin{cases} r_s = \dfrac{(1 + r)}{p_s} - 1 \\ r_r = \dfrac{(1 + r)}{p_r} - 1 \end{cases}$$

由于 $p_s > p_r$，所以银行向安全借款人索取的利率要比向风险借款人索取的利率低。

（二）不对称信息下的有限责任贷款

信息不对称主要包括三方面的内容：一是交易双方中的任何一方都未获得完全清楚的信息；二是有关交易的信息在交易双方之间的分布是不对称的，即一方比另一方占有较多的相关信息，但是交易双方对于各自在信息占有方面的地位不清楚；三是交易双方对于各自在信息占有方面的相对地位都是清楚的。这种相关信息占有的不对称状况将导致在交易完成前后分别产生逆向选择和道德风险问题，它们严重地降低市场运行效率，在极端情况下甚至会造成市场交易的停滞。

在不对称信息下，由于银行不知道借款人的类型，不能提供两种不同利率的贷款给两类借款人，原因在于风险借款人会冒充安全借款人获得低利率的贷款，导致银行无法实现盈利，而是出现负利润。因此，这时的最优契约为混合契约。

用 r_p 代表混合契约下的银行利率，则混合契约下银行实现零利润的条件为：

$$(1 - a)p_s(1 + r_p) + ap_r(1 + r_p) - (1 + r) = 0$$

解之得：$r_p = \dfrac{(1 + r) - [(1 - a)p_s + ap_r]}{(1 - a)p_s + ap_r} = \dfrac{(1 + r)}{(1 - a)p_s + ap_r} - 1$

由 $p_s > p_r$，可知 $p_s \leq (1 - a)p_s + ap_r \leq p_r$，所以 $r_s \leq r_p \leq r_r$。但是，r_p 是否能够成为最优混合利率，还要看它是否满足借款人的参与约束。[①]

这里要插入关于投入—产出不同假设的论证。第一种有代表性的假设为风险的和安全的项目具有相同的平均收入，如斯蒂格利茨和韦斯（1981）以及莫达克（Morduch，1999）的研究。在此假设下，由于 $r_s \leq r_p \leq r_r$，如果安全借款人的参与约束得到满足，则风险借款人的参与约束自动满足，所以只需要考虑安全借款人的参与约束。

对于安全借款人，如果 $p_s r_s > 1 + r_p + U$，那么利率 r_p 所对应的混合契约就能够使两种类型的借款人都获得贷款并满足参与约束，银行也同时实现了零利润。如果上式

___

① 按照惯例，这里假设借款人的项目都是对社会有利的，即项目的期望收益大于资金与劳动力的机会成本的和。

得不到满足，就会产生所谓的信贷市场上的"投资不足"问题（斯蒂格利茨和韦斯，1981），此时，安全借款人会被挤出信贷市场。如果银行保持利率 r_p，就无法满足零利润条件，所以银行将会对风险投资者索取利率 r_r，这相当于完全信息下只对风险借款人贷款的情况。但是，因安全借款人被挤出了市场，信贷市场只能是低效率的。盖塔克（Ghatak，2000）对于信贷市场的论证到此为止，也就是说，他只将论证进行到了安全借款人的参与约束满足的程度。实际上，即使在安全借款人和风险借款人的参与约束均得到满足，并且混合契约也使银行实现了零利润的条件下，此时信贷市场仍然会出现"过度投资"。证明如下：

假设两类借款人获得贷款后，从投资中所得到的效用分别为 $U_s(r_s)$ 和 $U_r(r_r)$，他们的效用水平与银行贷款利率成反向关系。在非对称信息下，由于 $r_s \leq r_p \leq r_r$，所以 $U_s(r_p) \leq U_s(r_s)$，$U_r(r_p) \geq U_r(r_r)$；而对于银行，非对称信息下的零利润约束为：

$$(1-a)[p_s(1+r_p)-(1+r)]+a[p_r(1+r_p)-(1+r)]=0$$

因为对称信息下银行的零利润约束为：

$$\begin{cases} p_s(1+r_s)-(1+r)=0 \\ p_r(1+r_r)-(1+r)=0 \end{cases}$$

所以，可以将对称信息下银行的零利润约束写成：

$$(1-a)[p_s(1+r_p)-(1+r)]+a[p_r(1+r_r)-(1+r)]=0$$

由于 $p_s(1+r_p)-(1+r)=p_r(1+r_r)-(1+r)=0$，所以将上式与非对称信息下银行的零利润约束相比可知：

$$\begin{cases} p_s(1+r_s)-(1+r)>0 \\ p_r(1+r_r)-(1+r)<0 \end{cases}$$

上述分析说明，在非对称信息下，安全借款人给予风险借款人补贴，因为在这种情况下，银行使用了混合利率贷款，从安全借款人那里获得了正利润，从风险借款人那里获得了负利润。风险投资者会发现他们的投资都是有利可图的，此时的投资水平会超过完全信息下的投资水平，从而导致信贷市场上"过度投资"。

关于投入—产出，第二种有代表性的假设是风险和安全项目具有不同的平均收入，例如，德·迈泽和韦伯（De Meza & Webb，1987）的研究。他们假设风险项目的平均收入比安全项目的平均收入要低，当两类项目都获得成功时，银行的收益相同。在此假设下，如果存款人对银行体系的存款供给与存款利率并非反向变动，那么竞争均衡①下的投资就会是"过度投资"；如果存款者对银行体系的存款供给曲线是向后弯曲的，则竞争均衡下的投资为"投资不足"。

在本节的模型中，如果也假设风险项目的期望收入比安全项目的平均收入低，并

---

① 在他们的模型中，竞争性均衡都是市场出清的，银行资金的供求平衡。

且项目失败时的产出都等于零，那么就会出现以下两种情况：

第一种情况，如果安全借款人的参与约束得不到满足，那么风险借款人的参与约束也不会得到满足，混合利率将使两类借款人都退出信贷市场，从而不能实现均衡。假如银行只提供利率为 r_s 的贷款，将会导致风险借款人冒充安全借款人，让银行无法实现零利润。所以，银行只有提供利率为 r_r 的贷款，使得风险借款人进入市场，而安全借款人则被挤出市场，这时的信贷市场又表现为"投资不足"。

第二种情况，如果安全借款人的参与约束得到满足，但是风险借款人的参与约束并不一定得到满足，那么：

一方面，如果此时风险借款人的参与约束得不到满足，风险借款人就会退出信贷市场，银行以混合利率向安全借款人提供贷款。为安全借款人提供混合利率贷款将会给银行带来短期的正利润，但是从长期来看，银行间的竞争会导致混合利率的下降，混合利率将一直下降到接近于对称信息下银行以利率 r_s 向安全借款人提供贷款时的情形。此时，又会导致风险借款人冒充安全借款人的行为发生。所以，银行又只能以利率 r_r 向风险借款人提供贷款，安全借款人再次被挤出市场。当市场中再次出现只有风险借款人的情况时，由于风险借款人的参与约束得不到满足，他们会再次退出信贷市场，从而开始了新一轮的循环。信贷市场则在这种循环的游戏中始终表现为"投资不足"。

另一方面，如果此时风险借款人的参与约束得到满足，则以混合利率向两类借款人都提供贷款。类似于前面，仍然有 $Us(r_p) \leqslant Us(r_s)$，$Ur(r_p) \geqslant Ur(r_r)$ 以及：

$$\begin{cases} p_s(1+r_p) - (1+r_2) > 0 \\ p_r(1+r_p) - (1+r_2) < 0 \end{cases}$$

风险借款人仍然获得了安全借款人的补贴，从而风险投资者会"投资过度"，信贷市场表现为低效率。

从上述分析的两种不同假设前提下的情形可以看出，非对称信息下有限责任贷款会导致信贷市场的低效率，使得信贷市场要么是"投资过度"，要么就是"投资不足"，这种低效率的来源就在于银行和借款人之间的信息不对称。

由此可知，即使不像斯蒂格利茨和韦斯（1981）所假设的两类借款人有相同预期收入的情况，而是风险借款人有较低的预期收入时，信贷市场仍然会出现"过度投资"或是"投资不足"，而"投资不足"却是盖塔克（Ghatak，2000）的文章分析到的。同时，本节的分析结果类似于德·迈泽和韦伯（De Meza & Webb，1987）的文章中的结论，即两种低效率情况都会存在，但是本节的分析结果并没有考虑银行信贷资金的供给是否存在限制以及信贷市场是否出清。

二、逆向选择下的信贷配给

当代理人通过其拥有的私人信息获利时将面临两个问题：其一，当试图直接出售信息时，他将面对可信度问题，代理人不容易使购买者相信他的信息是真实的；其二，出售信息的收益与得到信息所付出的成本相比可能微不足道。如果价格是完全公开的，利润甚至可能为零，这导致了著名的格罗斯曼和斯蒂格利茨（Grossman & Stiglitz, 1980）悖论。

斯蒂格利茨和韦斯（1981）从信息经济学的角度入手，对信贷配给理论做出了重大贡献。他们率先提出：给定数群可通过观察加以区分的借款者，由于信息的不对称，即使一部分借贷群体的投资预期回报比那些得到信贷的群体还要高，他们也会被排挤在信贷市场之外。斯蒂格利茨和韦斯（1981）的研究显示，在信息不完全、项目回报不确定这两个条件下，信贷市场的供求将无法实现均衡，这种情况出现的原因在于伴随着贷款利率升高所出现的逆向选择效应。

斯蒂格利茨和韦斯（1981）模型的基本思路是，在银行只知道风险系数在借款人集合中的统计分布、不知道具体借款人的风险系数的情况下，银行可以通过风险系数区别不同的借款人。

斯蒂格利茨和韦斯（1981）假定借款人和贷款人都为风险中性；每个借款人的初始财富和投资项目均相同，且投资项目的期望收益相等；投资项目不可分割，因而只有获得一定数量的贷款，投资才能进行；贷款合同为标准的债务合同。通过解释为什么银行已发放贷款的特性将会影响到实际申请贷款的借款人的构成，他们指出，对于某一特定借款群体来说，银行的回报不是它向借款者索取利率的单调递增函数。其原因有两个：第一，由于资本的高成本，不能得到贷款的借款人可能恰恰正是那些银行可以从中获得最大利润的借款人，因为逆向选择效应的存在，此类借款人往往是安全的借款人；第二，如果由借款人选择项目，当利率升高时的激励效应让他们倾向于选择更可能违约的高风险项目。这一结果暗含的假定是风险较高的项目，在经济状态较好的情况下会有更高的回报，在经济状况不好时有较低的回报。由于借贷合同的特征，一方面，当项目处于好的状态时，借款人可以得到贷款成本以外的全部回报，其间银行不管实际回报超出贷款利率多少，仅获得贷款的利率；另一方面，当项目处于不好的状态时，借款人仅损失其固定的抵押品，而银行则遭受其余全部的损失，并且项目回报越低，就意味着银行可用来抵补其损失的资产越少。因此，当项目投资预期全部回报和利率保持固定时，借款人预期的利润是其项目风险的增函数，而银行的预期利润则随项目风险的增加而减少。利率的提高意味着银行鼓励借款人从事高风险的项目。在借款人可选择不同的项目时，逆向选择效应会通过激励效应而增强，因而银行对信贷的过度需求的反应就是不提高其贷款利率。结果导致银行借贷给某一特定群体借款人的预期回报与向该群体所收取的利率不是单调递增的。

（一）逆向选择

斯蒂格利茨和韦斯（1981）将投资者的项目设定为具有连续随机回报，并且其概率分布为安全项目的均值保留展型（Mean - preserving spread）。他们假定每一个项目都存在两种可能的结局：成功或失败。成功的概率区间为 $p_i = （0, 1）$，成功的回报水平为 R_i^s，而失败的回报为0。所有的项目要求同样的投资额 K，并且具备相同的预期回报 $E（R）= \bar{R}$（常数），即对所有的项目 i 有：

$$p_i R_i^s = \bar{R} \tag{1}$$

假设信息是不对称的，企业家知道其拥有项目的成功概率，但银行仅知道 p_i 的分布。银行和企业家的风险偏好均为中性。企业家从项目 i 中获得的预期回报是：

$$E(\pi_i) = p_i [R_i^s - (1 + r)K] \tag{2}$$

企业家只有当 $E(\pi_i) \geq 0$ 时，才会实施该项目投资。

首先，对（1）式求导得：$dR_i^s/dp_i = -R_i^s/p_i$，对（2）式求 p_i 的导数，并将（1）式结果代入（2）式，整理后得：

$$dE(\pi_i)/dp_i = -(1 + r)K < 0 \tag{3}$$

即具有较低成功概率的项目将给企业家带来更多的预期利润。

由此，当所有项目的预期回报 $p_i R_i^s$ 相同时，项目的预期支出 $p_i(1 + r)K$ 取决于其成功概率 p_i。p_i 越小，预期支出就越低。在极端的情况下，当 p_i 接近 0 时，$E(\pi_i)$ 趋向于预期收入 $\bar{R}$。

然后，定义一个关键的 $p_i = \bar{p}$，$\bar{p}$ 使得 $E(\pi_i) = 0$。那么，企业家只有在项目的成功概率不大于 $\bar{p}$ 时才会申请贷款。对方程（2）求 $E(\pi_i) = 0$ 时的导数，得：

$$d\bar{p}/dr = -p_i/(1 + r) < 0 \tag{4}$$

这表明，随着利率的上升，贷款申请人所具备的项目的成功概率越来越小，即随着贷款利率的上升，存在一个对贷款申请人逆向选择的问题。

（二）过度需求与信贷配给

当信息是不完全和非对称，并且项目的回报不确定时，信贷市场的供给和需求可能无法实现平衡，过度需求和信贷配给都是市场的均衡结果。

在揭示了利率上升引发的逆向选择效应后，证明变得简单明了。贷款申请人的平均质量，即项目的平均成功概率会随着贷款利率的增加而变得越来越糟，这显然会给银行利润带来负面的影响。同时，在其他条件不变的情况下，调高利率 r 将为银行带来额外的利润。可能的情形是，调高利率的正面效应在利率上升初期占据主导地位，但当利率升至某一水平后将被前面的负效应完全抵消。在这种情况下，存在一个可供银行选择的最优贷款利率水平，它使得贷款的平均回报达到最大值。图 1-2 为市场均衡的测定。

如图 1-2 所示，在象限 I 中，最优贷款利率为 r^*，贷款供给曲线 L_S 是贷款利率的一个函数，其轨迹在贷款利率超过某一点时向下弯曲。相反，贷款需求曲线 L_D 的斜率始终保持向下，这与 $d\bar{p}/dr$ 的符号为负值的事实相一致。当 r 上升时，关键的成功概率 $\bar{p}$ 减小，因而成功概率低于关键水平的项目数目减少。

希里尔和艾伯拉希莫（Hillier & Ibrahimo，1993）也提供了一种证明 $\rho(r)$ 曲线在非对称信息下轨迹呈非单调性的规范方法。他们的分析方法和假设与本书的简单模型

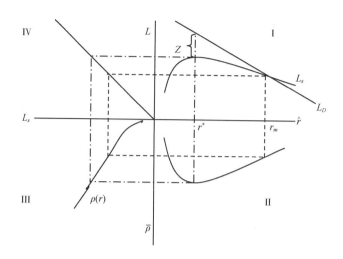

图 1 − 2 市场均衡的测定

注：L_S 曲线的推导过程为：在象限 III 中，曲线 $\rho(r)$ 表示银行每 1 单位平均贷款的回报，ρ 是 r 的凹函数，L_S 曲线代表了贷款供给和贷款收益 $\rho(r)$ 之间的关系。由于银行间是相互竞争的，可认为其利润为零。在不存在交易费用的前提下，银行必须将 r 作为存款利息因子。所以，每一个 r 都可以获得对应的存款供给，也就是可贷资金的规模。象限 I 中的 L_S 线描绘了这一关系。如图所示，最优贷款利率为 r^*，在该处对信贷资金的超额需求为 Z。

基本一致。[①]

由于存在着超额需求，某些借款人愿意支付高于 r^* 的贷款利率。然而，银行却不会接受更高的报价，因为这将吸引更具风险的项目申请贷款，从而使银行的总利润下降，所以并不存在让非市场出清这种结果消失的外力，市场最终将会在存在信贷配给的情况下实现均衡。

显然，市场非出清的均衡结果的出现是信息不对称的结果。如果信息是完全而且对称的话，逆向选择将不会发生，$\rho(r)$ 将不会是非单调性的。

令 $(1 + r') = \bar{R}/K$，那么当贷款利率 $r \leqslant r'$ 时，逆向选择就不会发生。因为在这些贷款利率水平上之，所有企业家的预期利润 $E(\pi_i) > 0$，所有的项目均能获得贷款。所以，在这些贷款利率上 $\rho(r)$ 为严格的单调递增。然而，当 $r > r'$ 时，逆向选择效应便会发生。因此，$\rho(r)$ 的轨迹将呈现先上升、然后趋平、之后再向下倾斜的模式。这同样意味着银行的最优贷款利率 r^* 必须位于 r' 之上。

在图 1 − 2 的象限 I 中，L_D 函数将贷款需求与贷款利率联系起来。由于 L_D 是单调递增的，可求得其逆函数 $r(L_D)$。将 r 代入 $\rho(r)$，可得 $\rho[r(L_D)] = \rho(L_D)$。[②] 因为

---

① 希里尔和艾伯拉希莫通过揭示 $d\bar{P}/dr$ 符号的不可定性，证明 $\rho(r)$ 曲线的非单调性，这使得 $\rho(r)$ 曲线的轨迹存在多种形态的可能。确保 $\rho(r)$ 曲线为凹的充分条件是 $d^2\bar{P}/dr^2 < 0$。

② $\rho(L_D)$ 曲线可以被视为银行的"贷款业绩函数"。它给出了银行在任何给定贷款需求水平下的平均回报水平，逆函数 $L_D(\rho)$ 则给出了每一实际价格水平（也即全行业的银行发放贷款的平均价格）上企业家的贷款需求。

$\rho(r)$ 是凹函数且 $r(L_D)$ 单调递增，所以 $\rho(L_D)$ 的轨迹呈凹型。

（三）抵押担保对逆向选择的缓释

通常，抵押品会被认为是防止逆向选择的一种有效手段，但是对银行来说，当较小的项目具有更高"失败"的概率，并且所有的潜在借款人拥有同样数量的资产价值时，减少借款人的债权—股权比率并不是其最佳的选择。在此情况下，增大贷款的抵押品要求，或是提高股权融资比率的要求，意味着银行将会为更小的企业融资。而一旦项目失败，银行所获得的回报为零或为负，因此增加贷款抵押品的要求将会增加这些贷款的风险，所以银行通常不会通过提高抵押品数量的要求，来减少借款人的债权比例，而是以此作为配给信贷的一种手段。

当潜在的借款人具有不同的资产价值，并且所有的项目投资相同时，富有的借款人有可能会是那些在以前风险投资中获得成功的人，他们可能比那些在过去投资于相对安全项目的投资人更偏好承担风险。由于一直就投资于安全项目的投资人的收益有限，所以他们所积累的资产规模有限，不能提供较大数量的抵押品。在这种情况下，提高抵押品要求可能就会增加贷款的风险。

在以上两种情况下，抵押品要求都具有逆向选择的效应。斯蒂格利茨和韦斯（1981）证明了即便在不存在生产的规模报酬递增，且所有人的效用函数都相同的情况下，类似于银行内部最优借贷利率那样，抵押品要求的甄别效应也将会导致银行内部最佳数量的抵押品要求。

那些为项目提供最多资本的投资人将会愿意为项目承担最大的风险，使得风险的影响是如此之大，以至于当抵押品的数量超过一定范围以后，增大抵押品的要求会降低银行的回报。所以，斯蒂格利茨和韦斯（1981）认为，虽然抵押合同可以充当一种筛选的机制，在一定程度上能够甄别出高风险的投资者，因而抵押增加了银行从任何给定的借款人处获得的回报。但是在绝对风险规避函数递减的情况下，富有的投资者就会从事更具风险的项目。抵押品同时也具有逆向选择效应，抵押会使借款人借贷的平均及边际风险上升，抵销了银行从抵押品所获得的收益。

斯蒂格利茨和韦斯（1981）虽然承认增加抵押品对银行有正面影响，但是他们认为由于银行对借贷者只具有有限的控制，因此当贷款人在某一时点对银行将来的借贷有所考虑时，会做更深入的调查。

考虑一个跨期的模型，在第一期回报 θ 发生的概率为 p_1，倘若项目成功，项目的回报为 R_1。倘若第一期投资没有成功，那么将会有两种选择：要么在下一期投资中追加数量为 M 的投资；要么这个项目失败，投资人的回报为零。倘若在银行选择追加资金时，它所索取的贷款利率 $r_2 \leq \hat{r}_2$，这些借贷资金将会以安全的方式进行投资；反之，当 $r_2 > \hat{r}_2$ 时，这些资金将会遇到很大的风险。假设在风险差别足够大的情况下，银行向追加投资索取利率 $\hat{r}_2$。同时，假设第一期有一系列公司可以承担的项目，但这些项目不是银行所能控制的。投资者拥有固定的每股 1 元的权益，但是他不能提高每股的股权份额，所以贷款的减少可以影响到个人采取的行动，即它将影响这些项目的参数——R_1、R_2 和 M。这里 M 是当项目在第一期失败以后，第二期投资所需的贷款数量。

为了简化，把 R_2 视为已给定的，以 L 代表第一期所贷资金的数量。因此，在附加贷款 M 均可获得的情况下，公司期望的回报是：

$$p_1\{R_1 - (1 + \hat{r}_1)^2 L\} + \hat{p}\{R_2 - [(1 + \hat{r}_1)^2 L + (1 + \hat{r}_2)M]\}$$

这里，$\hat{p} = p_2(1 - p_1)$，$(1 + \hat{r}_1)^2 L$ 是在第二期期末偿付初始贷款的数量，$\hat{r}_2$ 是附加贷款 M 的利率。因此，公司选择 R_1 的贷款利率，以使：

$$p_1 = \hat{p}(1 + \hat{r}_2)\frac{dM}{dR_1}$$

假定对于银行来说，每期资本的机会成本是 ρ^*。因此贷款的净预期回报是：

$$p_1(1 + \hat{r}_1)^2 L + \hat{p}[(1 + \hat{r}_1)^2 + L + (1 + \hat{r}_2)M] - \rho^*[\rho^* L + (1 - p_1)M]$$

由上式可知，在某些情况下，对银行来讲超过信贷 M 的限度会更合算。银行虽然控制了 L，但是它却不能控制它的每一客户的贷款总量，即：$L + (1 - p_1)M$。但是在这里，事实上银行的预期回报对于第一期贷款规模可能不是单调递减的。例如，假设 $\hat{r}_1$ 和 $\hat{r}_2$ 是银行的最佳选择，并且最佳的 $\rho^* > p_2(1 + \hat{r}_2)$，银行的回报是 M/L 的减函数。此时，倘若公司对于第一期贷款 L 减少的最佳反应是增加第二期贷款 M；或是虽然减少 M 时，M 减少的比例要小于 L 减少的比例。此时，第一期 L 的减少实际上降低了银行的利润。

（四）基于斯蒂格利茨和韦斯模型的例子

设想在某一经济体中，存在 n 群潜在的借款者。银行可以根据它们的规模、所属的行业、过去的客户关系等因素加以区分，银行也能够大致估算属于每一群体厂商的预期生产力 R。潜在的借款人如果是属于同一群体的话，他们的回报是相同的，比如 $R_i = \bar{R}_i$。但如果他们属于不同的群体，则是有区别的，比如 $i < j$，$\bar{R}_i < \bar{R}_j$。然而，尽管借款人属于同一群体，他们的风险程度却有所不同。换一种说法就是，即便借款人是同质的，但是却因为其他的一些因素，如管理技巧、营销能力等的不同，导致借款人成功的概率不同，银行对这些信息不了解。银行虽然能够区分借款人所属的不同群体，但它却不能区分同一群体中不同的借款人。斯蒂格利茨和韦斯（1981）通过对每一群体内部进行分析，发现银行虽然能够掌握各个群体内部的最优信贷利率，但是银行对某一群体借贷的预期回报却不会是单调递增的。

考虑一个发展中国家，刚刚从其长期抑制的金融体系中解放出来，在其金融压制时期，银行倾向于把它们的贷款集中于少数已经与它们建立客户关系的大公司（如群体 i），并且通常对其他公司仅拥有很少量的信息。假定在那些被排除出信贷市场的企业中，存在有创新能力及生产率很高的企业群体（群体 j）。银行因为信息不对称，不能轻易确定这些个体的风险特性。银行所拥有的只是分属于每一群体的风险概率的主观估计，属于群体 j 风险的方差之所以比群体 i 的大，或是因为它们所从事项目的风险特性不同，或是银行对群体 j 风险筛选能力较弱，或是以上两方面的情况兼而有之。

银行借贷给某一特定群体借款人的最大预期收益 $\hat{E}\pi^*$ 是这一群体借款人集合风险变化的函数，虽然在两个借款项目中，第二个项目的预期边际生产率比前者更高（$\bar{R}_i < \bar{R}_j$），但银行借贷给前一项目的预期回报可能比另一项目更高（$\hat{E}\pi_i^* > \hat{E}\pi_j^*$）。

因为银行信息不对称，它一定会向同一群体中看来品质相同的借款人索取统一的利率 r^*。在这一利率下，借款人根据他们的风险特性来决定是否贷款。在那些借款人中，期望利润根据借款人的风险而不同，即使它们有同样的生产力，更具风险的借款人还是具有更高的预期利润，因而给银行留下更低的回报比例。图 1-3 为银行的预期回报。

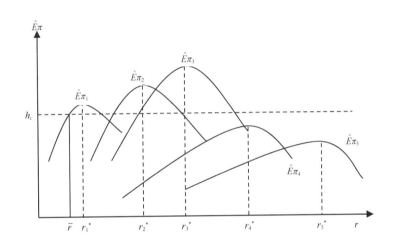

图 1-3 银行的预期回报

如图 1-3 所示，银行的预期回报 $\hat{E}\pi$ 是它向每一群体的借款人索取贷款利率 r 的函数。假定银行的净利润为零，它们从借贷中获得的回报率将和储蓄率是一样的。因此，图 1-3 的竖轴同时代表储蓄率及银行的预期回报，贷款利率位于水平轴上。在假定 $\bar{R}_1 < \bar{R}_2 < \bar{R}_3 \cdots < \bar{R}_n$ 的情况下，各个群体的 $\hat{E}\pi(r^*) = \hat{E}\pi^*$ 并不一致。

现在分别考虑设置以及去除利率上限两种情况的影响。首先，假设政府设定贷款利率上限为 $\bar{r}$。因为 $\hat{E}\pi_n(\bar{r}) < \cdots < \hat{E}\pi_2(\bar{r}) < \hat{E}\pi_1(\bar{r})$，则银行的最佳借贷群体按次序是群体 1、群体 2、群体 3，等等。换而言之，当贷款被施加利率上限后，银行的优先贷款次序是群体 1、群体 2、群体 3…群体 n。由于 $\bar{R}_1 < \bar{R}_2 < \bar{R}_3 \cdots < \bar{R}_n$，这明显与信贷配置的效率相矛盾。其次，当利率上限被取消后，因为 $\hat{E}\pi_3^* > \hat{E}\pi_2^* > \hat{E}\pi_1^* > \cdots > \hat{E}\pi_n^*$，所以贷款次序现在变为群体 3、群体 2、群体 1、群体 4…群体 n。这虽然部分地改善了效率，但是它却仍然低于资本配置的最佳效率。产生这种情况的原因就在于，它们虽然比在利率自由化区域中实际借贷的那些企业更具生产力，但富蕴生产力的群体仍然被银行配给。[①] 在图 1 – 3 中，银行系统的竞争决定储蓄率为 h_c，因此群体 1、群体 2、群体 3 能够获得借贷。然而，群体 4 和群体 5 仍然还被配给，即使它们具备更高的生产力。

（五）对斯蒂格利茨和韦斯模型的评述及其后的理论进展

斯蒂格利茨和韦斯（1981）模型的关键假定是：在只知道风险系数在借款人集合中的统计分布，却不知道具体借款人风险系数的情况下，银行通过风险系数区别不同的借款人。投资者的回报是其项目风险的增函数。高风险的投资者愿意为其贷款支付更高的贷款利率。对于风险最小的贷款申请来说，公司的保留利率（即令企业不愿投资的贷款利率）是最低的。银行知道项目的预期回报，但是却因为信息不对称而不能区分好的（低风险）与坏的（高风险）公司。贷款利率的提高对银行回报有两方面的影响：一方面，贷款利率提高可以使银行获得更多的利润，从而提高银行的平均回报；另一方面，它导致低风险的贷款申请者被逐出贷款市场，当贷款利率高于某一值时，负面影响将会占据支配地位，此时银行的最佳政策是信贷配给而不是提高贷款利率。

现实中由于银行无法提前对厂商进行鉴别，它们通常会寻找甄别挑选厂商的方法，如果银行能够区分不同的风险种类，则预期收益函数根据不同的风险类型而有不同的极值，从而信贷配给最多只可能在其中一部分群体里发生。这致使瑞利（Riley，1987）认为斯蒂格利茨和韦斯（1981）模型中所描述的信贷配给并不常见，但斯蒂格利茨和韦斯也从未宣称其模型中所描述的信贷配给是频繁发生的，他们限定其所假定的配给仅仅是在竞争性框架下才有可能发生。事实上，对斯蒂格利茨和韦斯（1981）的主要批评在于，此模型中的风险参数是按照风险递增顺序对厂商进行分类排序的。由于斯蒂格利茨和韦斯（1981）模型中银行无法准确鉴别单个借款人的信用水平，所以许多学者通过放宽或改变斯蒂格利茨和韦斯（1981）模型的相关假设，进一步论证均衡信贷配给的存在性。德·迈泽和韦伯（1987）认为，假设每个投资项目的期望收益不同，信息不对称可能引发正向选择，好的项目将坏的项目逐出市场，不存在信贷配给。而拜斯特和海尔维格（Bester & Hellwig，1987）则认为，仅是隐藏行动的道德风险就可能导致信贷配给。对他们的模型假设，企业有两种不同的技术选择：一种是好的技术；另一种是差的技术。好的技术有较高的预期收益，但成功时的现金收入低于差的技术，因此差的技术风险更大，但企业的技术选择是不可观察的。这样，贷款人预期收益与利率之间存在非单调关系，信贷配给有存在的可能性。瑞利（1987）的模型假设信贷市场上存在许多可以观察到的、明显不同的借款人群体，银行可以对不同的群体设定不同的利率水平从而最大化利润。他的分析认为，只要不同群体的个数很大，信贷配给对于实体经济来讲就不是一个重要现象。斯蒂格利茨和韦斯（1987a）对瑞利的批评进行了回应。他们认为，在一个不完全信息的信贷市场上，贷款人不可能对借款人的特征拥有完全信息并完全监督他们的行动。因此，不管可观察到的不同借款人群体的数目有多少，信贷配给在一定条件下都是可能出现的。

---

① 本例中的配给属于类型 II 的信贷配给。

鲍依德和普瑞斯考特（Boyd & Prescott, 1986）假定具有两类代理人（企业家）的经济，每个代理人拥有的要么是安全项目，要么是风险项目。每个企业家都知道项目的质量，如果信息是完全的，则最优安排是实施所有的安全项目和部分的风险项目，并将其余的拥有风险项目的企业家转投安全项目。证券市场不能实现最优安排，因为投资风险项目的企业家没有任何动机透露项目的类型。然而，金融中介将使情况有所改善，因为群体内部允许交叉补贴（Cross - subsidization），通过降低安全项目的收益增加风险项目的收益，使得每个部门都有公开透露项目特征的动机。因此，不同部门之间的联盟可提高市场均衡产出，这是逆向选择经济的标准现象。罗斯柴尔德和斯蒂格利茨（Rothschild & Stiglitz, 1976）甚至认为，即便是从次优的角度，当引入激励相容约束时，均衡产出也是无效的。

实际上银行也会考虑在合同中引入各种非价格条款对借款人做出分类，这种分类手段可以诱使不同类型的借款人选择相应的债务合同，有助于避免信贷配给的发生。拜斯特（Bester, 1985、1987）通过建立一个有 N 种风险类型的扩展模型，证明了如果均衡存在，银行用抵押区别不同的借款人类型，不会出现信贷配给。[①] 因为贷款人可以用抵押品筛选不同类型的（不可观察的）借款人，信贷市场可以实现没有配给的分离均衡。但是拜塞克和塔可（Besanko & Thakor, 1987）却认为，分离均衡也可能意味着信贷配给的存在。在他们的模型中，银行除了选择利率和抵押品外，还要选择贷款申请人获得贷款的比率 α。这样，如果对抵押品的数量是有限制的，分离均衡就会违背激励相容约束。要恢复激励相容约束，银行的选择只能是 $\alpha < 1$，即不是所有申请人都能得到贷款。

斯蒂格利茨和韦斯的批评者还认为，他们的模型对于当银行考虑做出对某一给定公司是否借贷的决定时，并未考虑投资项目，也没有考虑"等待"对公司的价值。梅多纳德和斯杰尔（Medonald & Siegel, 1986）曾指出过"等待"对于公司所可能具有的积极意义。而林斯克和斯特金（Lensink & Sterken, 2002）的文章则指出，在一个不确定性可以在后续时期解决的世界中，投资者存在着等待的可能性，在此情况下，信贷配给不会发生。林斯克和斯特金（2002）同时指出，假设企业（借款人）在除了"进行投资"和"放弃投资"的选择之外，还有"等待投资"的选择。他们的分析认为，在不确定性状态下，如果"等待"可以使借款人获得更多的关于项目类型的信息，或者在等待过程中，一旦银行提高利率，他们投资的机会就会大大提高，致使项目风险较大的借款人从等待中可以获得更高的收益。这意味着银行提高借贷利率会使风险较大的借款人推迟投资，信贷市场上并不存在逆向选择。

---

① 由他所构建的有抵押要求的贷款模型的难点在于：厂商的财富限制了抵押数量要求。若没有这一限制，最优贷款合同应该要求100％的担保，信息不完全因而就变得毫不相干。拜斯特是通过引入抵押成本解决这一问题的。

三、道德风险下的信贷配给

（一）金融市场上的道德风险理论

代理理论认为，在以分工为基础的社会中，委托—代理关系是普遍存在的，委托人（Principal）与代理人（Agent）订立或明或暗的合同，授予代理人某些决策权并代表其从事经济活动。但在信息不对称的情况下，合同是不完全的，必须依赖于代理人的"道德自律"（诺斯称之为"第一方监督"，The First–Party Enforcement），而这就存在着风险。因为代理人在最大限度地增进自身效用时，有可能会做出不利于委托人的行为。所有者和经营者之间也是一种委托—代理关系，其道德风险主要表现为两种行为：一种是"偷懒"，即经营者所付出的努力小于其获得的报酬；另一种是机会主义，即经营者付出的努力是为了壮大自己，而不是所有者的利益，也就是说其努力是负方向的。之所以会出现这些道德风险行为，是因为所有者无法像经营者本人一样了解经营者所采取的行动，这就是信息不对称。换言之，经营者可以利用其信息优势（所有者的信息劣势）逃避监督，追求自身而不是所有者的利益最大化目标。

再进一步看，不同的道德风险行为是由不同性质的信息不对称引起的。阿罗（1985）把代理人的信息优势区分为"隐蔽行动"（Hidden Action）和"隐蔽知识"（Hidden Knowledge）。其中，隐蔽行动是指代理人在"自然状态（Nature）"① 之前采取的不能为他人准确观察或预测到的行动；隐蔽知识则是指代理人对"自然状态"的性质有某些可能不够全面的知识，这些他人不能完全观察到的知识足以决定他们采取的行动是否恰当，代理人采取行动后才将有关"自然状态"的信息传达给委托人。这样，即便行动结果可以不付代价地被观察到，但是由于知识不能被完全观察到，委托人仍然不能断定这些行为是否符合自己的利益。

防止和克服代理人的道德风险行为，关键在于处理信息不对称问题。按照詹森和梅克林（Jensen & Meckling, 1976）的说法，委托人必须给予代理人适当的激励，以减少他们之间的利益差异和花费一定的监控成本来限制代理人偏离正道的活动。这两方面实际上都是所有者支付的"信息租金"，前者针对"偷懒"行为，后者针对机会主义行为。前者，"偷懒"是隐蔽行为造成的。代理人是否发挥努力，关键在于代理人自身，委托人无法不付代价就可监督。代理人（第一方）的努力程度即使可以被委托人（第二方）观察到，也不能被局外人（第三方）观察到，特别是无法为法院提供证据，也就是说它是不可证实的活动。正是因为隐蔽行为的不可证实性，委托人只能通过剩余索取权的分享形成激励机制，将代理人的努力诱导（Induce）出来，从而克服"偷懒"行为。后者所产生的机会主义行为是隐蔽知识造成的。其信息不对称本身是中立的知识，它既不依赖于委托人，也不依赖于代理人，委托人有可能通过第三方获取自然状态的真实信息，也就是说它是可证实的活动。正因为隐蔽知识的可证实性，委托

---

① "自然状态"是指随机实际，它的实现反映的是"自然"的外生选择而不是经济行为者的内生选择；自然状态不能直接或间接观察到，以致实际的合同不得不依赖于不完全的代理人。

人可以通过信息的交流建立监控机制，将代理人的知识逼迫（Extract）出来，从而防止机会主义行为。这两者是相辅相成、缺一不可的。如果只有监控机制而没有激励机制，经营者将丧失生产的积极性，"偷懒"行为在所难免；相反，如果激励机制没有有效的监控机制相配合，机会主义将使激励机制发生扭曲。

戴纳和维艾拉（Dionne & Viala，1992，1994）研究了同时存在道德风险和高成本状态实证问题的借贷关系。在那些满足激励相容约束和促使借款人达到最优努力水平的合同中，求解帕雷托最优合同。在单调似然率特征下，他们证明任何最优合同都是债务合同与奖励合同（Bonus Contract）的混合体。

戴蒙德（Diamond，1991）在动态背景下研究了道德风险问题。在动态背景下，银行可以提供多期合同，这些合同可能涉及跨期贷款。由于银行只需简单地向成功借款人履行重新提供贷款的承诺就可使自身境况变好，这便意味着银行的承诺至关重要。

事实上，布特、塔克和乌迪尔（Boot，Thakor & Udell，1991）认为，如果一家企业必须在获得项目所需的融资前就进行不可观察的投资，那么由于银行出于对自身利益的考虑，并不能保证向借款人提供一笔事先讲明条件的贷款，结果这就将使不可观察的投资水平降至有效的投资水平之下。

毕桑克和卡纳特斯（Besanko & Kanatas，1993）发展了一个包括厂商道德风险问题的模型，银行的监督可以部分解决这一问题，但是银行必须得到恰当的激励监督借款人，这只有当银行与厂商存在足够的利益关系时才会发生。豪姆斯特姆和泰若尔（Holmstrom & Tirole，1993）发现，当监督是不可观测时，又会导致二次道德风险问题。同样，银行贷款给厂商并有动力监督它，厂商也可以从债券市场上直接融资，债券市场实际上无偿享用了银行的监督服务。投资成功取决于企业家的努力程度，而恰恰这不可直接观测到，这也是道德风险问题的来源。然而，银行可通过监督企业家的努力程度，为提高企业家的努力付出成本。事实上厂商一直在直接融资与间接融资之间进行组合。由于企业家不可能达到最优的努力程度，所以永远存在数量为正的监督。

罗庇娄和苏瑞兹（Repullo & Suarez，1995）建立了一个金融中介模型，概括地指明了道德风险问题，并以此模型研究在整个商业周期内短期信用结构选择的问题。布特和塔克（1995）通过模型研究了金融中介和债券市场并存性问题，认为不同的机构扮演的角色不同。银行起源于解决贷款之后或期间的道德风险问题，金融市场则是通过传递信息使交易顺畅，而先前的相关文献却都忽略了这一特性。

威廉姆森（Williamson，1987）的模型引入了事后信息不对称，投资项目所实现的收益是企业的私人信息，银行必须承担一定的监督成本，即状态确认成本，才能获知相关信息。他的分析发现，即使不存在事前的逆向选择和项目实施过程中的道德风险，仅是对投资结果监督成本的存在也可能产生斯蒂格利茨和韦斯（1981）模型中的那种信贷配给。只不过在威廉姆森的模型中，受配给的是那些使银行监督成本高的企业家，而在斯蒂格利茨和韦斯的模型中，信贷配给是随机的。威廉姆森还认为，连带破产的标准债务合同是最佳信贷合同。戈尔和哈维基（Gale & Hellwig，1985）的模型也假定代理人存在事后隐藏信息的行为，但与威廉姆森不同的是，他们是在投资项目可分以及贷款规模可变的情况下考察信贷市场的，他们的分析证明了第一种类型的信贷配给作为均衡现象存在的可能性，并且标准的债务合同是最佳的、激励相容的安排。

希勒和韦瑞尔（Hillier & Worrall，1994）在一般均衡模型中论证了信贷市场的效率以及政府的政策选择。他们的结论是：隐藏信息和监督成本的存在有产生信贷配给均衡的可能性，但无论是否存在信贷配给，市场均衡都可能是无效的；即使在信贷配给情况下也可能出现过度投资，正确的政策可能是降低而不是提高投资水平。

哈特和莫瑞（Hart & Moore，1994，1998）的模型也假设借款人存在隐藏信息的道德风险，他们认为借款人有可能将投资项目的全部现金流量转移到自己的"私人口袋"中。贷款人为了防止损失必然要求借款人提供抵押品，一旦借款人违约，贷款人将拥有对抵押品的清算权。由于借款人总是倾向于将还款金额降低到与其抵押品的清算价值相等的水平，因此，一个理性的贷款人最多借出与抵押品的清算价值相等的款项。这样，当作为抵押品的资产的清算价值低于它最初的购买成本时，第一种类型的信贷配给就可能出现。

豪宾和尼匹尔（Houben & Nippel，2001）修正了哈特和莫瑞模型中借款人拥有无限现金转移能力的假设，只是假设借款人的机会集是"无界的"（至少从贷款人的角度看是这样）。在一个扩展的道德风险模型中，豪宾和尼匹尔证明了信贷配给不仅在某些特定的均衡状况下存在，而且是贷款人信息劣势的必然结果。与哈特和莫瑞的模型一样，抵押品在债务融资中也起到关键作用。

（二）存在道德风险的信贷市场模型

在金融市场上，由于信息不对称，处于信息优势方的借款人易于发生道德风险，以损害处于信息劣势方的贷款者的利益为代价增进自身利益。这种道德风险问题通常有两种情况：一种是借款人在获得贷款后将资金投放于成功概率小、但成功后借款人会获得巨大收益的投资项目，即高风险项目，这种情况相当于借款者以借款和抵押品为最大损失，从事高风险的投机活动；另一种是借款人在有能力偿还借款的情况下，对偿还借款和不偿还借款所带来的成本进行比较，最终选择策略性的不偿还借款的行为。对此，贷款人通过信贷配给行为维护自身利益，其结果一方面使借款者的资金需求难以全部满足，另一方面贷款者的资金没有全部贷放，使双方利益均受损。因此，他们均有动力缓解信息不对称的程度，具体策略为实行贷款抵押和信贷承诺。

由于贷款人（银行）难以观察到借款人所采取的旨在获得最高收益的行动，所以贷款人必然会采取影响借款人收益的行动。隐藏信息的道德风险模型为研究信贷市场提供了一个统一的分析框架，该模型认为，债务合同的特征、金融中介以及信贷配置的低效率都是监督成本存在的结果。

假定厂商投资项目的资金需求为 1，无风险利率标准化为 0，厂商可以选择安全的项目，在概率 p_s 下产出为 G（其他情况下为 0），或者选择风险项目，在概率 p_r 下产出为 B。假定只有安全项目才有正的（预期）净现值 NPV，$p_s G > 1 > p_r B$，而风险技术如果成功，其现金流更高，即 $B > G$；因此风险技术的风险更高，这就意味着 $p_s > p_r$。厂商仅在成功的前提下保证偿付固定金额 R（名义债务），且没有其他现金来源渠道，因此，如果投资失败，偿付金额为0。这里的关键要素是名义债务总额 R，R 的值取决于厂商对项目的选择。在缺乏监督的情况下，厂商当且仅当安全项目预期利润更高时才会选择它：

$$p_s(G-R) \geqslant p_r(B-R)$$

由于 $p_s > p_r$，上式等同于：$R \leqslant \hat{R} = \dfrac{p_s G - p_r B}{p_s - p_r}$

$\hat{R}$ 为厂商选择风险项目时的名义债务临界值。因为 $\hat{R} < G < B$，从贷款人角度来看，偿付概率 p 取决于 R：$p(R) = \begin{cases} p_s & \text{当 } R \leqslant \hat{R} \text{ 时} \\ p_r & \text{当 } R > \hat{R} \text{ 时} \end{cases}$

在上述假定下，只有 $p_s\hat{R} > 1$ 时，才有可能在缺乏监督的情况下，贷款人选择安全项目。当 $P(R)R = 1$ 时，信贷市场达到竞争均衡。这就意味着道德风险并非很重要。若 $p_s\hat{R} < 1$，则均衡状态没有交易，信贷市场崩溃。[①]

现在引入监督机制，通过支付甄别成本 C，银行可以防止借款人选择风险项目。假定银行业是完全竞争行业，均衡状态的银行名义贷款价值（表示为 R_m）取决于保本条件：$p_s R_m = 1 + C$。

银行要达到均衡状态，还需具备如下两个条件：

第一，均衡状态的银行名义贷款价值 R_m 必须小于成功厂商的收益 G，即 $p_s G - 1 > C$。换句话说，监督成本必须小于安全项目的净现值 NPV。

第二，不可能存在直接融资（虽然成本较低）：$p_s\hat{R} > 1$。

因此，若概率 p_s 取中间值，$p_s \in \left[\dfrac{1+C}{G}, \dfrac{1}{\hat{R}}\right]$ 非空，银行贷款达到均衡。可以确立下述结论：

假定监督成本小到 $\dfrac{1}{\hat{R}} > \dfrac{1+C}{G}$，均衡信贷市场将存在三种可能状态：

第一，若 $p_s > 1/\hat{R}$（高成功概率），厂商发行利率为 $R_1 = 1/p_s$ 的直接债务。

第二，若 $p_s \in \left[\dfrac{1+C}{G}, \dfrac{1}{\hat{R}}\right]$（中等成功概率），厂商按利率 $R_2 = (1+C)/p_s$ 从银行融资。

第三，若 $p_s < \dfrac{1+C}{G}$（低成功概率），信贷市场崩溃（无交易均衡）。

（三）不可观察的项目选择及偿还能力

一般来讲，贷款人不会直接参与融资项目的经营管理，因此银行并不总是能够指定贷款的用途，[②] 更不用说确定借款厂商的真实还款能力。这就是借贷过程中道德风险

---

① 这是由于风险项目有正的净现值 NPV。
② 按揭贷款和项目融资是众所周知的两个例外。

的主要原因。同逆向选择一样，道德风险也会引发信贷配给的出现。道德风险使得预期收益和利率报价之间产生非单调函数关系，从而导致均衡信贷配给。这里将通过两个不同的道德风险模型对此加以说明：第一个模型基于拜斯特和哈维基（Bester & Hellwig，1987）的理论，假定厂商可以自由选择项目；另一个模型则根据加菲和拉塞尔（1976）的文献建立，假定厂商可以操纵偿债能力。

1. 不可观察的项目选择

如前所述，在厂商面临两种项目选择的情况下，如果厂商向银行借款的支付为 R，在银行无法对其投资行为进行监督的情况下，出于利润最大化动机，厂商只有在满足（1）式的条件下，才会选择投资于安全项目。

$$\begin{cases} p_s(G-R) > p_r(B-R) \\ B > G \\ p_s > p_r \end{cases} \tag{1}$$

对方程（1）进行代数变换，可以求出厂商投资于安全项目的债务临界条件：

$$\begin{cases} R < \dot{R} = \dfrac{p_r G - p_s B}{p_r - p_s} \\ B > G > \dot{R} \end{cases} \tag{2}$$

其中，$\dot{R}$ 为厂商选择安全项目和风险项目的临界债务值。（2）式所表示的经济意义有两个：其一，对厂商而言，如果 $(p_r G - p_s B)/(p_r - p_s) > \dot{R}$，则厂商追求利润最大化的动机会引导其投资于风险项目，道德风险发生；相反，如果 $(p_r G - p_s B)/(p_r - p_s) < \dot{R}$，厂商就不会选择风险项目。其二，对银行而言，首先它只会向投资收益大于 $\dot{R}$ 的项目提供贷款；其次它可以通过贷款总量的控制，即通过信贷配给控制道德风险发生的概率。（2）式说明，银行如果能使 $R \le \dot{R}$，厂商就会主动地选择安全项目。据此可以得出结论：如果银行了解 p_s、p_r、G、B 这 4 个参数，它就可以通过信贷规模的控制消除道德风险。但是，在信息不对称的情况下，银行不可能了解所有厂商的所有可选项目的预期收益水平及其成功概率。银行最合适的选择是确定一个可接受的收益水平 N^* 和可接受的成功概率（p^*），以此确定可接受的预期收益率 $\rho^* = p^* N^*$，用这两个变量替换上述提及的 4 个参数。这里很容易确定银行贷款预期回报是要求偿付的函数（如图 1 - 4 所示）。对于 $\dot{R}$ 之下的 R 值而言，预期回报是 $p_s R$；高于 $\dot{R}$，则预期回报是 $P_r R$。由于贷款人不会向 $R > B$ 的项目提供信贷，$R > B$ 的区域没有意义，偿付金额不可能超过 B 点。因此，这一区域的预期回报是常数 $p_r B$。

此时，是否发生信贷配给取决于两个因素：一是贷款人能否确定贷款利率；二是在特定贷款利率下，资金供给是否能够满足贷款人的需要。

引入信贷供给变量作为预期回报 ρ 的函数，假定资金供给变量的弹性无穷大（即 ρ 等同于常量 ρ^*），此时银行是资金供给价格的接受者。当 $p_r \dot{R} < \rho^* < p_r X_B$ 时有两种均衡，分别如图 1 - 4 和图 1 - 5 所示，R_1、R_2 都是市场出清时的利率。由于资金供给能

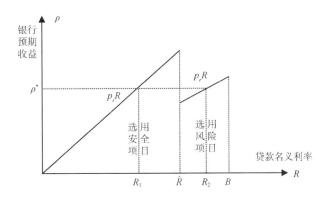

图 1-4 以 R 为变量的银行预期收益函数 (1)

够满足贷款人的需要，将不会出现信贷配给。令银行是贷款价格的制定者，银行可以通过索取稍高于 R_1 的利率 $R_1 + \varepsilon$（ε 是一无穷小的正数）吸引所有的借款人并获得利润，R_2 将不会是均衡利率。因此，当资金供给弹性无穷大时，市场能按照银行确定的利率 $R_c + \varepsilon$ 出清（这里的 ε 是一个小正数），此时就不会出现均衡信贷配给。假定存款供给函数 $S(\rho)$ 的弹性并非无穷大，函数 $S[\rho(R)]$ 也不是一直递增，在图 1-4 中，函数 $S[\rho(R)]$ 在 $\hat{R}$ 点取得全程最大值；在图 1-5 中，如果在利率水平 $\hat{R}$ 上可贷资金供给对资金需求无弹性，函数 $S[\rho(R)]$ 将在 $\hat{R}$ 点取得局部最大值，信贷市场出清。

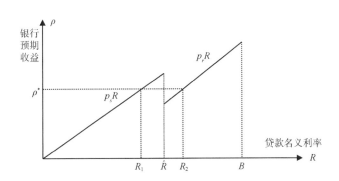

图 1-5 以 R 为变量的银行预期收益函数 (2)

若需求 $D > S[\rho(\hat{R})]$，以预期收益 ρ 为自变量的供给函数严格递增，银行为了降低道德风险就会进行信贷配给，在利率 $\hat{R}$ 上实现利润最大化。D 是在利率水平 $\hat{R}$ 上对项目融资的（无弹性）需求。

上述银行预期收益函数模型直观地显示出道德风险如何导致了信贷配给。模型可以扩展到包括抵押要求的贷款合同，结果是修正对两项投资项目进行抉择的动机。如果用 $\hat{R} + C$ 代替 $\hat{R}$，C 代表抵押品价值，也很容易证明上述结论仍然成立。

2. 不可观察的偿还能力

加菲和拉塞尔（1976）构建了一个简单模型以描述借款人选择违约还是偿还。假定银行并非强制要求偿还贷款，那么借款人将选择是偿还 R_j 还是支付违约利息成本 D_j，根据借款人的现金流量 y_j，出现下述情况都是可能的。

（1）若 $R_j > y_j$，厂商将被迫选择违约。

（2）若 $y_j > R_j$，且 $D_j > R_j$，厂商将选择偿还贷款。

（3）若 $y_j > R_j > D_j$，厂商主动选择违约（策略性违约）。

如果可以观察到 D_j 的值，银行可以影响不偿还策略的成本的大小。如果贷款人不能有效地提高偿还金额的临界值，将会降低偿还意愿，即 $R_j \leq D_j$。因此，当偿还金额的临界值降低了银行的预期收益时，将出现信贷配给，如果 D_j 不取决于贷款数量，将出现类型 I 的信贷配给，也可以很容易地将模型扩展到 D_j 值不可被银行观察到的情形。在此情况下，尽管原因是道德风险，但银行面临的问题仍同斯蒂格利茨和韦斯（1981）的模型一样。

如果提高名义利率没有影响借款人的偿还意愿，那么将增加银行的预期收益。然而，加息实际影响了部分借款人的偿还意愿，问题在于哪种影响更占优势。如果银行的预期收益不是贷款利率的单调函数，将出现信贷配给。

（四）具有连续收益的银行与借款人之间的关系

在假定借款人有限责任下考虑一种静态的借贷关系[①]。在这种关系中，借款人的收益是连续的，且其分布不受借款人所采取的、无法被贷款人所观察到的行动 e（努力）的影响，假定借贷双方都是风险中性者，并给定合同 $R(\cdot)$，那么借款人就将选择使其净期望效用最大化的努力水平 e^*：

$$V(R,e) = \int [y - R(y)] f(y,e) dy - \varphi(e)$$

式中，$f(y, e)$ 是在给定 e 的情况下 y 的密度函数；φ 是凸性递增函数，代表与借款人努力成本相等值的货币；e^* 的定义为：

$$\forall e \; V(R,e) \leq V(R,e^*)$$

给定借款人的个人理性水平 U_L^0，那么，在努力约束、有限责任约束以及个人理性约束的前提下，最优合同就是使借款人效用最大化的合同。因此，被求解的方程就是：

$$\begin{cases} \max V(R,e^*) \\ \text{s. t. } 0 \leq R(y) \leq y \;\; \forall y \\ V(R,e) \leq V(R,e^*) \;\; \forall e \\ E[R(y) | e^*] \geq U_L^0 \end{cases}$$

结论是：如果对于所有的 $e_1 > e_2$，似然率 $f(y, e_1) / f(y, e_2)$ 都是 y 的增函数

---

① 在代理人是风险中性并且具有有限责任的委托—代理关系中，道德风险问题并不重要，因为其可以通过令代理人（借款人）向委托人（贷款人）支付固定数量的本金而得到解决，由此，道德风险问题就变成了对项目的剩余索取权（Residual Claimant）问题。

（单调似然率 MLR），那么，最优偿付函数就表现为以下形式：

$$\begin{cases} R(y) = 0 \text{ 对于 } y \geq y^* \\ R(y) = y \text{ 对于 } y < y^* \end{cases}$$

单调似然率特征意味着投资结果 y 是判断努力水平的良好信号：y 越高，相对似然率越高，从而努力水平较高而不是较低。于是，结论隐含着对努力提供正确激励的最佳方式：当投资结果较好时（$y \geq y^*$），便给予代理人以最大的奖励；当投资结果较差时（$y < y^*$），则给予代理人最大的惩罚。

第三节　信贷配给的宏观理论基础

一、信贷市场分割、货币政策与宏观经济均衡

（一）信贷配给发生的条件与信贷市场分割

在大多数市场中，包含道德风险以及逆向选择的信息不对称现象是普遍存在的。将逆向选择和道德风险结合起来所构建的模型会与单独考虑它们中的任何一个所形成的均衡模型均有所不同。达到均衡的借贷合同可能会存在信贷配给的自我选择，也有可能是银行提供的所有信贷合同均存在信贷配给，甚至当银行将抵押品最佳利用以区别不同借款人的不同违约概率时也有可能存在信贷配给。信贷配给究竟何时发生，理论界认为它一般需要满足以下三个条件：

第一，贷款人在使用他们所能采用的任何手段区分贷款申请人、控制申请人的行为之后，依然残留某些不确定性。

第二，改变利率或者改变信贷合同中除价格条款之外的其他条款（如抵押品等）所引起的逆向选择效应需足够大，要大到对于贷款人来说，使用这些手段配置信贷不是最佳的。

第三，在瓦尔拉斯均衡（Walrasian equilibrium）状态下，资金的供给必须使得贷款人预期的回报比那些存在信贷配给的合同更低。

第一个条件其实一直都是被满足的，但是第二个和第三个条件就有可能没有得到满足。原因在于，信贷市场在某些时候并不一直具有形成信贷配给的条件。而此时倘若观察到信贷配给现象，它有可能是因为其他的因素，如对银行的利率管制所引起的，即在政府所规定的利率上限以下所发生的信贷配给。

更进一步，对存在有逆向选择和道德风险的信贷市场的分析与对那些"标准市场"的运行分析极为不同，原因在于对存在信贷配给的市场运行的研究是在相对静态（Comparative Static）状态下进行的。这种分析方式可以提供将宏观分析和微观分析联系起来的桥梁。

标准的代理模型难以解释真实利率的运动变化。正如许多针对资本市场缺陷所做的其他研究一样，非对称信息在资本市场中是极其重要的。原因就在于，股权与债权

合约是不同的，并且这些差异对于理解经济的周期性变化极为关键。需要强调这样一种事实：在某种程度上，贷款利率的变化不需要，并且大致也不会以一种与生产率的变化紧密联系的方式运动。用通俗的语言描述，就是借款人投资项目所获得的全部回报中，仅有部分会伴随着商业周期而变化，并且其变化确实依赖于经济的原始冲击源的变化。银行回报和投资项目全部回报之间矛盾的意义在于，在对潜在借款人的筛选过程中，银行应慎重考虑选择那些具有最高回报的贷款。

信贷配给的存在还会导致信贷市场的分割。

首先，当市场存在事前信息不对称问题时，大企业通常被看作低风险的借款者，因为关于它们的信息，如诚信、风险偏好等更容易获得；当存在事后的不对称信息时，大企业同样有小企业无可比拟的优势。大企业的财务报表必须附加审计师的意见才可公布，它们比小企业更公平、审慎。作为甄别设置（Screening Devices）的担保、净值、债务/权益比以及流动比率等，小企业也不如大企业。即便大企业的贷款申请被银行配给出去，它们仍可以凭其卓著的资信到市场上进行直接融资（如发行股票和商业票据），而小企业则不能。所以，一般而言，小企业比大企业面临更严重的信息不对称和信贷配给问题。

其次，在经济不景气和经济危机时期，信贷市场上的大、小企业和好、坏企业之间的区分更为显著（布林德和斯蒂格利茨，Blinder & Stiglitz，1983）。这是因为，一些在经济运行正常时期显得"较好"的大企业，在经济滑坡或股市暴跌时也会面临流动性不足、净值缩水乃至为负值的厄运，并因而成为银行贷款配给的对象；得不到贷款的企业只好缩小生产规模，这将进一步加深经济危机的程度。如此往复，形成经济危机与信贷配给的恶性循环。

最后，发达地区与落后地区的企业、老企业和新成立的企业之间也存在同样的信贷市场分割问题（科西，Cosci，1993）。因为相对于落后地区的企业和新企业而言，发达地区的企业和老企业在净值、债务/权益比等甄别设置上有无可比拟的优势。

（二）货币政策与信贷配给对宏观经济的影响

在标准的宏观经济模型中，通常假定贷款和债券之间存在很强的替代关系，从而货币供给的松紧可以通过信贷、资本市场和汇率等渠道直接影响经济产出。考虑中央银行在公开市场上出售债券从而收缩银行体系中的储备情况，在不存在信贷配给时，银行会提高贷款利率并收缩信贷规模，很多贷款申请者因而不能从银行获得贷款或者续签贷款合约，或者其融资成本提高，结果企业被迫压缩其投资活动。与之相应，在存在信贷配给的情况下，由于银行本身有可贷而并未贷出的剩余资金，其贷款行为和贷款利率所受影响较小，这会让货币政策的有效性受到影响，并且使得信贷对利率弹性不敏感。

信贷配给理论提出，央行影响经济活动水平的途径不是通过改变利率，而是通过改变信贷资源的借贷概率。伴随着更多的金融资源可供利用，可借贷项目的数量增加，但是向借款人索取的平均利率却可能维持不变，或者可能提高得很少。与此相应，随着资金供给曲线的向下移动，在有效资源的减少导致投资减少的同时，被排除的项目不一定是那些预期回报最低的项目。

传统上，有关市场的理论分析侧重于判断价格变化对市场均衡的影响，以及在各种市场中对供求特定扰动项的定量分析。但是，在信贷市场中，即便信贷配给没有发生，（真实）利率的改变并不能简单地根据对资金供求变化的分析加以推断。理论上讲，如果对资金的需求是不变的，当经济进入高涨时期时，信贷配给的影响范围缩小。但实际上，随着商业周期的变动，对贷款需求的变化有可能是非常显著的，并且在实践中，经济高涨时期无论配给的范围是扩大还是缩小，都会依赖于资金供求的相对变化。

"信贷可获性的巨大变动必将造成经济活动水平的巨大变动"这一论点正在被不断积累的相关证据逐步丰富起来。如伯南克（Bonanco，1983）指出，引起大萧条的货币原因是经济中信贷的中断，而不是货币量的减少；中村（1984）论证了在是否迫使企业破产方面，银行起着关键性作用。

近几十年来，放松管制和金融体系中的其他创新活动已经成为世界潮流，引致全球各国货币需求巨大而且不可预知的变动。一个关键的结果是，从1987年开始，美联储不再使用M1货币供给作为货币政策的操作目标。弗里德曼（Friedman，1981）表示，广义信贷指标至少能够和货币一样成为美联储可以控制，而且是能够预测名义 GNP 未来变动的工具。

在发展中国家，由于债券市场不发达，贷款和债券之间的替代性很弱，在这种情况下信贷配给成为传导货币政策的核心渠道。在宏观经济理论中，信贷市场通常发挥着"隐蔽"市场的作用。从资金可获性学说开始发展以来，信贷配给的宏观经济分支一直是人们关注的焦点。根据该学说，货币政策可以通过信贷配给渠道影响实际支出。这主要基于三个步骤：首先，在公开市场上出售财政部债券，引导银行重新安排自己的资产组合，将部分贷款转变成财政部债券；其次，银行会倾向于通过信贷配给而不是通过提高贷款利率降低贷款数量；最后，随着信贷配给程度的提高，被配给的企业会面对一个逐渐升高的信贷影子价格，导致它们的投资活动减少，尽管市场利率是很稳定的。

根据信贷配给理论，以紧缩性货币政策为例，货币政策的传导机制可以简单表述为：紧缩性货币政策→银行贷款↓→利率↑→投资需求↓→产出↓→GDP↓。

货币政策导致货币数量的变化会影响信贷可得性，而信贷可得性的变化会影响投资进而影响产量的变化。货币政策的传导机制可以通过货币供给量 M 和信贷可得性 A、信贷可得性的投资 I 之间的两对关系式来表示。

假定：$A = \alpha M$，即信贷可得性 A 是货币供给 M 的一定比例，并且 $I = \beta A$（$\alpha, \beta <$ 1），投资 I 是可供利用的信贷 A 的一定比例。

因为，$Y = C + I + G$，并且 $C = mY m < 1$，

这里，C 是消费，I 是投资，G 是政府开销，m 为边际消费倾向，

所以，$Y = \dfrac{\alpha \beta M + G}{1 - m}$。

上式表明，GDP 会随着货币供给的增加而增加。因而，货币政策正如传统货币模型所述，货币供给量的变化会引起产量的变化，货币政策的中介目标是信贷数量而不是利率。新凯恩斯主义还指出，由于利率机制和信贷配给机制的共同作用，信贷市场会出现多重均衡。这意味着在一个信息不完全的自由信贷市场中存在着无效率的均衡，主要表现为银行为了尽可能地减少自己的损失，会将利率控制在最优利率水平上，并限制甚至拒绝一些高风险投资项目的需求。

根据上述货币政策的传导机制，可以形成以下观点：

第一，货币供给 M 和可供利用的信贷 A 之间的联系有可能随商业周期的变化而变化。在衰退时期，货币供给的增长对有效信贷具有相对较弱的影响。

第二，倘若向借款人索取的平均真实利率发生微小的改变，比如实际减少（增加），货币政策将可能发生紧缩（扩张）。更普遍的是，无论利率还是货币供给，这两个为货币政策所制定的中间目标都不会与政府最终感兴趣的经济增长密切相关，从而这些中间目标应该被谨慎地使用。

第三，信贷配给理论暗示，信贷配给对某些部门行业可能比另外一些部门行业更为重要。有效信贷的减少对某些行业影响巨大，比如那些具有更高资本负债杠杆率的行业，或者那些因为信息不对称，正在对接受证券融资还是接受信贷配给进行权衡的部门或企业。

第四，与不在信贷配给区域内的经济体相比，货币政策可能对处于信贷配给区域内经济体的投资具有更大的影响。

第五，信贷配给影响货币政策的一个原因在于对许多借款人来讲，其他形式的配给是银行借贷的不完美替代（这是一个借款人与银行信息的差异，或者说是与交易信息相联系的问题）。

新凯恩斯主义经济学家对宏观经济的分析存在两条主线：一条是货币供给 M 和可供利用的信贷 A；另一条是可利用的信贷与投资之间的关系。由此，均衡信贷配给关于宏观方面的研究也相应主要集中在两个方向：信贷配给对总需求的影响以及信贷配给对货币政策传导机制的影响。进而有两条明显不同的线索探讨信贷配给的宏观经济含义：一条是在传统凯恩斯主义分析框架内重新考虑货币传导机制，即除了传统的利率渠道之外，是否还存在一个独立的银行信贷渠道；另一条是在价格灵活变化的新古典模型中，探讨信贷市场的不完全性在经济波动和货币传导过程中的作用。

二、信贷配给分析的两种框架

（一）凯恩斯主义分析框架中的信贷配给

凯恩斯主义关注于金融资产的配置，将银行视为金融中介并且忽视货币创造的作用。该学派通过对银行行为的微观分析，将信贷配给解释为在信贷市场中存在的不完全信息导致了利率刚性，以至于不能实现资源最佳配置的行为。

20 世纪 80 年代以来，随着金融创新成为普遍的现象，货币涵盖的范围越来越广，同时也越来越难以控制，中央银行影响实体经济的能力也不断降低。对此，布林德和斯蒂格利茨（1983）在名义刚性的假设下，论述了信贷配给对货币政策传导的影响。他们的分析认为，控制信贷的可得性是更理想的办法。银行体系在信贷市场上具有的优势，使得中央银行可通过影响其储备以及信贷可得性来影响实际经济活动。基于信贷的货币传导机制是：假定银行的负债方是存款与净值，资产方是储备、贷款和政府债券。在部分准备金制度下，贷款与存款密切相关。当中央银行在公开市场上抛售债券时，银行持有的债券上升，其储备同额下降。由于储备不足，银行只好减少贷款。如果银行储备与存款维持固定比例，存款同时下降，因此，紧缩的货币政策致使银行收缩信贷，信贷配给加强，抑制了许多企业的投资活动并导致经济下滑。他们还认为，由于货币变得越来越难以定义，因此信贷是比货币更好的政策目标。

曼科维（Mankiw, 1986）从特定的信贷市场（学生贷款市场）出发，探讨了信贷市场不完全性的各种表现和原因，并分析了政府信贷政策的有效性。布林德（1987）规范化了他与斯蒂格利茨在 1983 年的思想，建立了一个存在信贷配给的宏观经济模型。他的主要结论是：信贷配给（而不是利率弹性和预期失误）是货币政策的主要渠道；信贷配给阻碍资本形成，限制投资支出，既减少总需求又减少总供给，导致有效供给失灵；信贷配给在加强货币政策效力的同时降低了财政政策效力。

格林沃德和斯蒂格利茨（Greenwald & Stiglitz, 1990）将信贷配给纳入传统的 IS - LM 模型，并探讨了金融市场不完善性的影响。他们发现，由于金融中介在资源配置中的作用，（实际）货币供给量的增加不仅向右移动 LM 曲线，也使经过修正的 IS 曲线向右移动。这样，货币政策的实际影响可能要比传统凯恩斯模型所估计的大得多。在该模型中，价格黏性仍是货币非中性的原因。

斯蒂格利茨和韦斯（1992）进一步论述了信贷配给对货币政策有效性的影响。他们认为，即使在平均实际利率变化很小或甚至下降（上升）时，货币政策也可以是紧缩（扩张）的。因此，将货币供给量或利率作为货币政策的中介目标并不合适。不过，他们并没有建立一个有微观基础的宏观经济模型来进一步论证信贷配给的货币政策含义，只是简单地假定货币与信贷可获得性间存在着密切的联系，但是却没有给予证明。

从信贷配给角度研究货币通过信贷渠道进行传导的方法只是货币政策信贷传导渠道（狭义）研究的一个分支。另一个分支的研究是由伯奈克和布林德（Bernanke & Blinder, 1988）开创的，沿着这条线的理论宣称，信贷配给并不是信贷渠道存在的必要条件。卡什艾普和斯塔恩（Kashyap & Stein, 1994）认为，虽然伴随着信贷配给程度的改变，银行贷款的供给可能发生变动，但是否存在信贷配给并不是信贷渠道的决定因素。从 20 世纪 90 年代起，第二条线的研究得到了更多的响应，从信贷配给角度的研究则逐渐沉寂。

（二）新古典分析框架中的信贷配给

在传统的凯恩斯主义分析中，货币供给量的增加将导致利率的降低，利率的降低进而又导致投资的增加，投资的增加导致更高水平的收入。传统分析是基于货币、收入和利率之间存在着稳定关系的基础上进行的，并且假定货币、收入和利率三者之间的传导通常是由商品交换推动的。它模糊了利率与信贷之间的相关关系，忽略了除某些特定的时期以外，事实上真实利率的改变相对较少。此外，传统分析还忽略了真实利率相对于厂商投资预期回报的相对变化。

在新古典分析框架中，绝大多数交易是资产间的交易。因为资产交易和收入之间的关系可能会随着商业周期的变化而变化，所以新古典学派认定它们不会存在稳定的关系，进而该学派认为货币是内生的。在对信贷配给的论述中，该学派更多考虑的是货币创造的作用。其中，吴（Wu，1994）分析了在均衡信贷配给情况下信贷供给变化对利率的影响，并且在一个一般均衡的模型中论述了货币与信贷的相互作用。他的模型不依赖于名义黏性假设。

吉伊塔克和莫瑞（Kiyotaki & Moore，1997）在他们的模型中论述了一个某些厂商受到信贷约束，并以其生产性资产作为抵押品的经济体。由于借款可能性受到抵押品价值的限制，在资本市场不完全的情况下，一次规模很小的生产性冲击就有可能引发信贷周期。伯特斯和布特查瑞尔（Betts & Bhattacharya，1998）在传统的新古典模型中引入了两种信息摩擦：劳动市场上的逆向选择问题与信贷市场上的监督成本问题。前者产生内生的均衡失业，后者产生均衡信贷配给。他们在这个结构下，论证了失业与信贷配给程度和资本形成的理论联系。

阿扎若迪斯和布鲁斯（Azariadis & Bruce，1998）建立了一个部门增长模型，其中资本投资通过信贷融资进行，而信贷市场上存在逆向选择问题。他们发现，逆向选择使信贷市场产生多重均衡的可能。由于瓦尔拉机制和信贷配给机制之间的转换，这些多重均衡表现出永久性波动的特征。紧缩阶段总是伴随着真实利率的下降，储蓄从银行系统外流，信贷配给机制取代瓦尔拉机制；而扩张阶段则与真实利率上升、信贷配给减少（瓦尔拉机制成为主导机制）以及储蓄资金向银行的回流相连。

伯查塔和科米纳（Bacchetta & Caminal，2000）建立了一个动态一般均衡宏观经济模型，在模型中由于信息不对称的存在，一部分企业会受到信贷约束。他们认为，由于受信贷约束与不受信贷约束的企业有不同的边际生产率，因此宏观经济冲击会引起资金在这些企业间的重新配置，但是他们对资本市场的不完善性总是系统地放大经济周期的观点提出了质疑。根据他们的研究，信息不对称产生的金融约束可能扩大也可能抑制产出的波动，这取决于冲击的类型。这种观点与吉伊塔克和莫瑞（1997）是不同的。

其后，也有经济学家开始探讨信贷配给与经济增长的关系。勒纳特（Lehnert，1998）认为，金融中介的改善有助于减少信贷配给，通过扩大投资促进经济增长。波什（Bose，2002）论证了通货膨胀、信贷配给与经济增长的关系。在他的模型中，不对称信息的信贷市场上可能存在两种贷款机制：一是信贷配给机制——银行通过信贷配给将高风险与低风险的借款人分离开来；二是甄别机制——银行通过（有成本地）获取信息来区别借款人。他的基本观点是：通货膨胀会改变贷款人的行为，使之要么增加信贷配给程度或甄别成本，要么使贷款机制从甄别机制转为配给机制，这样通货膨胀对经济增长的不利影响就被扩大了。

三、信贷配给模型的实证研究

在 20 世纪的大部分时间里,信贷一直被许多经济学家看做是货币政策效应的一个重要传递渠道。信贷学派的代表人物哈维特瑞(Hawtery,1919)、若萨(Roosa,1951)、戈林和肖(Gurly & Shaw,1960)等人共同的观点是,信贷可获得性的变化能够对实体经济活动产生巨大影响,不但在总体水平上有影响,而且对部门之间甚至个别项目之间的分配亦有影响。他们中的许多人主张应当根据货币政策对信贷可获得性的影响实施政策,或者至少在此基础上计算和评价政策。

信贷学派经常被拿来和货币学派,或者说与货币主义学派做比较。由于这两个学派最根本的区别就在于货币政策的操作手法上——是以货币供给量为基础,还是以信贷可获得性为基础。所以,这种基本操作手法上的差别形成了有关货币政策执行的不同观点:应当怎样计量货币政策,什么时候应当使用、怎样使用货币政策,货币政策可能实现什么目标等。

对信贷配给的存在性及其程度的实证检验是一件很困难的工作。由于没有单独的关于信贷需求和信贷供给的数据,因此不可能通过比较需求和供给直接确定是否存在信贷配给以及配给的程度。

20 世纪 60—70 年代早期,经济学家主要通过以下三种方法间接地检验信贷配给的存在性:跨部门分析法、调查法与虚拟变量法。

跨部门分析法是使用商业银行的贷款数据分析货币紧缩时期不同经济部门的信贷可获得性的变化。如果流向大企业的贷款增加,流向小企业的贷款减少,那么可以认为小企业受到了歧视,而这种歧视可以解释为信贷配给。然而这种方法存在的一个问题是,各部门的贷款需求被假设为固定,但实际上小企业贷款量的减少也可能是需求减少的结果。调查法是通过对商业银行和企业的问卷调查,来分析资金的供给与需求情况,从而判断信贷配给的程度,但调查结果的真实性得不到保证。虚拟变量法是把那些被认为与信贷配给高度相关的变量作为实际现象的虚拟变量,并对该虚拟变量进行回归分析。然而这种方法的有效性明显依赖于虚拟变量与不可观察变量的相关性,但这种相关性本身是不可能直接检验的。

20 世纪 70 年代后期开始,更多的经济学家开始使用“非均衡计量经济模型”,试图以可观察的数据为基础直接估计银行信贷的需求与供给。但由于使用不同时间段的数据,采用不同的估值方法,因而检验结果并不一致。金(King,1985)的检验结果是模棱两可的。一方面,他的估值表明,信贷供给的利率弹性明显大于零,这与均衡信贷配给模型的预计很不一致;另一方面,检验结果又显示,超额需求出现的时期看来比超额供给出现的时期更频繁,而这与配给假说是一致的。博戈尔和乌迪尔(Berger & Udell,1992)曾利用美国 1977—1988 年的 100 万份商业银行贷款合同的信息,对信贷配给的重要性进行了检验。根据他们的检验结果,均衡信贷配给并不是一个重要的宏观经济现象。而毕瑞兹(Perez,1998)的检验却表明,60% 的美国企业在 20 世纪 80 年代不能获得所申请的全部资金。

因此，虽然在理论上信贷配给的存在性已得到广泛认同，但在经验上还没有强有力的支持证据。

同样，关于信贷配给的宏观经济影响的经验研究也没有取得大的进展。根据布林德（1987）的信贷配给模型，在信贷配给存在情况下的货币政策比信贷配给不存在情况下的货币政策对实际经济能够产生更大的效应。麦卡伦（McCallum，1991）使用美国1950—1985年的季度数据对布林德的推论进行了检验，结果表明，信贷配给作为货币政策传导的一个渠道不仅存在，而且很重要，它可以解释货币冲击对产出波动全部影响的50%。然而，从20世纪90年代开始，更多的经济学家认为信贷配给并不是货币政策信贷渠道存在的必要条件，不管信贷配给是否存在，只要经济中存在一些对银行贷款依赖程度很高的企业，只要中央银行货币政策能够影响商业银行的贷款供给，那么就存在一个货币政策的信贷渠道。因此，虽然最近十几年中货币政策的信贷渠道是理论研究的热点问题，并且相关的实证检验文献十分丰富，但直接从信贷配给角度进行的检验却很少。不过，只要银行信贷渠道存在，信贷配给对货币传导无疑会产生重要影响。但这方面的实证检验结果也很不一致，是否存在一个独立的、显著的银行信贷渠道仍是一个有争议的问题。由此看来，关于信贷市场不完善性对货币传导过程的影响还没有令人信服的证据。

关于信贷配给对客户差别影响的实证也并非结论性的。比如，班什和维尔兹格（Bach & Huizenga，1961）得出银行在通货紧缩时期并没有对小的借款人区别对待的结论，但是塞尔博和普拉可夫（Silber & Polakoff，1970）使用同样的数据却得出了相反的结论。卢科特（Luckett，1970）发现，与老客户相比，银行对新客户的信贷标准要求更高，这是因为银行对新客户的借贷资金的流动性要比按以往经验获得的流动性更差。

四、国内对信贷配给理论的相关研究

（一）国内对信贷配给理论的微观解释

20世纪90年代后期，中国银行业普遍出现了"惜贷"或"慎贷"行为，催生了中国经济学者对信贷配给问题的探讨，但研究尚处于起步阶段，比较零散，缺乏系统性，综述性文献也不全面，大部分学者还停留在对信贷配给概念和相关理论的概括介绍阶段，只有少部分学者对信贷配给理论进行局部拓展或应用于中国具体问题的分析，但这些研究基本上都将中国的信贷配给问题简单地等同于国外理论中的均衡信贷配给。

例如：王健（1997）对日益明显的国有银行信贷配给现象，阐述了利率和抵押与信贷配给的反向选择效应，他认为，在不完善的信贷市场上，银行要运用信贷配给的方法实现利润最大化；孔刘柳（2001）从契约经济学的角度对信贷合约行为进行了研究，考察了信贷合约条款和信贷制度问题，对中国银行业"惜贷"行为及其产生原因进行了分析，认为中国信贷市场中出现的"惜贷"行为与西方信贷配给行为不同；杨天宇（2002）认为，民营企业争取贷款时需付出的非利息成本对银行而言具有逆向选择效应，如果民营企业申请贷款需付出的非利息成本较高，则只有高风险的民营企业才会申请银行贷款，结果过高的非利息成本使国有银行难以收回贷款的概率加大，因

此银行对民营企业实施信贷配给；齐志鳏（2002）认为，中国银行业"惜贷"现象与西方信贷配给现象相似，只有将银行的风险厌恶行为与信息不对称相结合才能完全解释"惜贷"现象；宋亚敏等（2002）通过对湖北省咸宁市中小企业贷款难的个案研究，就信贷配给理论对中国的适用性进行实证检验；王霄等（2003）建立了内生化抵押品和企业规模的信贷配给模型，探讨了银行信贷配给与中小企业贷款的关系，通过模型证明资产规模小的企业因提供不起抵押品而被剔除，较好地解释了市场经济及转型经济条件下的中小企业融资难问题。

随着研究的进一步深入，国内学者开始尝试从多方面挖掘我国商业银行信贷配给现象的微观深层次原因。学者们的研究大体上可按照金融机构和企业融资两个角度划分为以下两个层面。

1. 金融机构实施信贷配给的理论解释及政策建议

金俐（2004）分析了我国商业银行实施信贷配给的原因。他认为，我国的商业银行在执行信贷合同的相关法律时效率十分低下，再加上商业银行之间在信息共享上缺少一定的机制，导致了我国信贷配给现象的产生。文远华（2005）研究了中国1998—2002年信贷配给的微观机制，从利率管制、银行对信贷风险态度的转折性变化、经营目标函数的偏离、信贷交易所处的法制环境以及信贷市场的分化等方面对中国信贷配给现象做出了理论解释。李文豪（2006）通过建立一个含有规模、质量、效益效用因子的信贷配给模型，发现我国金融机构采取不同的标准评价其自身的经营绩效，而标准的不同产生的信贷配给程度也会不同。理性银行贷款规模和质量变动的比率大致等于存贷利差与贷款吸存率之比。若银行片面强调规模的重要性，则信贷配给程度减轻；若银行片面强调资产质量的重要性，则信贷配给程度加重。

此外，还有部分学者针对金融机构的信贷配给现象提出了相应的政策建议。例如：陈欣（2007）基于 S－W 基本模型对中国信贷配给现象的形成环境及特点进行分析，进一步对商业银行改革以及政府决策提出了相应的建议；王征（2010，2014）先后分析了信贷配给对我国金融运作机制的影响，指出信贷配给降低了资金的使用效率，并认为推进利率市场化可以缓解这一问题。

2. 信贷配给对企业融资的影响

在微观企业层面，信贷配给的主要关注点是中小企业和非国有企业贷款难问题。由于私营经济在国民经济中已成为中坚力量，但是我国大部分贷款却仍流向国有企业，这一鲜明对照被视作所有制歧视的证据。

为此，国内众多学者致力于从不同所有制、银行以及监管政策变化等角度出发，解释引发企业融资的信贷配给问题。李斌和江伟（2006）认为，国有企业相比私营企业，"政治关系"更多，预算约束更软，更易得到政府支持，因此银行贷款决策中存在所有制歧视。为此，他们研究了商业银行在企业贷款方面的差异，以及不同所有制情况下商业银行贷款期限上的差异。研究结果显示，与民营企业相比，国有企业更容易获得贷款，并且能够得到大量的长期贷款；此外，如果是市场化程度高、政府干扰相对少的区域，银行的贷款区别相对不明显。黄宪、马理和代军勋（2005）提出，商业银行对风险的容忍程度，会因巴塞尔协议 II 对资本充足率的监管而变化，监管规则的强化使商业银行变得更加谨慎，而这也直接引发了我国中小企业贷款难的问题。还有学者，如林毅夫和李永军（2001）认为，中小企业经营活动透明度差，难以提供可靠的财务硬信息，银企之间存在严重的信息不对称问题；另外，中小企业抵押条件差，难以满足银行的担保要求；同时，银行为资金需求规模较小的中小企业提供贷款时，面临更高的单位资金交易成本。这些问题的存在，使得银行更不愿意为中小企业提供贷款。孙小丽（2005）认为，我国国有商业银行的信贷配给本质上是一种双重信贷配给，并认为计划经济特征的信贷配给要强于市场经济的信贷配给，本质原因在于我国特有的制度因素，与双重信贷配给形成相关的制度因素主要包括高度垄断的金融结构、双重预算软约束和金融风险防范。这是导致我国信贷市场存在非理性的经济与金融结构不对称现象的重要制度性原因之一。童士清（2008）则认为，在中国经济转轨过程中，银行经营目标有可能偏离利润最大化，进而影响银行的信贷供给。他进一步指出国内相关文献的缺陷在于：一是主要基于信贷市场是完全竞争性的；二是银行贷款决策主要依据借款人项目收益的客观概率；三是对贷款需求的分析较少，简单地假定贷款需求是利率的减函数。事实上，中国的信贷市场显然不是完全竞争的；银行贷款决策由于是事前决策，往往是根据掌握的有限信息做出的主观判断；此外，信贷供求双方的力量一般也处于非均衡状态，供求的短边决定贷款的实际数量。

对信贷配给的研究也获得了相关的实证支持。陆正飞、祝继高、樊铮（2009）依据 2000—2006 年上市公司的实证研究发现，在 2004 年银根不宽裕的时期，银行的差异化信贷相对比较明显，对应民营上市公司的收益出现了下降的情况，严重地影响了民营企业的发展。与之相反，部分学者对所有制决定信贷配给的观点持有异议。方军雄（2010）的实证研究发现，私营上市企业银行贷款少是企业自我决策的结果，否定了"所有制歧视"。不过，上市企业多是当地优质企业，容易成为地方金融机构的宠儿，非上市私营企业是否受到"金融歧视"有待进一步研究。叶宁华、包群（2013）研究了不同所有制企业对信贷融资和商业信用融资的使用效率，认为相对于国有企业，民营企业能够更有效地利用信贷资源，提升企业的存活能力，商业信用作为非正规融资也为民营企业提供了替代性融资方案。苟琴、黄益平（2014）则采用世界银行提供的中国企业投融资环境调查数据分析信贷配给的决定因素。他们根据企业的银行贷款需求、申请和实际获得情况甄别出信贷配给，并将其细化为企业自我信贷配给和银行信贷配给两类。实证结果表明，企业规模、盈利水平、是否获得政府贷款帮助以及企业所在省份金融发展和金融市场化程度等都是影响信贷配给的显著因素，但没有发现所有制歧视的证据。

对于信贷配给如何影响固定资产投资水平的问题，一些文献关注了信贷配给中的抵押品及投资问题，如王霄和张捷（2003）、尹志超和甘犁（2011）等人的研究。由于固定资产是最重要的抵押品之一，因而商业银行更愿意贷款给固定资产多的企业，因为一旦有风险发生，银行至少可以从处置固定资产的收益中弥补坏账损失。王霄和张捷（2003）发现，在泡沫经济破灭以后的日本、亚洲金融危机以后的东南亚诸国以及金融隐患严重的中国，商业银行均普遍出现了"抵押担保至上"的倾向。这种现象表明，将抵押品作为信贷配给机制是转型经济和金融欠稳定经济的一个重要特征。冯科（2016）承认，在宏观层面上中国广泛存在着信贷配给的同时，在微观层面上信贷配给与企业特征相关，即企业的固定资产占比越高、规模越大、成立时间越久，信贷受限程度越低；而企业无形资产占比越高、杠杆比率越高等将增加企业信贷受限的可能性。

综上所述，国内学者在研究思路上，一般从银行角度出发，考察其受到的政策约束及银行对不完全信息的甄别机制。在研究方法上，多运用制度分析并建立数学模型进行理论推导，经验研究则一般对中国信贷市场进行总量分析，也有一些学者根据上市公司公开的数据或是局部信贷市场的调研数据进行微观分析。

（二）国内对信贷配给理论宏观影响的相关研究

国内对信贷配给理论宏观影响的相关研究基本上可以分为两大分支。一是考察信贷配给影响中国宏观经济波动的研究，最早来源于采用信贷配给理论对宏观经济和宏观货币政策的观察而进行的解释。总体上来说，国内文献对信贷配给对经济增长的影响基本上持负面的态度，得出的结论多趋向于信贷配给会扩大经济波动。二是在市场经济不断深化的过程中，基于市场基础、原始积累和区位优势等因素的不同，我国四大区域经济发展差距较大且呈现不断扩大的趋势，进而有部分学者深入考察信贷配给的区域性差异。

1. 信贷配给对宏观经济的影响

信贷配给行为的宏观经济意义在于，它提供了利率之外又一条连接金融市场与总需求的货币政策传递渠道。这可能加剧经济衰退或扩张的程度和延长其持续时间，部分地抵消宏观经济政策的有效性。国内学者的早期研究直接论述了信贷或信贷配给对宏观经济政策的影响，如钱小安（2000）、齐志鲲（2002）、刘涛（2005）、穆争社（2005）、许伟和陈斌开（2009）、陈晓光和张宇麟（2010）等。在早期的研究中，钱小安（2000）在研究中国货币政策形成与发展的过程中，采用信贷配给理论解释信贷紧缩现象；穆争社（2005）则将信贷配给认定为一种关系型信贷配给，提出商业银行对贷款对象及其贷款数量的选择并非依据融资企业的项目质量而确定。

由于信贷配给是通过货币政策的信贷传导渠道对经济增长产生影响的，国内学者对信贷配给影响的分析机理逐渐演变成两种方式：一是运用信贷可获性理论进行分析。例如：易秋霖（2004）基于大量事实，认为复合非均衡是中国信贷市场的显著特点，当企业信贷受到数额限制时，提高利率既可能降低也可能提高经济增长速度；方晓燕（2006）描述了中国信贷配给现象，从宏观层面展开分析，探讨现阶段信贷配给问题缓解的现实选择。二是从货币政策的信贷传导渠道出发进行分析。例如：刘明（2006）借鉴国外研究成果，结合中国的具体情况，得出中国货币政策效果的"阈值"，并使用S－W的均衡信贷配给理论对货币政策执行效果的非对称性和"阈值效应"做出理论上的解释。近些年来还有部分学者，如张微微（2014）、白大鹏（2015）等，指出信贷配给是宏观经济波动的加速器，它能扩大宏观经济的增长和衰退的幅度；另一些学者，如刘禹君（2014）等却得出了相反的结论，他们认为信贷配给的存在会抑制我国的宏观经济波动。

2. 信贷配给对区域经济的影响

信贷配给不仅仅归因于信贷市场的正常竞争活动，也可能被金融环境所影响，如区域经济水平和区域金融发展程度会影响信贷配给，所以区域信贷配给问题属于区域金融方面的研究范畴。区域信贷资金配给处于某种网状联系的中心，对区域信贷配给形成机制的研究能够抓住区域金融内、外部各种因素作用机制的中枢环节，丰富和发展区域经济和金融理论。

目前，国内多数学者认同区域经济的发展与金融发展是正相关关系，金融的可持续发展必然会促进区域经济的健康发展；区域经济的发展同时又促进区域内部或者区域之间的信贷配给现象。实际上，对于中国这样一个区际、省际、甚至省内发展差距都极不平衡的大国，经济金融发展是不可能平衡的。银行信贷资金在空间上的配置问题非常具有研究价值。早期信贷配给的相关文献主要是针对银行信贷资金集聚到经济发达地区的"大行业、大企业、大城市"等，是对信贷资金出现"空间分布"不均衡现象的理论解释。如杨国中、李木祥（2004）认为，中国区域之间信贷资金流动的特征是从农村流向城市，从经济落后地区流向经济发达地区，其原因是信贷资金必然与劳动力呈现同向流动的倾向，追求高收益和低风险是落后地区信贷资金外流的原动力，中国信贷资金的非均衡流动导致信贷资金的低效配置和地区经济差异的扩大。纪天平（2004）则认为西部地区的信贷配置效率低于中部和东部地区。罗彩云（2004）按企业规模分类研究三大地区的信贷配置效率发现，根据中型企业论证，配置效率从高到低依次分别是东部、中部和西部；根据小企业论证，则顺序变为东部、西部和中部。

其后，研究开始涉及银行信贷资金在地区之间是如何配置以及应该如何配给问题的研究。例如：艾洪德等（2006）认为，东部地区的国有商业银行平均存贷款增长率高于中、西部区域；王景武（2007）认为，东部和中、西部区域信贷资金在绝对规模上是增加的，但在相对规模上，东部地区信贷规模比重是增加的，中部是逐步减少的，西部基本维持不变；米运生、谭莹（2007）强调，通过对我国四大区域与省际面板数据的实证研究表明，尽管我国整体经济运行严重依赖银行信贷，但实际上信贷配置的效率并不高；郑长德（2008）依据各地区1978—2005年的经济金融数据，利用泰尔指数研究中国金融发展的地区差异发现，中国金融发展的区域差异主要表现在省级行政区间的差异上。各地区经济发展、经济市场化进程、各地区的法律环境以及政府的金融供给行为和宏观经济行为是中国金融发展地区差异形成的主要原因。

随着研究的深入，有学者选取不同地域的样本数据，论证区域发展与信贷配给之间的因果关系及其影响因素；抑或对地区经济发展滞后地区，尤其是农村地区的信贷配给现象，探究其通过怎样的关系和机制发挥作用。例如：任建军（2009）发现，目前我国区域信贷配给差异化现象相当严重，出现"经济发达区域信贷配给弱化，经济落后区域信贷配给强化"的空间差异状况，这在一定程度上影响和阻碍了区域经济发展。何问陶、王松华（2009）运用2000—2005年的面板模型对东、中、西部三个经济区域的政府隐性干预和信贷配给之间的关系进行实证分析，结果表明，在东、中部地区，政府隐性金融干预下信贷配给表现为对私营和个体单位的贷款支持，对公有制经济单位的配给在西部地区，政府隐性金融干预下信贷配给表现为对公有制经济单位的贷款支持，对私营个体经济单位的配给；张龙耀、江春（2011）发现，自实行农村利率市场化改革以来，农村金融机构并没有将灵活的利率差异化管理作为弥补潜在贷款损失的手段，因此，应相应地建立农村金融市场中非价格信贷配给的分析框架，调整以增加金融供给解决融资难的改革思路；王静、吕罡、周宗放（2011）指出，由于涉农经济组织信息不透明，正规金融部门通过实施信贷配给，以降低贷款风险，但在单一生产条件下，无法从根本上解决信贷配给难的问题。

综上所述，国内学者普遍认为，在区域经济发展差异和信贷配给体制改革的双重作用下，中国区域信贷配给实际上是"计划"与"市场"的"双重信贷配给"机制，即"政府主导型"信贷配给和"市场主体型"信贷配给。改革开放以来，这种配给机制造成了信贷资金高速流向低风险、高收益的经济发达的东部区域，延缓流向高风险、低收益的经济相对落后的中、西部和东北部区域，或资金"回流"东部区域，使信贷配给区域差异呈现高度非均衡的局面。此外，区域经济发展差异、宏观调控货币政策传导机制的区域差异、信贷政策的"一刀切"、存款准备金率的区域一致性和利率实质上的区域差异性、信贷管理体制的变革和信用环境差异等是造成信贷配给区域差异化的原因，也是有效消除信贷配给区域性和促进区域经济协调发展的着力点。

但是，当前许多研究仅就现象进行分析，对区域信贷配给背后的形成机制没有系统而完整的研究，相关实证研究，即有关商业银行信贷资金在空间上的配置情况的实证研究更为少见。从区域空间角度出发，考察我国商业银行区域信贷资金配置受市场因素和行政性因素影响的程度及其运作机制变化的过程，由此揭示区域信贷配给的形成机制的研究目前尚属空白，还有待今后开启这方面的专项研究。

第二章 中国信贷配给的演进过程及机制分析

本章通过对中国金融业改革各个阶段的回顾，透视金融业市场化的历程，证实中国经济已经实现了从资金匮乏阶段向资金丰裕阶段的转变；详细论证双重信贷配给的形成机制，对信贷配给的形成条件进行分析，并解释信贷配给所造成的金融困境；进一步阐明我国的二元金融结构是在利率管制下，银行双重信贷配给共同作用的产物。

第一节 中国银行业改革发展历程回顾

我国经济体制改革的基本目标是实现经济发展的市场化。市场化改革要求结束计划经济体制下高度集中的"国家定价"，而转变为市场形成价格，用价格手段配置资源。更为深刻的意义是，市场化改革就是要使经济主体能够最终获得"选择"的自由，金融业的改革也不外如此。中国金融业的变迁是与国内经济发展和金融体制改革紧密联系在一起的，并且是政府主导型的、主动的体制变迁模式。从其发展历程看，银行业大致表现为从"资金匮乏→资金丰裕"、从"控制风险→稳健运营"的逐步过渡。

一、计划经济体制下资金的分配情况（1950—1978年）

1953—1978年改革开放之前，中国实行高度集中的计划经济体制。当时，为了迅速实现国家工业现代化，政府选定了重工业优先发展的战略。在国内资金以及其他资源严重匮乏的局面下，由于重工业资本密集度高、投资规模大、建设周期长，如果让资金价格在市场上形成竞争，就会导致重工业的资本形成因高利率而过于缓慢。因此，要保证重工业以较低的建设成本迅速增长，最为重要的现实条件就是降低资金存贷价格，维持一个稳定的低利率水平（林毅夫等，1994）。在国家控制之外的融资渠道不能有效地执行这项任务的情况下，为了重工业发展的需要，国家金融垄断便应运而生。同时，因为在较低的资金使用价格下，所有的企业都会倾向于使用更多的资金，所以政府必须用一套集中有效的资金配置制度，把有限的资金配置到符合发展战略目标的企业和部门，这就形成了我国计划经济时期金融制度安排上"大一统"的金融管理模式。在这一时期，信贷、现金收支平衡是国民经济综合平衡的重要内容，严格的信贷现金收支管理是经济稳定发展的条件。国家通过各种指令性计划控制整个社会活动的主要方式是：生产计划分解到企业，物资计划随着生产计划走，资金计划随着物资计划走。

从整个国民经济来看，计划和财政预算是经济管理的主要形式，银行信贷处于从属地位，所有信贷业务由中国人民银行一家办理，存贷利率由人民银行统一制定，银行信贷通过统收统支、统存统贷的体制予以实现，银行自身的任务仅仅只是"守计划、把口子"。国家通过批准综合信贷收支计划和现金收支计划，实现对信贷和现金投放总量的控制，由此实现"发展经济、保障供给"的货币政策目标。在 1978 年以前，中国人民银行控制着国家总金融资产的 93%，控制着整个经济中绝大部分的金融交易（王曙光，2003）。1978 年以前的信贷市场也是由中国人民银行垄断的市场，货币发行、货币政策、资金配置等完全根据国家计划进行。在政府的主导下，人民银行的信贷分配是资金流通的唯一途径，企业发展所需资金完全是通过政府强有力的信贷分配获得的。这样的金融机制只是具备分配资金的财政功能。实际上，人民银行本身就是一个政府机构，甚至在 1969～1978 年隶属于财政部管辖。

计划经济意味着经济资源由国家运用行政手段按计划分配。这种国家把全社会的金融资源集中起来进行分配的行政手段，从融资体制的角度看，国家充当了资本流动的中介，它把资本从其所有者那里筹集起来，再分配给它所选择的企业使用。国家通过其各类机关行使着企业家的职能，包揽了几乎一切重要的经营决策，集中管理着几乎全部的现金流量。这种高度垄断的金融体系和单一的融资渠道，通过国家的集权手段，把有限的资金安排到国民经济计划的重点产业和项目中，是一种国家垄断下的信贷资金配给机制。它有力地保证了新中国成立初期国民经济的恢复及迅速发展。

随着国民经济的发展，实践证明，这个单一国有产权的、完全垄断性的国有银行体系，在动员国民储蓄和促进资本形成中的作用是非常微弱的。在计划经济时期，储蓄的主要来源是政府财政和国有企业存款；同时，因为大部分的投资是以政府财政预算拨款的形式进行的，而不是通过银行体系运营，所以银行作为金融中介在资源配置中的作用受到极大限制。至改革初期的 1978 年为止，我国银行存款仅占国民生产总值的 36%，其中居民存款仅占国民生产总值的 6%，而企、事业单位存款和财政存款占国民生产总值的 30%（易纲，1996）。这一时期，整个经济系统中除了垄断性的国有银行体系之外，不存在其他的非银行金融机构和金融市场，银行存款是唯一的金融资产，金融市场的完全缺失和金融机构的极度单一化，使传统金融体系在动员储蓄、提高资金配置效率、支撑经济增长、促进产业结构转换上的功能难以发挥，金融发展受到极大限制。

二、经济转轨初期的银行业改革（1979—1992 年）

1978 年，党的第十一届三中全会开创了改革开放和社会主义现代化建设新的历史时期，标志着中国经济体制由计划经济向转型经济开始过渡。由于中国的改革是一种"渐进式"的改革，改革的特点是先不触动许多既得利益者，不对旧的体制进行根本性的改造，而是在旧体制的旁边发展新体制，因而必然会出现一种"体制双轨"的局面，需要经过较长时期的"双轨制过渡"才能最终完成改革。渐进式改革的根本特征，可以说就是较长的双轨过渡期（樊纲等，1993）。在经济改革进行的同时，中国的金融改革同样遵循着这样的发展路径，中国银行业的改革同样也步入了漫长的向市场体制过渡的阶段。但是，银行业肩负着维持宏观经济稳定增长的重任，并且受原有体制弊端的牵制，使其被迫以效率损失为代价，为中国的渐进改革提供必要的金融支持，结果导致在整个 80 年代，银行业的改革进度始终慢于经济改革的进度。在经济转轨初期，银行业主要进行了以下方面的改革。

1978 年中国人民银行从财政部分离出来，开始了向独立中央银行模式的转变进程。人民银行率先改革了"统存统贷"的大一统银行体系，在全国范围内实行"统一计划，分级管理，存贷挂钩，差额包干"的管理办法。其目的是在信贷资金的筹集和运用上，把宏观调控与微观搞活有机地结合起来，调动各级银行的积极性，破除信贷资金的供给制，提高央行信贷资金供给的独立性。

随后，1979 年先后恢复了中国农业银行、中国银行和中国人民建设银行，分别成为农村金融、外汇业务、基建业务的专业银行。1984 年 1 月 1 日正式设立中国工商银行，承担原来由人民银行办理的工商信贷和储蓄业务。自此，中国在社会主义国家中第一个实现了由垄断银行体系向混合银行体系的转变，中国人民银行作为中央银行与四大国有商业银行的商业职能被区分开来。与此同时，投资渠道也发生了深刻的变革，国有企业来自预算拨款的资金大为减少，取而代之的是来自国有银行的贷款，政府对储蓄和投资的控制能力有所降低。

在此阶段，1 200 个城市信用社相继成立，从事对城市私人和集体所有制企业的融资服务；同时，一些非政府所有的商业银行，如交通银行和中信实业银行开始建立，外国银行机构也获准进入银行部门，初步形成与四大国有银行竞争的局面。四大国有银行之间的竞争也开始加剧，专业分割和区域限制的局面被打破。各个专业银行建立了成百上千的信托投资公司，这些信托投资公司大量参与商业银行业务，违规吸收居民存款，并为地方企业提供融资服务。总之，在这一时期实现了中央银行和其他银行的彻底分离，四大国有银行业务领域和地域限制随着竞争的加剧而消失，非政府商业银行和外资银行的出现，以及信托投资公司等非银行金融机构的迅猛发展，初步奠定了中国金融体系的多元竞争格局（王曙光，2000）。

但是，由于我国还处于市场经济的建设阶段，资本的短缺导致国有企业对金融资源的无限需求，加之金融机构数量的快速增长，机构间的竞争和融资行为的扭曲导致了银行的过度信贷行为，1988—1989 年最终引发了中国自改革开放以来第一次严重的通货膨胀。1988 年 CPI 和 RPI 分别为 18.8% 和 18.5%，1989 年这两项指标分别为 18.0% 和 17.8%。这次通货膨胀的主要原因是当时经济过热，具体表现为：1988 年工业产值增长 20.8%，固定资产投资增长 23.5%，当年现金投放 680 亿元，年末市场现金流通量比上年增长 46.7%。[①]

这次通货膨胀产生的根源在于：产业结构严重失衡；农业、能源、交通运输以及主要原材料等产业发展滞后；中央财政和地方财政实行"分灶吃饭"的管理体制，形成了地方政府直接干预经济的利益机制，以至投资膨胀；央行对金融机构信贷扩张缺乏管理与调控，信贷扩张过快。

---

① 资料来源：钱小安：《信贷紧缩、银行重组与金融发展》，上海，上海人民出版社，2000 年版。

1980—1992 年虽然爆发了较严重的通货膨胀，但是金融改革的成果还是较为丰硕的。由于几大专业银行已经分设完毕，人民银行专司中央银行职能，所以，在此期间尽管金融机构还是建立在国有基础之上，但是在金融市场上已经初步实现了金融机构的多元化。该时期的专业银行逐渐从"以产定贷"转变为"以销定贷"，有一定的贷款自主权。不过，各级政府部门的预算开支和企业的投资、生产、销售计划仍是贷款的重要依据，银行仍然被动发放贷款。银行虽开始设置资产质量测算指标，但对分支行贷款营运效果考核力度不大。

20 世纪 80 年代中国经济出现的超高速增长，国有银行制度功不可没。但是，这样的宏观高效率是以牺牲银行中介本身的微观效率为代价的，具有不可持续性，金融改革的效果并不理想。因此，从 90 年代起，中国银行业进入改革和调整时期，从中央银行管制的目标定位来划分，大致可分为市场经济确立后资金匮乏时期以及市场经济确立后资金丰裕时期两个阶段。

三、市场经济确立后资金匮乏时期的银行业改革（1993—1996 年）

1993 年 11 月 14 日，党的第十四届中央委员会第三次全体会议通过了《中共中央关于建立社会主义市场经济体制若干问题的决定》，其中在银行体系的改革方面明确提出，"建立政策性银行，完成政策性业务与商业性业务的分离"，"要发展商业性银行，现有的专业银行要逐步转变为商业银行"，"建立以国有商业银行为主体、多种金融机构并存、政策性金融与商业性金融分离的金融组织体系和建立统一、开放、有序竞争、严格管理的金融市场体系"。

为了落实金融政策以及经济形势发展的需要，1993 年 12 月国务院发布《关于金融体制改革的决定》，这是中国第二轮金融体制改革的开始。这次改革是经过充分讨论、精心设计和分步实施的，金融改革在这个阶段全面启动。从 1994 年开始，中国人民银行逐步缩小信贷规模的控制范围，对商业银行推行资产负债比例管理，并从 1994 年第 3 季度开始，按季度向社会公布货币供应量分层次监测控制目标，努力提高货币政策的透明度。此外，在 1994—1995 年，人民银行将各级分支机构的资金管理权上收到总行，只对商业银行总行发放再贷款。

1995 年，《中华人民共和国中国人民银行法》和《商业银行法》相继颁布，规定了货币政策的目标是保持货币币值稳定，并以此促进经济增长。在具体政策措施方面，规定人民银行应按照社会主义市场经济体制的要求，不断推进信贷资金管理体制改革，适应金融宏观调控由直接控制向间接控制转变的要求，努力完善货币政策工具体系。银行法的颁布标志着央行货币政策开始从直接调控向市场化的间接调控转变，商业银行也向独立自主经营迈进了一大步。

为了清除国有银行商业化的障碍，1994 年 3 月成立了 3 家政策性银行：国家开发银行、农业发展银行和中国进出口银行，名义上分离了原国有专业银行的政策性银行业务与商业性业务；此外，在这一阶段对银行部门的管制进一步放松，降低了进入壁垒，成为改革以来仅有的鼓励竞争阶段。1992—1995 年，非国有银行快速发展，建立了一批非政府的地区性和全国性的商业银行机构，同时有更多的外国银行和金融机构被允许进入中国市场。此阶段的政策意图是，通过引入体制外竞争，用外部压力推动国有银行内部运行机制的转变和优化。在这一阶段，为了保证银行商业化改革的成功，国家尝试将部分剩余索取权转移给国有银行以增强其激励机制，各个国有银行的利益开始出现，银行之间展开了存贷款市场的竞争。

但这种有利的机会在1996年以后很快就消失了。原因就在于，这一阶段是经济转轨的关键时期，社会主义市场经济刚刚确立，银行与国有企业在资金供求上一直存在着矛盾，资金短缺，呈现出"超贷"和"超借"特征。银行的"超贷"使中央银行无法放弃信贷规模控制这一计划手段，也使其形成了规模巨大的再贷款，以补充银行信贷资金的不足；国有企业"超借"使其资产负债率居高不下，表现出明显的"信贷饥渴症"。此外，在这一阶段，由于市场经济还不完善，国有企业产出在GDP中的占比，以及国有企业在就业安排中所占份额的居高不下，注定了这一阶段改革的重点在于维持国有企业的稳定与产出的快速增长。但是，由于国有企业产出的持续增长需要国家财政的持续投入，而事实又恰好表明，在国家财政能力迅速下降的情况下，这种投入是不可能兑现的，所以国有银行就顺理成章地替代财政，成为满足国有企业资金需求的主要来源。正基于此，以1985年"拨改贷"为标志，在国有企业的产出与国有银行的信贷支持之间逐渐形成了一种刚性依赖关系，使得国有企业乃至整体改革进程在很大程度上取决于国有银行的信贷支持能力与国有银行的稳定。因此，政府势必通过行政手段遏制银行业的竞争，以维持国有银行的信贷支持能力。

正是这种经济组合直接塑造了国有企业的特殊资本结构，导致了改革以来国有经济日益严重的资本困境。1993—1995年，中国出现了第二次严重的通货膨胀，3年内CPI分别比上年增长14.7%、24.1%和17.1%。1993年，全社会固定资产比上年增长58.6%，工业总产值比上年增长23.6%，银行各项贷款比上年增长22.5%，广义货币供应量比上年增长37.3%。在经济过热、结构失衡的情况下，乱集资、乱拆借现象严重，金融秩序混乱，1993年当年违章拆借资金达3 000多亿元，"黑市"利率高达25%以上，导致中央被迫紧缩银根，严格控制信贷规模。

之所以出现这种经济困境，其根源就在于国有银行替代国家财政（所有权的代表），以信贷分配的方式向国有企业注资，而国有企业则把国有银行的信贷分配视作国家的所有权注资。在中国面向市场经济转轨的这一改革阶段，正如张杰（2000）所言，国有银行提供的信贷本身就是一种配给的行为，并且这种行为追求的目标并非是单一的利润或经济收益，而是宏观经济的增长、社会的稳定乃至国家的信誉等。

通过这一阶段的改革可以看到，国有企业的特殊资本结构事实上锁定了国有银行的改革角色与金融责任，同时也决定了改革过程中金融资源的配置结构。因为国有银行对国有企业的信贷蜕变成为单向的分配，国有银行在决定资金去向与数量方面并没有多大的选择余地，或者说它的信贷行为是被动的。所以，信贷数量的多少并不取决于国有银行对项目本身的选择以及对信贷回报的考虑，而是取决于国有企业以及渐进改革对金融资源的需求，或者说取决于国家的金融偏好。

简而言之，在经济转轨时期，国家通过有约束的价格双轨、金融补贴以及强有力的金融控制，保证了国有经济产出在国民生产总值中比重的缓慢下降，并且建立了相对较为完整的由政府主导的银行运营机制，国有银行开始酝酿向商业化的目标发展。

四、市场经济确立后资金丰裕时期的银行业改革（1997—2002 年）

从 1994 年较有实际意义的商业化改革开始到 1998 年止，为了满足国有企业的资金需求，国有商业银行信贷资产质量一直处于下降趋势。1996 年，中央银行为了控制国有企业的多头开户行为，颁布了《贷款通则》，推行基本开户银行制度；1998 年"广信破产事件"和海南发展银行被行政关闭事件，以及 1998—2000 年对各地城市股份合作制银行（城市商业银行的前身）的清理与重组，打破了中国没有商业银行破产的记录。这些事件令社会公众对非国有银行的预期和信心有所动摇；加上此前推行的面向国有重点大中型企业的主办银行制度，使非国有银行面临的市场环境开始转入不断恶化的阶段。此外，自 1996 年后所实行的政府宏观调控又紧缩了银根，导致国有银行呆坏账进一步增加，不良贷款持续积累。截至 1998 年，这种不良贷款已经积累到很高的水平，达到了银行不能承受的程度。有学者指出，中国四大国有银行累积的不良债权已远远超过了自有资本，中国国有商业银行已处于"技术性破产"状态（谢平、焦瑾璞，2002）。因此，1997 年东南亚金融危机的发生，标志着中央银行的管理目标进入了以防范金融风险为主的第二阶段。

由于国有银行的稳定与信贷支持能力取决于居民储蓄的增长和居民对国有银行的信任，所以在上述情况下，为了维持居民对国有商业银行的信任，中央政府和货币当局被迫采取了非常严厉的措施，以防止银行呆坏账的继续增长。其基本措施为如下各项：

（1）1998 年 8 月，财政部发行了 30 年期的 2 700 亿元特别国债，用以补充国有银行的资本金。

（2）1999 年，财政出资 400 亿元成立了中国华融资产管理公司、中国长城资产管理公司、中国东方资产管理公司和中国信达资产管理公司 4 家金融资产管理公司，分别接受工、农、中、建 4 家国有独资银行剥离的不良资产。收购资金通过发行金融债券和人民银行再贷款解决。4 家国有银行一次性剥离了 14 000 亿元左右的不良资产。

（3）2000 年，央行向金融资产管理公司发放的用于收购四大国有银行不良资产的再贷款达 5 350 亿元，成为当年基础货币投放最主要的渠道（李扬、彭兴韵，2001）。

（4）1996 年以来，央行等通过利率管制，不断扩大商业银行存贷款利差，迫使存款者为商业银行提供隐性补贴。据统计，自 1996 年连续多次降息以后，由于存贷款利差扩大，存款者向银行提供的补贴已超过了 1 万亿元（彭兴韵，2002）。

在此期间，银行内部也采取了一些措施，以防止不良资产的继续上升，但这些措施基本上是行政控制，即追查银行负责贷款的各级人员的个人责任，包括给予行政处罚（樊刚，1999）。这意味着国有银行也开始认识到信贷市场风险对自身的危害，开始从市场风险角度出发，考虑自身的信贷行为。

由此可知，当经济改革进行到这一阶段以后，市场经济已经成为推动我国经济发展的主导动力。随着市场力量的不断推进，迫使以银行为代表的信贷主体追求自身效益最大化的动机越来越强烈。在经济萎缩、内需不足的情况下，商业银行开始重视资产负债比例管理和风险管理，调整贷款策略、谨慎放贷。"慎贷"表明，对经营风险的控制正在成为国内银行本身的内在要求。尤其是到了 1996 年以后，随着中央经济调控政策的实施，我国通货膨胀大幅度回落，实际利率逐渐提高，经济增长明显下降。伴随着经济增长速度的放缓，贷款企业经营风险变得日益增大，银行开始倾向于贷款的非价格配给。也就是说，贷款数量不是由价格水平决定，而是通过非价格的分配制度予以安排。此时，银行开始想到通过抵押担保等非利率手段防范风险，放贷的配给行为日趋严重，导致从 1996 年下半年开始，国有企业的"预算约束"因银行对贷款的控制开始"硬化"，贷款的增长速度突然下降。为了刺激投资，特别是为了改善国有企业的经营状况，央行连续七次下调了银行存贷款利率，并于 1999 年 11 月 1 日起对银行存款开征 20%的利息税，从而进一步降低了利率。

但是，现实却与政府的政策初衷相悖。自 1996 年第 4 季度中国历史上第一次出现银行"贷款额度"用不完的情况后，到了 1997 年下半年，金融机构贷款增幅又出现了回落的情况，尽管采取措施扩大贷款的投放，年末贷款的执行还是出现了比上年减少的现象，特别是国有银行连年初确定的贷款计划都未完成。1997 年年底，央行宣布从此取消实行了多年的"贷款额度制度"。但是，自从 1998 年 1 月取消了贷款规模限额控制后，各金融机构的贷款增幅仍出现回落的态势。这种贷款增长速度突然大幅度下降的情况，表明了中国在 1996—1998 年这一阶段，银行在市场机制下为了保护自身利益而对企业信贷配给的严重程度；同时也应该承认，从"超贷"到"惜贷"，正是转轨经济中我国银行经营行为的重大变化，它至少表明我国银行开始具有"真正银行"的特征。

与此同时，中国改革过程中始终维持着的"政府控制金融"的政策，在这一时期也没有什么改变，这就为储蓄本身的形成与积累创造了必要条件。中央银行的歧视性管制，一方面令中央银行对国有银行的管制约束日益软化，另一方面通过对非国有银行的管制约束硬化，令社会形成了国有银行"太大不宜倒闭"的固定预期，全社会金融资源进一步向国有银行转移。此外，可靠的国家信誉消除了国有银行储蓄存单持有者的风险顾虑;[①] 同时，国家的利率政策，特别是储蓄存款利率对于刺激居民和企业积累其金融资产十分重要，政府通过保护储蓄存款，使实际利率保持正值，甚至当 1988—1989 年通货膨胀率较高时，政府也能够迅速做出反应，将某些利率充分指数化，比如，将 3 年期居民定期存款的名义利率提高到 20%～26%，从而使实际利率保持明显的正值。正值的实际利率使居民储蓄存款的收益率始终处在一个不算高但较为稳定的水平；加之国内居民传统的储蓄习惯的作用，致使整个 90 年代乃至进入新世纪以后，居民储蓄存款都保持着迅速增长的势头。由此产生的金融资产存量的巨额增长，

---

① 因为国家对国有银行系统的存款提供了隐含的担保。

使得市场化改革的部门既能为自身融资，也能为政府以及逐步增长的国有企业赤字融资。如图 2-1 所示，从 1990 年到 2002 年年底居民储蓄平均增长达到 19.66%，存款增长态势十分强劲，尤其在 1990—1996 年，居民储蓄存款平均增长甚至达到了惊人的 24.84%。截至 2002 年年底，我国城乡居民储蓄存款余额已达到 8.7 万亿元。

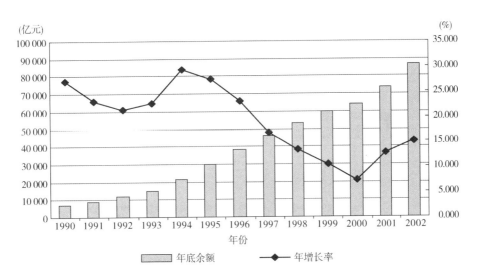

图 2-1 1990—2002 年我国城乡居民储蓄存款年底余额及年增长率

资料来源：1990—2002 年度《中国统计年鉴》。

综上所述，自 1998 年以来，一方面由于银行不良资产的堆积以及中央政府对银行监管的加强，贷款增幅持续回落；另一方面政府对金融和利率的控制导致银行存款持续增长，其结果存贷差的产生就只是时间的问题，存差率（存差额/存款余额）也必然呈现上升的趋势。事实上，随着中央宏观调控措施的出台，早在 1995 年，存贷款余额就由贷差转变为存差，之后金融机构的存差逐年扩大，存差率在总体上也呈现上升的迹象。到 2002 年 9 月末，金融机构（不含外资金融机构）人民币存差总额达到 39 515 亿元，占月末存款余额的 23.73%。[1] 其中四大商业银行的存差在总额中占绝大部分，如 1998 年年末金融机构的存差总额累计达 9 174 亿元，四大银行占 74%（6 768 亿元）；1999 年 6 月底，存差总额为 1.2 万亿元，四大银行占 80%（9 734 亿元）。金融机构存差额和存差率的具体变化情况如图 2-2 所示。由此可以推定，如果仅从金融资源来讲，存贷差的持续上升标志着转轨经济下资金丰裕时期的正式来临。

数据上也支持上述结论。截至 2001 年，我国已有 7 家国有独资银行，110 多家股份制商业银行（其中全国性股份制商业银行 10 家），100 多家证券公司，30 多家保险公司，4 万多家城乡信用社，190 多家外资营业性金融机构。我国金融业（不包括人民银行）总资产已超过 21.4 万亿元，其中各类银行占 76%，城乡信用社占 9%，非银行

---

① 资料来源：中国资讯数据库。

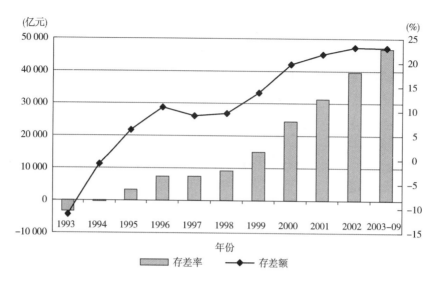

图2-2 1993—2003年9月我国金融机构存贷差的变化

资料来源：1993—2003年度《中国人民银行季报》。

金融机构占15%。① 此外，到2001年年底，外资银行在华共有代表处214家，营业机构190家，外资银行总资产452亿美元，外汇贷款已达到国内全部外汇贷款的15%左右。② 这些数据都标志着我国已经告别了资金匮乏的时代，"双轨制过渡"基本完成，商业银行的竞争性市场环境已经初步形成，银行业竞争的序幕正被徐徐拉开。

经过20多年的渐进式金融改革，虽然中国银行业的产业组织机构还呈现出高度集中的特征，即中国银行业的资产及其市场份额高度集中于工、农、中、建四大国有银行，虽然四大国有银行远未实现商业化经营，国有银行还需根本性地转换经营机制，但国有银行之间、国有银行与其他银行之间在各种业务上的竞争已经展开，竞争不断加剧已经成为不争的事实。金融部门的竞争性市场机制和市场体系也已初步形成，产权多元化的趋势正随着股份制银行和私人银行的出现而初露端倪。正是非银行金融机构和股份制商业银行的发展带来的竞争，也正是这些金融机构的发展壮大，才有效地发挥了"储蓄动员"与"资本积累"的作用，推动了我国金融存量的增长。更为重要的是，这些金融机构进入金融市场创造了竞争，从质的层面改善了金融效率，促进了我国金融市场化，尤其是国有商业银行的改革。1993年年底，国有商业银行占全部金融机构资产的比例为77%，到1996年这一比例已下降为70%，到2001年年底，国有商业银行占全部金融机构的资产份额已经降到57.1%。至此可以认为，经过20多年的金融改革实践，我国金融部门的结构已经发生了深刻的变化，银行业已经开始由人民银行高度垄断的单一市场结构，向以国有商业银行和股份制商业银行为主的垄断竞争的市场结构转变，多元主体共同竞争的市场结构已经初步形成，基本实现了各类金融

---

① 资料来源：《戴相龙行长在第六届世界华商大会上的讲话》，www.pbc.gov.cn。

② 资料来源：《戴相龙行长在外资金融机构迎春茶话会上的讲话》，www.pbc.gov.cn。

机构并存的多元化的金融结构格局。

五、银行业向稳健经营的迈进（2003 年至今）

尽管银行业对我国经济改革和经济增长做出了巨大贡献，但是在政府主导型信贷配给机制下，银行业的风险意识却极为薄弱，经营管理相对粗放，违法违规案件频发，积聚了大额的不良资产，到了 2003 年已经达到了非常严重的程度。在华融、信达、长城、东方四大资产管理公司购买了账面价值约 1.3 万亿元的不良贷款后，四大国有商业银行累积的不良贷款仍然高达近两万亿元，不良贷款率仍有 21.38%，已经达到技术性破产的状态。[①] 此时，政府主导的信贷配给已经难以为继，迫使银行业开始向市场主导型的信贷配给转变。

（一）国有商业银行的改制和监管职能的改变

2002 年 2 月，中央在京召开第二次全国金融工作会议，提出"必须把银行办成现代金融企业，推进国有独资商业银行的综合改革是整个金融改革的重点"；"无论是充分发挥银行的重要作用，还是从根本上防范金融风险，都必须下大决心推进国有独资商业银行改革"；"具备条件的国有独资商业银行可改组为国家控股的股份制商业银行，条件成熟的可以上市"。此后，降低不良资产、实行审慎原则的会计制度，到实行股份制，再到上市这"三步走"的改革步骤已成共识，随后的国有银行改革基本遵照这一思路推进。

2003 年 12 月 16 日，中央汇金投资有限责任公司（以下简称"汇金公司"）成立。汇金公司成立后，先后向中国银行和建设银行分别注资 225 亿美元和 200 亿美元，代表国家对国有大型金融企业行使出资人的权利和义务、维护金融稳定。此后，汇金公司先后完成对交通银行、工商银行、农业银行的注资，开启了国有银行的改革。在一路摸索改革的过程中，到 2006 年年底，四大资产管理公司的不良资产处置已经基本完成，5 家国有银行完成股份制改造成功上市，实现了产权的真正变迁，在经济社会发展中开始发挥按市场风险配给信贷资源的职能。

与此同时，2003 年 4 月 28 日银监会的正式挂牌，与国有商业银行陆续进行的股份制改革，标志着中国银行业进入了深化改革的时期。银监会的正式组建，接管了人民银行的银行监管职能，由此中国确立了分业经营、分业监管、三会分工的金融监管体制。相对于过去的统一监管体制，现行的分业监管体制在防范金融风险、提升金融效率和推进金融业各子行业的改革开放等方面发挥了巨大作用，金融监管的有效性大幅提升。为了切实发挥市场的主导作用，规范市场秩序，创造良好的竞争环境，银监会正式颁布了《银行业监管法》，并对《人民银行法》和《商业银行法》进行了修订。从法律规制角度来看，银监会至今共颁布了 600 多项监管规则和规范性文件，初步形成了涵盖信用风险、市场风险、操作风险和流动性风险等主要风险的审慎监管规则体系。银行监管法律体系逐步完善，法律规制的作用越来越明显。

---

① 刘永刚：《中国银行业的十年"涅槃"》，《中国经济周刊》，2014 年第 1 期。

（二）股份制银行和城市商业银行的快速发展与民营银行的引入

2003 年以来，股份制银行和城市商业银行随同中国经济一起进入高速发展时期。股份制银行的发展，主要在增量改革理论的指导下，按照跨区域发展的路线图进行，经历了"区域内扎根—跨区域发展—引入战略投资者提升竞争力"的发展路径后，已经成为银行业中一支不可忽视的重要力量。

2003 年以来，股份制银行的壮大直接表现在增量的大幅提升上。这一时期，股份制银行不仅规模、数量和市场占比逐步提高，更主要的是其竞争力的形成和境外战略投资者的引进。随着股份制银行在全国范围内的网点布局和增量发展，其市场份额也在不断提高。如图 2 - 3 所示，截至 2015 年年底，股份制银行总资产的比例达到 13.78%，资产复合绝对增长率为 19.62%；总负债比例由 10.76% 上升到 13.94%，负债复合绝对增长率为 19.28%。

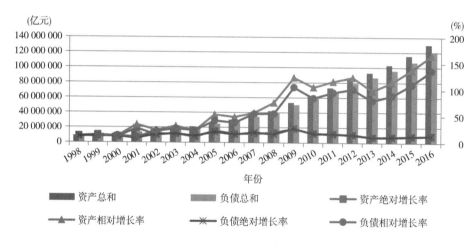

图 2 - 3 1998—2016 年我国股份制商业银行资产、负债及其增长率

资料来源：根据 Wind 资讯和各年度《中国金融年鉴》数据整理得出。

城市商业银行是在中国特殊历史条件下形成的，是中央金融主管部门整肃城市信用社、化解地方金融风险的产物。2003 年年末，城市商业银行还处于发展初期，资产规模在 1 000 亿元以上的城市商业银行有 2 家；资产规模在 100 ~ 1 000 亿元之间的有 35 家；资产规模在 100 亿元以下的有 75 家。但是，到了 2015 年 6 月末，全国城市商业银行已增加到 134 家，整体利润已完成 40 倍的增长，总资产达到 20.25 万亿元，占银行业金融机构的比例接近 11%。①

经过十几年的发展，城市商业银行正逐步发展为一个具有相当数量和规模的银行阶层，主要经营指标超过全国银行业的平均水平，市场份额不断扩大。有相当多的城市商业银行已经完成了股份制改革，并通过各种途径逐步消化历史上的不良资产，不良率持续下降，资产质量大幅提高，在当地占有了相当大的市场份额，其中更是出现

---

① 《2015 中国城市商业银行排行榜 TOP100》，《中国贸易金融网》，2015 年 10 月 20 日。

了北京银行、上海银行和南京银行这样发展迅速、已经跻身全球银行 500 强行列的优秀银行。目前，城市商业银行与五大国有股份制商业银行、邮政储蓄银行和 12 家股份制商业银行一起，形成中国银行业良性竞争的新格局。

作为制度创新的民营银行也不容忽视。2004 年 6 月 30 日浙江商业银行的重组获得批准，标志着民间资本以产权结构改造方式进入银行业的大门已经敞开。直到 10 年以后，随着 2014 年银监会批准首批 5 家民营银行的落地，民营银行才正式进入银行序列。进入 2017 年，共计已经有 17 家民营银行获批，其中 8 家开业，首批 5 家均已盈利。

建立民营银行主要是为了打破中国商业银行业单元国有垄断，实现金融机构多元化。与国有银行相比，民营银行具有两个十分重要的特征：一是自主性，民营银行的经营管理权，包括人事管理等不受任何政府部门的干涉和控制，完全由银行自主决定；二是私营性，即民营银行的产权结构主要以非公有制经济成分为主，并以此最大限度地防止政府干预行为的发生。以上这两大特征非常有利于打破政府主导的信贷配给，因而民营银行成为中国国有金融体制的重要补充。

民营金融机构的建立目的，首先是为了促进金融市场的公平竞争。考虑到我国目前垄断程度甚高的银行体系不利于资金配置效率的提高，因此引入民营银行可以提高银行体系的竞争程度，促进国有金融企业的改革。其次，从改革角度来看，国有商业银行的改革有着较大的不确定性，民营银行的引入有助于银行业内部银行治理结构的创新和改进。最后，建立一些具有国际先进水平的民营金融机构，也有助于金融业参与国际竞争，缓和我国加入世界贸易组织后外资对国内金融业的冲击。

随着银行业由政府主导信贷配给向市场主导信贷配给的转变，银行业的存贷款规模稳步发展，而利润总额更是在 2003 年之后有了极大的提升。据中国银监会统计，2003—2013 年，中国银行业金融机构资产总额从 27.66 万亿元增至 151.4 万亿元，10 年增长 5.5 倍；税后利润从 322.8 亿元增至 1.74 万亿元，10 年增长 53.9 倍。与此同时，由市场风险主导的信贷配给也促使银行业的不良资产大幅下降。为防范和化解风险，银行业开始全面引入巴塞尔协议，银行业资本监管要求日趋严格，尤其是 2008 年次贷危机发生后，金融监管改革开始重视对系统性风险的防范，强调"全面无缝隙"监管，有效控制风险，注重安全和效率的平衡。到 2015 年，银行业金融机构不良贷款率已经下降到 1.94%，其中商业银行不良贷款率下降到 1.67%，拨备覆盖率为181.18%，贷款拨备率为 3.03%，资产质量总体上稳定；此外，商业银行核心一级资本充足率为 10.91%，一级资本充足率为 11.31%，资本充足率为 13.45%，资本充足水平保持稳定，银行业的风险抵御能力得到进一步增强。[①] 总体而言，2003 年以来是中国银行业高速发展的黄金时期。

---

① 资料来源：《银监会年报》，http://zhuanti.cbrc.gov.cn/subject/subject/nianbao2015/1.pdf。

第二节 中国信贷配给的形成机制

对于中国这样正处于转型期的发展中国家来说，信贷市场并不完全受市场机制支配，情况更为复杂，存在着"双重信贷配给"机制，即同时存在着政府主导下的信贷配给（外部约束型信贷配给）和市场机制作用下的信贷配给（内生性信贷配给）。

一、中国特色的信贷配给现象

作为一个处于经济转轨阶段的发展中国家，中国企业所面临的信贷配给有其特殊性和复杂性，绝非西方市场机制下的信贷配给那么简单，与成熟金融市场中的信贷配给问题相比，其产生的原因与配给的方向都有着很大的差别。作为发展中国家，资金短缺在我国是一个长期的问题。为了给工业化和市场化奠定坚实的基础，解决改革过程中出现的各种利益分配以及就业、社会稳定等方面的矛盾，政府往往直接控制相当大一部分社会资源，将其优先用于政府需要扶持的行业和部门，这就形成了金融资源分配中的配给问题。此外，信贷配给的微观机制更具有现实性，当银行处于产权关系不清晰、不良资产比重较大、信息不对称较严重时，信贷配给便成为银行自我保护的一种主要手段。所以，我国银行业信贷配给的泛滥还应归结于银行试图通过这种手段避免市场风险，减少逆向选择和道德风险的行为。总之，中国的信贷配给是一种行政计划与市场风险混合作用的结果，即"双重信贷配给"机制。

（一）政府主导下的信贷配给现象

受经济"二元"特性的客观制约，为避免经济长期徘徊于低水平发展的"陷阱"中，发展中国家大多采取政府主导型发展战略，其经济市场化进程不可避免地带有"计划"的痕迹。政府为了尽快实现国民经济现代化，总是希望通过金融抑制加强对金融资源的控制，希望通过对金融资源配置的强化，扶持起一批主导经济主体的企业和部门。具体到我国的实际情况，政府主导信贷配给的目的在于：在渐进改革的初期，通过吸收大量的金融资源补贴体制内企业，以保持国民经济的稳定增长，避免中国经济出现如以前苏联、东欧那样的断崖式下降。因此，在金融控制条件下国有银行经营的目标是多重的，它所追求的不仅仅是经济效率，而是为中国改革提供必要的金融支持，保证中国经济转轨的平稳进行。

但是，随着改革的深入，政府主导的信贷配给却逐步成为改革的障碍，具体表现为：在政府行政强制性的信贷分配下，那些拥有特权的企业能以非常低的成本享用国有银行大部分的金融资源，而其他的企业则必须依赖于内源融资或是通过非正规金融市场进行融资，因而深受其害。在这种体制下，整体效益不佳的国有大中型企业占据了全国大部分的信贷资源，对国民经济发展做出重大贡献的非国有性质的企业却告贷无门。人们通常将这一现象归结为"所有制歧视"，但是这一现象的产生和存在绝非单纯政府歧视或政策失误，其产生和存在的根本原因，要归因于二元的金融结构与政府主导的带有强烈计划色彩的信贷配给机制。

　　由政府主导的信贷配给作为一种行政行为，体现的是行政力量，很难避免效率的损失。随着中国经济市场化改革的深入，中国的经济体制发生了巨大的变革，几乎所有的国有企业在面向市场的过程中都经历了痛苦的转型过程。国有企业虽然分化明显，但在改革的前期，传统体制所延续的国家与国有企业之间的"隐含契约关系"并未完全解除。为了维持亏损企业的生存，政府习惯于对国有企业进行补贴或采取其他的倾斜政策，从而形成企业的"预算软约束"。但是，随着经济体制改革的深入，国家财政支配能力不断下降，使国家无法像传统体制下那样直接注资或是向企业提供大量的补贴，对亏损企业的财政补贴额也因财政预算约束变"硬"而不断减少，如图 2－4 所示。

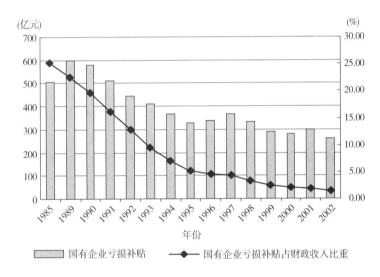

图 2－4　1985—2002 年国家向亏损国有企业提供的财政补贴及其占财政收入的比重

资料来源：根据各年度《中国统计年鉴》数据计算得出。

　　在中央财政支配能力下降的同时，国家需要确立能够维持国有企业生存和"体制内"企业持续生长的相应制度安排，需要一个由国家控制并能够积聚大量金融剩余的国有银行体制发挥制度替代的绩效，政府主导的信贷配给制度由此孕育而生。国家运用信贷配给和利率管制的手段，在支持国有企业生存发展的同时，维持着相当一部分亏损企业的生存。虽然这是一种低效率的生存方式，但是由于它能够保证转轨时期社会的稳定，对经济改革的顺利进行起到不可低估的作用。因此，在国家信用的支持下，在国有银行内部正式形成了由政府控制的信贷配给机制。

　　这种在国家控制下金融资源的配给，意味着国有银行信贷资金替代了国家财政对国有企业的注资，并且在银行与国有企业之间因为利益分歧发生矛盾时，政府可以通过行政力量维持利率，通过国有银行体系把储蓄集中起来，再通过政府主导的方式保证对经济产出单位，尤其是体制内生产企业的金融支持；并且，只要社会实际利率始终为正，银行就能够吸收到足够的存款，政府也就能够始终拥有足够的可供配给的金融资源，通过行政配给把金融资源源源不断地分配给效率低下的国有企业，把原有体制下国有企业的种种弊端掩盖下来。

（二）市场机制作用下的信贷配给

发展中国家金融自由化最直接的效应，是给予有组织的金融市场上的微观主体以充分的自由。因为只有微观主体获得了自由，才能形成竞争的市场机制，创造市场效率，并且这也是中国经济转轨渐进式改革的需要。随着改革的逐渐深入，尤其是随着20世纪90年代中后期微观主体市场力量的不断增强，国有银行开始受到"优胜劣汰"的市场机制制约，当国有银行因给予企业的信贷资源也开始受到"预算硬化"的约束而收缩信贷供给时，中小企业的贷款困境就逐步凸现出来了。

在20世纪90年代中期以前，一些非国有性质的中小企业难以获得贷款的主要原因在于其私有性质。但是，随着2000年以来中国金融改革步伐的加速，尤其是当国有银行纷纷大幅削减人员、精简机构、消化不良债权，开始商业化改造、为早日上市融资创造条件时，国有银行风险防范意识逐步增强，资金约束不断强化，贷款的信息成本和监督成本逐渐成为贷款决策的基本依据。[①] 国有银行在有组织的金融市场上成为"具有一定市场行为"的相对独立的主体，它们需要独立核算、自负盈亏，在决定贷款时必须考虑自身利益。此时，一些实力不足、抵押品匮乏、难以获得担保的中小企业就难以得到贷款，中小企业仍然面临着相当严重的信贷配给现象，这在我国明显地表现为非国有企业的融资困境。

首先，我国非国有企业的特点形成了融资难的局面。非国有经济中虽然已产生了部分知名度较高的企业，但毕竟为数不多，绝大多数非国有经济仍是广泛分布于县、市以下的中小企业。这些民营企业大多具有相同的特点：其一，企业规模小，数量大，分布的行业、地区、自身规模、产品状况等十分复杂，情况千差万别，且抵御市场风险能力差。其二，这些企业由于管理尚待规范，企业财务和经营资料不全，其资信评估缺乏依据。在对民营经济的资信评估过程中，有关民营经济发展前景、对银行授信行为起着决定性作用的信息，如企业盈利能力、竞争力、成长性等，诸多民营企业不但缺乏，而且的确难以获取。其三，这些企业所处行业多为竞争性行业，使其淘汰率较高，融资风险较大，回报率较低。其四，民营企业资金的需求额度一般较小，而且频率大、随机性强，增加了融资的成本和复杂程度，也增加了商业银行对民营企业债务跟踪监管的难度。

在信贷市场上，非国有企业的上述特点就成为其融资困难的弱点。对于贷款人而言，它贷出一笔100万元额度的资金与贷出一笔500万元额度的资金所负担的对借款者进行审查监督的成本差别是极其微小的。所以相对来讲，银行更愿意将资金投向大企业、大项目，而不愿把资金投向小企业、小项目，这就形成了中小民营企业的融资困境。

其次，严重的信息不对称进一步加大了银行贷款的信息成本和监督成本，抑制了贷款的投放，使得银行行为发生变异。尽管企业整体信用低下，但是，如果银行可以

---

① 据测算，中小型企业贷款的成本约为大型企业的5倍。

通过有效的信息识别企业信用，选择客户，银行还是能够对信用良好的企业放贷，而实际情况是，改革初期，很多民营企业成立的时间短，其信息的真实性难以甄别，尤其是民营企业的信用级别和信用历史无法给予银行以可靠的保证，使银行对民营经济授信"望而却步"，这就在一定程度上抑制了贷款的投放。

与健全的市场经济体制有很大不同的是，我国信贷市场上的信息不对称，除了事实上无法获知的私有信息外，还增加了事实上已获知但失真的公示信息。在信贷市场上，企业拥有己方所特有的、他方无法验证的私有信息，其部分行为或决策事前无法监督，事后也无法推测。银行在这方面的信息甄别和处理处于劣势，无法充分了解企业的全部真实信息，增大了信贷风险。在当前的市场环境中，还存在着会计师事务所虚假验资、出具不实财务报告，以及企业资信评估机构发展滞后，评估制度不健全、不统一等问题，致使银行所应获得的以及企业应予以公示的信息严重失真，从而带来了信贷市场上不应有的"额外的信息不对称"。这种"额外的信息不对称"给银行监督带来了两种成本，即搜寻成本和校正成本。一旦信息成本过大，银行将放弃贷款机会，宁可不贷款也不愿冒信息失真导致贷款损失的风险。这样就形成了"银行向中小企业贷款的信息成本和监督成本较高——银行疏离中小企业——银行向中小企业贷款的信息成本和监督成本进一步加大"的怪圈。

再次，改革前期银行的市场行为还受到企业守信与否的制约。许多企业客观上存在着"赖账不还""假破产、真逃债"等不正当的以逃避银行债务为目标的经济行为。[①] 由于改革初期制度惩罚不力，带来了两种不好的效应：一是示范效应，二是扩散效应，最终在一定程度上扭曲了诸多中小企业的努力方向。许多小企业本身不是通过提高自身的竞争能力以获得发展，而是纷纷仿效不良企业，走逃避债务的路子，破坏了社会整体的商业信用环境。商业信用本身具有公共产品的特征，即强制性"消费"适用于每个成员，而严重的道德风险则导致银行对中小企业的信任普遍下降，无论企业自身真实信用如何，都无一例外地代之以极为苛刻的放贷条款，要求提供有效的担保。对很难提供担保的企业，即便企业市场前景好、效益比较稳定，银行宁可不贷款也不愿冒贷款损失的风险。

最后，尽管商业信用低下、信息不对称会加大信贷风险，但如果法律法规是健全的，银行能够借助法律法规，通过法律诉讼挽回损失，银行还是愿意冒一定的风险发放贷款，但实际情况却是，一旦出现贷款拖欠，银行诉诸法律很难奏效。其主要原因有三个方面：一是法律体系欠完备，法律法规的欠缺使交易活动得不到保护和规范；二是已有的法律条文欠完善，对债权债务关系保护不明确，加大了信用风险；三是法律实施或执行机制不健全，执法存在一定的随意性，法律约束软化。由于金融债权保护的法律制度存在缺陷，转轨经济中积累的金融风险日益突出。

众所周知，在一个存在严重的不确定性预期的信用环境中，不可能产生规范的金融交易行为和真正意义上的银企关系。在很大程度上，由于改革初期我国银行业的发

---

① 在一定意义上说，债转股也不可避免地存在着同样的问题。

展缺乏一个健全的信贷环境，银行业面临着一系列的制度约束，使信贷活动事实上存在一个"制度真空"，加之严重的信息不对称，造成了我国信贷市场目前这种信用关系扭曲的现象。

金融制度或规则对产权的保护，是通过完善的规则和强制惩罚侵权行为，以及由此而产生的威慑力实现的。它对不守信或违约方的事后惩罚以及由此所形成的预期，有助于信用准则的贯彻，从而使具有现代意义的银企关系得以建立。如果听任市场上信息不对称现象的继续存在，违约、逃债不能得到及时的制止和惩处，金融市场就会充斥逆向选择和道德风险，由此所导致的信贷风险增大、信贷违约率上升，将使信贷利差相对扩大。在改革初期，由于国家对存贷款利率还没有完全放开，贷款利率由政府确定，随着市场经济地位的逐步确立，市场的风险也不断增大，这迫使银行实行次优选择——对信贷采取配给的策略。此时，信贷的分配不是依据投资项目的预期利润率，而是依据交易费用以及预期违约风险做出决定。可以说，在一定程度上，正是这种市场风险所主导的信贷配给间接地促成了21世纪初的信贷萎缩。

随着市场经济的逐步完善，以及经济规模和体量的迅速增大，我国经济不可避免地出现经济的周期性变化。尤其是自经济新常态确立以来，经济增速由过去的高速增长转向中高速增长，由于银行对未来风险难以预期，也会对企业实行部分配给。这种由信息不对称所形成的市场主导型的信贷配给似乎是全面走向市场化进程中，我国经济必然要面临的阶段性现象。它虽然是金融深化的必然结果，但毕竟是一种市场选择行为。

（三）中国信贷配给的两重性及其特点

西方信贷配给理论认为，信贷市场是不完全信息市场，由于信息不对称，信贷市场会出现一种新的均衡。[①] 此时，信贷供给小于信贷需求，其差距由信贷配给解决。因此，西方学者普遍认为，信贷市场上信息不对称产生的逆向选择和道德风险是导致信贷配给现象的主要原因。如斯蒂格利茨和韦斯（1981）所论证的，提高利率一方面会增加银行的收益，即利率的正向效应；另一方面逆向选择在起着相反的作用，即利率的反向选择作用。两种效应相抵消后的利率是银行的最优利率，这时银行的收益达到最大，银行信贷的供给量也达到最大，但该利率水平低于信贷供需平衡的利率，造成信贷供给小于信贷需求，这个差距由信贷配给解决。并且，威廉姆森（1980）还论证了道德风险也会导致上述的信贷配给现象。

但是，在中国经济转轨和金融深化发展的进程中，在中国的金融市场上所出现的"双重信贷配给"机制，其实际是在"行政计划"与"市场"因素的作用下，两种金融资源配置机制相互作用、叠加在一起所形成的结果，即经济受到双重信贷配给机制的影响。

双重信贷配给的第一层意思是指：在金融抑制下，按照政府行政计划的设计配给金融资源的方式。它是政府努力动员金融资源向拥有特权的企业，主要是国有企业配

---

① 较通常市场出清条件下为少的供给。

给资金的"政府主导型"的信贷配给。很显然，第一层信贷配给是一种计划体制行为。

双重信贷配给的第二层意思是指：随着经济的发展，由金融改革深化引入市场机制所形成的金融资源配给方式。它所反映的是在信息不对称的情况下，银行所采取的规避市场风险、寻求自身收益最大化的一种资金配给方式。这种机制反映的是一种"市场主导型"的信贷配给机制，体现的是发展中国家有组织的金融市场上微观主体行为的强化。

需要指出的是，中国特色的信贷配给机制始终伴随着政府的制度约束，如利率上限以及进入壁垒等，这些制度约束成为由政府主导信贷配给机制发挥功效的必要条件。所以，中国的信贷配给贯穿于市场经济改革的全过程，与西方的信贷配给是有所不同的，具体表现在以下三个方面。

第一，相对于西方市场经济中由信息不对称所引起的均衡的信贷配给，我国现有的双重信贷配给机制是一种非均衡的信贷配给。无论是在完全信息的信贷市场还是不完全信息的信贷市场，都会导致总福利的减少。其中，由市场风险所引起的信贷配给与西方信贷配给理论的定义相同，并且当政府所限定的借贷利率越接近均衡利率（处于完全信息的信贷市场），或均衡信贷配给时的利率（处于不完全信息的信贷市场）时，现有信贷配给机制所导致总福利降低的程度越低。在我国还没有解除利率管制、实现利率市场化时，政府选择的是一种渐进的利率市场化方式，通过逐渐增加贷款利率的浮动幅度，使利率尽可能地接近均衡利率（处于完全信息的信贷市场时），或均衡信贷配给时的利率（处于不完全信息的信贷市场时），以降低利率管制的低效率，使利率管制下的总福利降低幅度控制在较小的范围内。在利率市场化之后，则体现为一种信贷资源的配置行为，即国有银行的信贷对象有针对性地选择国有大中型企业。

第二，西方信贷配给理论认为，在信息不对称的信贷市场，均衡的信贷配给会增加银行和借款者的福利。该种配给是帕累托改进，即均衡信贷配给并不使信贷市场处于帕累托最优状态。在均衡信贷配给状态下，银行愿意供给量小于借款者愿意的购买量，在此利率水平上，借款者的一部分需求没有满足。由于信贷市场的信息不对称，银行愿意贷款的最大供给量是使其贷款平均收益最大时的供给量，此时的贷款量要小于需求量。因此，要使供求双方的总福利最大，应使银行贷款平均收益最大时所对应的供给量与筹资者愿意的需求量尽量接近。这意味着减少信息的不对称性，可以增加供求双方的总福利。但本书所述的中国的信贷配给，则具有来自于政府主导机制与市场机制两个方面的特色。一方面，由市场风险所引起的信贷配给与西方信贷配给理论一致，国内银行均认为根据我国信贷市场的现状，建立完整、统一、各银行能分享的信用咨询体系是必要的；另一方面，由政府主导的信贷配给所关注的是国家重点扶持的行业以及企业，它并没有考虑银行收益的因素，对市场中的信息因素也不敏感。

第三，信贷市场中配给现象是一种常态，也就是说，随着中国取消政府管制，实现利率市场化，信贷市场依然存在着均衡信贷配给现象。只不过随着市场化改革的推进，由市场所主导的信贷配给机制会不断完善，逐渐成为我国信贷市场中的主导力量，尤其是伴随着政府各种管制的放松乃至取消，政府主导信贷配给的作用正在逐步消亡，由市场主导的信贷配给正加速成为信贷市场的主导性行为，中国信贷市场中的配给行为正逐渐与西方理论中所定义的信贷配给趋同。

二、中国信贷配给的形成机制

（一）信贷链条中政府的过度干预

在金融自由化初期保留政府对银行部门一定的控制权力，不仅可以降低信贷市场的利率，提高借款者的还款概率①，而且能够改善资金配置，增进社会福利。在现有的信贷市场还不完善时，政府的适当干预可以起到提高效率的作用。但是，政府积极干预效果的发挥有严格的自然前提，这些前提条件具有暂时性和偶然性。随着市场经济的快速推进，当这些前提条件开始消失时，政府有两种选择，一是淡出对经济的干预；二是为了实现政府制定的经济计划或者经济目标，继续推行经济干预。为了保证政府必要的干预程度，政府必须改变传统的行政干预手法，这就滋生了政府主导的诸如税收减免、补贴，提供各类基础设施服务等各种间接干预行为。

在信贷市场中，政府的间接干预行为就是政府主导下的信贷配给，国有银行要求在其资产组合中必须给予国家重点建设项目以最高比例的贷款额，并且对贷款利率予以补贴。实际上，在这种行政直接干预的信贷分配中，部分严重拖欠贷款的问题通常是由这些贴息贷款引起的。截至目前，在中国这样一个依然以国有银行体系为主导的国家中，高拖欠率及违约率使得国有银行不良资产积压，降低了金融体系的灵活性（新的投资得不到充足的信贷保障），融资体制变得异常脆弱，具体表现为以下四种后果。

第一，政府干预造成的金融制度扭曲，加剧了金融中介及借款人的道德风险和逆向选择，风险偏好增强。在改革初期，通过政府主导的信贷配给，银行业成为政府实行宏观经济计划和产业政策的"官办金融"，政府通过对金融的控制实现了对企业，尤其是对大企业的控制。政府主导下的信贷配给机制实际上把经营风险转嫁给政府，政府成为完全的风险承担者；金融机构不仅是严格的风险规避者，而且即便在经营亏损时也能得到某种支付。② 这种不平衡的收益、风险分摊机制使政府、银行、企业形成了一种特殊的利益关系，政府想利用强制的信贷分配得到更多的租金，银行、企业则想通过资金配置得到更多的支付。在这种利益关系下，任何一方出现问题都会得到其他方的宽容，如在经营机制不做任何改革的前提下，向不健康的企业注入贷款、为有问题的银行组织存款、对外界隐瞒真实信息等。这种机制一方面鼓励了政经勾结、滋生腐败，另一方面又诱使银行和企业进一步扩大经营规模，经营规模越大，从政府获取更多支付的资本越大，倒闭的可能性越小，结果造成了银行超贷、企业超借，一旦某个环节出现问题，必然造成信贷风险的累积与暴露。

---

① 以还款概率来表示借款者差异时，借款者差别越大，市场失灵越严重，政府对信贷市场的干预越有效。

② 这种支付可能不是以货币支付的收益，而是某种进一步获取收益的能力或手段，如更多的信贷配给权、有稳定收益的信贷项目和央行低息再贷款等。

第二，经营主体缺乏竞争和适应能力。在有政府干预的信贷活动中，经营主体没有开拓市场的压力和动力，也缺乏市场竞争的能力。由于对借款人的筛选和监督是由政府替代的，银行也就缺乏甄别客户的能力；企业在政府的保护下，只注重规模的扩张，忽视经营管理水平的提高，企业一旦失去保护，直接面对市场，就会因缺乏相应的适应能力而陷入经营困境，并累及银行产生大量不良资产。

第三，信用基础遭到破坏。信用是金融活动的基础。国内多年实行的政府干预或计划经济体制，几乎摧毁了商业文化所建立的信用关系。政府干预或计划体制是一种自上而下的由计划和命令组成的责权关系，每个人处于这种纵向关系之中，对上负责，对下行使权利，所有的义务仅在于完成计划。而信用关系则是一种横向契约关系，每个人都是平等交易主体，在享受权利的同时承担相应的义务。这种纵向的和横向的矛盾，决定了政府干预和计划经济是排斥信用关系的。当它们在纵向的体制中运用货币、信贷、金融为实现其战略目标的手段时，契约关系被责权关系所践踏，信用关系遭到破坏，既不利于金融资源的有效运用，也不利于市场经济的培育和发展。

第四，导致超额信贷风险的形成。在信贷资产中，信贷风险表现为不良信贷资产占信贷资产总量的比率。信贷市场中风险的发生与存在服从某种概率统计规律，市场主导型国家的不良信贷比率一般不超过2%，而政府主导型国家、特别是亚洲国家，如中国、韩国、泰国、印尼等，其在向市场经济转轨过程中的不良信贷资产比率远超过2%。由政府干预造成的、超过2%不良信贷比率的信贷风险称为超额信贷风险，它具有系统性、高比率的特征。

在市场发育初期阶段受行政干预的信贷风险要小于市场主导的信贷风险，政府干预能够起到积极作用，如东亚国家的经济起飞阶段。原因在于，经济起飞阶段，政府干预在一定程度上弥补了金融机构信息不对称的内在缺陷，从而大大地降低了信贷风险。首先，政府干预不仅增强了公众对金融体系的信心，而且积极地促进了储蓄；其次，政府的参与使金融机构对借款人的筛选和监督变得低成本或无成本；最后，在政府干预下，金融机构按照政府的引导从事信贷活动，风险偏好大大降低。

尽管在市场发育初期，政府的参与会影响信贷链条中金融中介和借款人的经济行为，但是信贷链条中政府干预的负面效应是不断累积的，当市场发育到一定程度，政府干预发挥积极作用的前提条件消失时，过度的政府干预会通过金融中介和借款人对信贷风险产生影响，尤其是在政府主导的信贷配给下，将产生超额信贷风险，政府过度干预的综合效应将由正变负。如图2-5所示，政府干预通过金融中介和借款人对信贷风险产生的影响经历一个由正到负的过程。

政府的过度干预增加了信贷风险，如果政府不改变干预市场的方式和程度，市场发育的程度越高，其负面效应累积得越大，一旦遭遇经济不景气就会凸现出来。所以，在现代金融制度中，源于市场信息不对称的金融机构的内在脆弱性导致了市场内在的信贷风险。可见政府干预是一把双刃剑，经济起飞时期，它可以弥补市场信息不对称的缺陷，降低信贷活动的成本，甚至是提高信贷配置的效率。但是，政府干预并不是无条件和无成本的，其作用前提的消失及负面效应的累积会造成较严重的信贷风险。

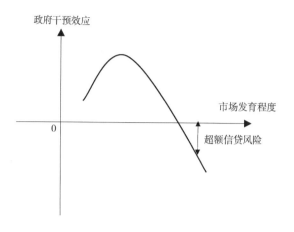

图 2-5　政府干预效应的变化过程

政府往往以强制合同的形式实施干预，强制合同收益与风险不平衡的分摊机制通常会加剧金融机构的道德风险与逆向选择，形成比市场风险更高的信贷风险——超额信贷风险。

（二）基于政府主导的信贷约束

实践证明，具有中国特色的双重信贷配给显然对避免或减少企业的逆向选择和道德风险行为帮助不大，原因就在于银行自身偏离了利润最大化的目标。世界银行（1996）认为，中国原有的经济结构与强有力的宏观经济控制相结合，迄今为止已经使局部自由化产生的增长收益转化为家庭的高储蓄和金融资产的迅速形成。虽然这种情况有助于缓冲至今仍是经济一大累赘的国有部门的不利作用，但是，当国有银行将主要精力转向诸如维持经济稳定运行等其他目标时，为了维持政府主导的信贷配给机制的顺利运转，必须对市场施加种种约束，才能维持国有银行在市场中的地位及其作用，否则国有银行必然会被市场所淘汰。而政府对市场所能够施加的约束条件不外乎就是利率管制和政策性市场壁垒。

政府主导信贷配给的约束条件首先是由中央银行直接控制的利率管制。正是利率管制这一必要条件，才能保证国家在"弱财政"的情形下，仍然保持对国有企业强有力的资金支持。一旦实现利率市场化，这种支持就不能继续；而且，也正是通过政府强有力的利率管制，国家才能克服税收制度的局限，利用国有银行体系迅速集中起分散于民间、随着经济增长日益增加的储蓄。

由于政府对借款利率和存款利率的管制，在信贷市场上国有银行遵从利率限额规定，并将之应用于大部分行业部门的借款；在一定程度上，只要银行遵守利率限额的规定，可贷资金的非价格配给就必然发生。在这种条件下的投资项目的融资情况，可以用图 2-6 中的黑点区域做出说明。即使信贷分配是随机的，投资的平均效率也由于贷款利率的最高限额而减少了。因为贷款利率的最高限额设定得过低，低回报的投资变得有利可图，导致以前不可能获得银行借款的企业进入信贷市场。并且，当利率被设定得过低时，可获贷款的企业会转而投资于低效益的项目，导致整个社会的投资效率下降。这样不但产生了社会福利对低效率项目的逆向选择，同时也产生了前面所论述的非均衡的信贷配给。同理，因为均衡的信贷配给不能正确发挥作用，当贷款利率被设定得过高时，可获贷款的企业将偏好于高风险的投资项目，这反过来将造成社会福利中对风险偏好的逆向选择。

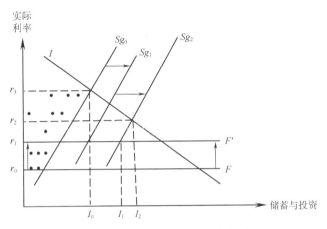

图 2-6　利率限额下的储蓄与投资

当信贷市场配给主要是通过利率限制和信贷配额的方式进行时，利率的限制使利率无法准确反映资金供求关系和资金短缺特性，从而激起借款者的借款需求，导致资金的需求严重大于供给，自然会产生金融机构以配给方式授信和资金投机等现象。

贷款利息的最高限额还妨碍了金融机构的风险激励行为。当限额被固定时，信贷的风险激励就无法发挥作用，而这种激励是促使金融机构贷款给潜在的高收益投资项目的动力。在存在金融抑制的经济体中，企业的融资偏好是使得投资的收益回报率仅仅高于限额利率 r_0。

利率管制的一个最大缺陷是，它使得银行失去对贷款项目筛选评估的动力。即便是在不受制约的情况下，存款银行也只是对贷款项目进行随机抽样的甄别评估，相对在边际上影响金融体系的抑制方式而言，这种额外的阻碍作用对社会福利的影响更坏。

此外，政府主导信贷配给的约束条件还包括政策性市场壁垒的制约作用。中国银行业的国有控制成分高达90％，居全球之冠。银行进入和退出市场的政策性壁垒具有两方面的作用：一方面保护银行业特别是国有银行发展，是现有银行业政策性壁垒的重要组成部分；另一方面，极高的政策性壁垒同时也维持了银行业长期的高度垄断、低收益率、低效率并存的市场格局。受长期以来计划经济的影响，中国一直对银行实施非常严格的政府管制制度，避免竞争，维护垄断，力图将银行业及整个金融业牢牢地控制在国家手中，以便于国家对金融资源的配给；国家对银行管理采取了过于谨慎的态度，严加控制，排斥竞争，在银行业不存在正常的市场淘汰机制下，国有银行可以放心大胆地向国有企业分配金融资源，从而破坏了资源配置的市场机制。

但是，随着银行业市场化改革的逐步深入，这些严格的管制制度发生了显著变化。改革开放政策的实施和市场经济体制的建立，要求有一个多元的、开放的、竞争的和发达的现代银行体系。并且，从行业进入和退出的角度看，随着改革的发展，中国银行业从业人员不断增加，不同规模、不同产权性质的银行大量出现，使得垄断竞争的银行业市场结构逐渐开始形成，市场风险逐步在银行的竞争中得到体现。尤其是近几年来，随着维持政府主导配给机制运转的约束条件的逐渐软化失效，大量股份制商业银行和中小金融机构快速成长，国有大型商业银行的垄断地位不断下降，信贷配给已经逐渐转变为市场风险所主导的配给机制。

（三）基于市场风险的信贷约束

根据西方信贷配给的理论分析，经济的"繁荣与萎缩"交替与其微观主体行为的转化机制完全一致。换句话说，随着金融改革发展的深入，金融主体以配给方式供给信贷资金在很大程度上由经济环境的内生决定。从信贷配给的角度可以看到三种情况：其一，市场信息、监督成本的大小决定着信贷数量和经济增长；其二，存款利率的高低十分重要，但存款利率是内生决定的；其三，信贷配给与资本存量、经济波动密切相关，这将势必引起长期经济膨胀或经济萎缩等。从这个意义上说，在一国"强垄断"体制下，微观主体行为的增强，将使得信贷配给均衡点随着利率的下调逐渐收缩——信贷将出现萎缩倾向。

事实上，随着自身利益主体的地位不断得以强化，国有商业银行开始以"安全性"作为自身的经营原则，原来淡化的风险问题就凸现出来。尤其是自"次贷危机"以来，银行的风险意识空前强化，在信贷市场上只有经营效益好、还款能力强、保障程度高的企业才能博得银行的青睐。由于银行必须从企业所显示的信息以及银行自身所获取的公开信息中判断企业的资信状况，但是不对称信息的存在，使得银行进行信息甄别极为困难。在国有企业效益不佳、资金使用效益不高，并且历史贷款质量低下的情况下，对自身每年也有不良资产消化降比任务的商业银行而言，奉行稳健经营的原则自然成为其必然选择。这些原因使得商业银行从事信贷交易的积极性大大降低，结果导致银行对企业实施信贷配给以减少交易活动的总量。与此同时，监管部门也加强了对商业银行贷款的监控力度，贷款约束过严，使得信贷出现萎缩，相当一部分产品有市场、发展有潜力的项目被拒之门外。

三、信贷配给下的中国金融困境

（一）信贷配给造成代价昂贵的资源错配

在发展中国家，对金融市场广泛的干预被经常作为促进重要经济部门的增长、政府税收以及平息反高利率情绪的关键因素。然而，麦金农（McKinnon，1973）和其他许多经济学家认为，这些对金融市场的干预造成了代价昂贵的资源错配。

麦金农认为，低效率的金融中介大幅度地降低了资本形成的质量，因而与根本没有资本积累一样会摧毁一个国家的发展前景。更精确地说，他坚持发展中国家在通货膨胀、利率控制以及在信贷配给控制下的信贷项目和投资项目，极不可能获得相同的边际回报。资本形成的模式反映出受到政府偏好的企业能够以负的成本获得信贷，而其他的企业则几乎无一例外地依赖于企业内部所产生的现金流。由于技术选择，资本利用的扭曲严重地损害了经济的发展。

同其他发展中国家一样，中国国有企业相当于许多发展中国家内"享有优惠特权"的现代部门经济。改革开放前，国有企业的资金来源主要由政府财政支持，"拨改贷"以后，国有企业的资金需求改为由银行贷款提供，相当一部分国有企业实际上形成了对银行贷款的长期依赖。尽管中国的经济货币化发展水平很高，但是中国改革开放以来形成的、以国有银行为主体的信贷体制至今并未有所改变。在优先扶持国有企业的政策指导下，国有经济名正言顺地"担当"起享有优惠特权的现代部门经济的角色。

由于银行的国有性质，加上政府在信贷市场中举足轻重的行政性干预力量，能够获取信贷者大多是享有特权的国有企业，或是与官方金融机构有特殊关系的私营企业。改革开放近40年来，我国金融资产的80%都流向了国有企业，而对国民经济做出重大贡献的非国有企业却只占了全部金融资产的20%，形成的后果是大量国企呈高负债状态。早在1998年年底，全国国有独立核算工业企业的平均资产负债率就达到65.3%。[①] 近20年后，据财政部统计，到2017年2月末，我国国有企业平均资产负债率为65.88%。[②] 除了资产负债规模的扩大，我国国有企业高负债的状况几乎没有任何变化。

如果企业经营水平高，资产收益率高于借款成本的话，企业的资产负债率越高，企业就越能从中受益，但国有企业的高资产负债率却并不代表企业资产的高效运作。在这20年间，国有企业的资产收益率有时甚至还赶不上利率，大量负债必然造成企业财务成本过高，企业经营愈加困难；这反过来又导致银行贷款资金难以归还，形成银行坏账和金融风险的累积。与此同时，大量民营企业由于得不到银行的信贷支持，只得转向非正规市场和高利贷者寻求资金，或者是通过权钱交易的方法从银行取得资金，这又导致金融秩序的混乱，而且为腐败现象的产生提供了便利条件。

市场主导的信贷配给主要针对经营不善、财务状况不佳而具有冒险倾向的企业和处于成长阶段的具有高风险的高新技术企业，而政府行政控制的信贷配给，恰恰使经营状况不佳的国有企业或是通过行政命令的方式，或是通过权钱交易的方式获得信贷资金；那些经营效益相对较高、发展迅速的民营企业在得不到银行授信的情况下，被迫以高出官方利率数倍的利率从民间借款。因而，从宏观层面上看，信贷资产不是流向高效部门，而恰恰是流向低效部门。产生这个问题的一个很重要的原因就是信贷市场上的行政干预。可见，政府控制的信贷配给，在企业机制没有得到根本性的转变从而效率得不到明显提高的前提下，造成了资源配置上的效率损失。

此外，低效率格局下的"倒逼"，导致银行资金运用方长期大于资金来源方。政府为了弥补低效率损失，需要从银行贷出更多的款，用于替代性的投资。投资的低效率，使完成同样单位的生产能力需要更多的贷款。投产后效益不好，使贷款偿还发生困难并使偿还期拖长，相当比重的国有企业亏损、濒临倒闭，使一部分银行贷款成为无法收回的死账。面对严重亏损，企业如不想退出生产，最简单的选择是靠"啃"银行贷

---

① 张杰：《中国体制外增长中的金融安排》，《经济学家》，1999年第2期。
② 资料来源：http://www.qqjjsj.com/zgjjdt/164431.html。

款来维持。低效率使银行资金形成很高的呆、坏账率，融资效率不高；从资金运动看，表现为资金周转速度放慢，而贷款周转速度放慢，意味着支持同样规模的投资建设和生产经营需要更多的贷款资金。如此种种，对银行资金运用方形成强大的贷款压力。

国有企业的不良行为，首先造成了银行贷款中明显的"逆向选择"问题，即银行贷款利率越高，信用等级低的企业越敢借款；相反，信用等级高的企业却不愿以较高的利率借款。其次，它一方面造成国内信用关系极度紊乱，造成借款者以"反正资产是国家的"为自身开脱，因此拖欠、躲避、抵赖债务也就是自然而然的事情了，并且这种现象已经成为我国经济生活的公害，信用的基本准则被随意践踏，道德风险无处不在。借贷双方信息严重的不对称，无法形成正常的信用交易预期。另一方面，在企业"改制、改革、改组"过程中，某些企业趁机悬空银行贷款，逃避银行债务，进一步加剧了银行贷款的外在"道德风险"。最后，在我国信贷市场的金融交易活动中，由于评定信贷等级的中介机构以及会计、审计和信息披露等制度还不健全，银行对企业的真实信息并不了解，因而在面对诸多企业的借贷申请时无从评判。在这些因素的作用下，国有银行对国有企业的资金借贷过程必然是一种随意的行政性的信贷配给，由此所导致的呆、坏账大量累积也就不足为奇。

（二）信贷配给下国有企业逆向选择所导致的金融困境

国有企业作为一种政策工具，通常它所提供的产品和劳务具有公共消费的性质。鉴于国有企业行为目标的双重性，从而决定了判断它们运行效绩的复杂性。当它们为实现增进全社会福利的目标函数时，人们没有理由要求它们也像非国有企业一样获取盈利（忻文，1997）。虽然国有企业行为双重目标所导致的低效率，可以被看作是社会为生产公共产品必须支付的成本的一部分。但是，社会为此支付的成本应该有一个适当的界限。在这里，判断作为政策工具的国有企业数量是否合理的标准应当是：社会是否以最小的经济代价生产了必需的公共产品。如果将社会中的金融资源看作常量，当我们必须将有限的资源在国有和非国有企业中配置时，至关重要的问题是如何确定资源配置的比例。

以斯蒂格利茨和韦斯的理论为基础，假定在一个具有逆向选择的信贷市场中有两种类型的借款人，即国有企业和民营企业，同时假定它们均为风险中性的连续闭集，参数化其投资项目的特征变量为 (X, p)。每个项目需要花费一个单位的货币，X 为项目的预期回报。当项目成功时其回报为 X/p，成功的概率为 p，失败时回报为 0，失败的概率为 $(1-p)$。风险中性的银行提供标准债务合约（有限责任），如果成功则偿付为 R，失败则为 0。由于 (X, p) 为借款人的私人信息，R 不能以此为条件，其结果是银行面临逆向选择：申请贷款的企业具有很高的风险。实际上，一个特征向量为 (X, p) 的企业申请贷款的惟一条件是其预算收益 $X - pR$ 超过其储备效用 U_0。U_0 被定义为在其他企业活动中可以获得的收益（简化 $U_0 = 0$）。借款人集的平均偿付概率 $\pi(R)$ 为 R 的减函数：$\pi(R) = E[p \mid p < X/R]$。

需要注意的是：$\pi(0) = E[p]$，且 $\lim\limits_{R \to \infty} \pi(R) = 0$。若 r 表示银行同业市场的利率（假定是外生的），信贷市场的均衡条件是：$\pi(R) R = 1 + r$。

如图 2-7 所示，给定国有企业以及民营企业两种不同类型企业的偿付概率曲线。随着经济的高涨，企业的偿付概率曲线会向右上方移动。但是，当经济回落时，相应企业的偿付概率曲线会向左下方移动。受资源稀缺性约束的限制，政府将不得不选择对国有企业或是民营企业的信贷资源分配比例，产生三种均衡的可能。

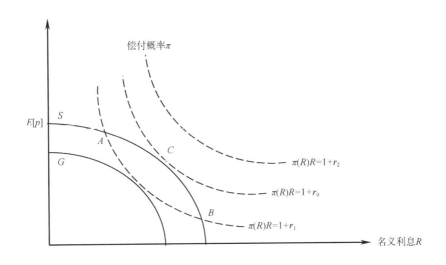

图 2-7 信贷市场均衡

注：图中虚线表示对应于不同市场利率值的银行等利润曲线，实线表示偿付概率为名义利率 R 的函数。其中，S 为民营企业的偿付函数，G 为国有企业的偿付函数。

若 $r=r_1$ 则有两个均衡点：A 是稳定的，B 是不稳定的。[①] 等式 $r=r_1$ 对应着国有企业的偿付条件，当利率 $r>r_1$ 时，国有企业就会出现财务危机。若 $r=r_2$，则没有均衡点（实际上是一种无交易均衡）。等式 $r=r_0$ 对应着私营企业的偿付条件：一旦利率有小幅增长，则私营企业也将无法偿付贷款，全社会的金融体制崩溃。因此，政府被迫实施利率管制，将利率锁定在 r_1 处。

但是，即使信贷市场处于稳定均衡状态时，比如 A 点，也不对应着福利最优。令 $W（R）$ 代表社会福利，$W（R）$ 是贷款利率 R 的函数。由于所有部门均是风险中性的，$W（R）$ 就等于融资项目的超额预期收益 $X-(1+r)X \geq pR$：

$$W(R) = E\{[X-(1+r)]\prod(X \geq pR)\}$$

因此，对边际借款人集（$X=pR$，有较低风险）而言，小幅降低 R 以增进福利的惟一条件是平均超额回报 $[X-(1+r)]$ 为正。因为全部借款人（$pR \leq X$）的平均超额回报 $[pR-(1+r)]$ 为 0，所以只能在均衡利率 R^* 下。进而可以得出"在均衡利率

---

① 由于银行是价格接受者，因而存在两种均衡。如果不做这样的假设，如 Stiglitz-Weiss 模型，银行是价格设定者，那么只有 A 依然均衡。通过标定一个小于 B 的利率，银行就可获得正收益。

R^* 下存在着公共干预的运行空间"的结论。当市场利率锁定在 $r=r_1$ 处时，私营企业回报为正，存在着超额利润，因而有扩大投资的动机，私营企业的融资会提高借贷利率 r，将国有企业推入困境，政府被迫利率管制，将利率锁定在 $r=r_0$ 处，并通过行政力量将金融资源分配给国有企业，以保持国有企业的正常运行，结果是通过政府的干预保持社会福利。

但是，由行政命令强制实施的低利率政策至少从四个方面扭曲了经济：其一，低利率使消费者产生了相对于今后消费更偏好于当前消费的偏见，并且人们会把储蓄减少到最适宜的社会消费水平之下；其二，潜在的贷款人可能会热衷于将其资金投入收益相对较低的投资项目；其三，那些能够以低利率获得其所需资金的借款人会选择资本密集型的项目；其四，潜在的借款人群体（包括从事低收益项目的企业，不仅有国有企业，还包括私营企业）不愿在较高的市场利率水平上借款。在某种程度上，由于信息不对称导致的信贷配给，使得银行的选择过程很是随意，为某些投资项目融资所获得的收益，要低于市场出清利率水平之下企业收益的下限。

在短短的 30 年内，中国经济的增长模式经历了由供给推动向需求拉动方向转化的过程，粗放型扩张逐渐受到市场需求的有力制约，无效供给将被市场过滤掉，内生性增长也逐渐由经济目标的主观意愿转变成为市场运作的结果，粗放型高速增长彻底丧失了体制基础。在供过于求和买方市场的条件下，投资只有与效率相结合，才能形成良性循环。近年来，企业的融资效率成为经济增长的必要条件，是经济增长最持久的源泉；不顾市场需求的盲目扩张，只会造成产品积压和资源浪费，导致企业不良债务上升，对经济的长期持续增长带来隐患。

改革开放初期，由于实行特殊的政府主导型信贷配给体制，我国国有企业在进行投资时将效率准则排斥在外，导致了投资供给和产出的不对称。此外，大量资金流向无效率和低效率的国有企业，还形成了国有企业的高负债和银行的呆、坏账。尽管我国的储蓄率很高，可供资金很多，但问题的关键在于诸多国有企业的融资效率不高，许多企业基本上丧失了偿债能力，几乎不可能通过增长弥补亏损。1998 年国有企业亏损比利润高出近一倍，仅 1998 年上半年，国有企业就向银行转嫁了 4 800 亿元的不良资产，使银行体系中泡沫的压力越来越大，金融资源的配置继续被大大扭曲。国有企业的低效率导致坏账累累，最终令银行无法忍受。银行出于对自身安全的考虑，对企业实施信贷配给，导致信贷萎缩。微观问题传递和集中到宏观层面，形成一个有序流动且不可逆转的过程。

改革开放以来，中国经济波动的典型运行过程如图 2-8 所示。从经济增长加速开始（复苏），逐步进入"过热"阶段（高涨），遇到了资源和结构的限制不得不实行紧缩（萧条），并要经过一定时期的调整（停滞），再进入下一个周期。

总之，国有商业银行既要满足国有企业简单再生产的资金需求，又要解决国有企业扩大再生产的资金需求，以维护国有企业的低效率运转。在改革初期国有企业亏损面不断扩大、亏损额逐渐增加的情况下，国有商业银行为了履行社会责任，很难完全按照"安全性"原则约束自身的行为。

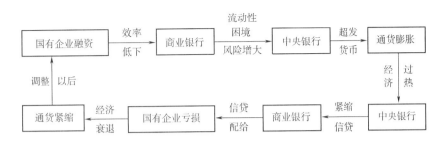

图 2－8　中国经济波动的运行过程

（三）信息不对称下中国信贷配给的次优选择

金融交易是经济主体间在储蓄投资转化过程中的交互行为。金融制度作为制约人们行为、调节相互间利益关系的规则，对于界定人们交易的选择空间、明确和保护交易双方的债权债务关系、减少不确定性和交易费用、营造稳定的交易环境意义十分深远。金融制度或规则有正式的制度和非正式的制度两种形式：正式的制度是人们有意识创造出来，并由某种社会权力机构保证加以实施的规则，如成文的法律、政府法令以及公司章程等；非正式的制度是人们在长期交往中无意识形成的、自觉自愿遵守的行为准则，包括人们的习惯、传统、道德观念和意识形态等因素。金融交易中资金盈余者和资金短缺者间的货币资金让渡的基础是相互信任与合作，资金使用权暂时让渡的特征使金融交易比其他商品交易对信任与合作的要求更高。

在强调产权制度的重要性时我们知道，产权界定的目的是能有效地保护产权，如果产权无法得到应有的保护、侵权者得不到惩罚，产权的初始界定便没有任何意义。因此，借贷活动中对债权债务的明确以及对债权切实有效的保护，是金融运行的基础。离开了产权的有效保护，不可能有真正的金融交易。

改革开放以来，企业融资效率低下是我国经济的运行特征。多投入、多消耗，使经济运行对银行体系形成一种自下而上的资金需求压力，形成中国特色的资金倒逼机制。高负债导致国有企业没有偿付能力，而国有银行对国有企业的"软约束"又导致其投资行为不受利润机制的驱动，因而对利率不敏感。虽然无偿付能力（负债超过资产）的企业是无法偿还其所借贷款的，但由于其国有属性，这些企业并没有因贷款的高成本而被阻止于借款行列之外。在此情况下，如有可能，高负债的国有企业将不断地借入资金，试图通过新的投资来弥补其经营损失，这就不可避免地引起了可贷资金的短缺，对利率产生上浮的压力，从而提高企业支付贷款利率的成本。因此，国有企业普遍面临着一条向上倾斜的贷款需求曲线，如图 2－9 所示。这里提高利率只会扩大而不是缩小信贷规模，从而不会产生期望中的紧缩银根的效果。实际上，如果那些高负债的国有企业对信贷不断增加的需求不断获得满足的话，那么最终将会使利率达到一个企业的借款成本明显高于其资产预期收益率的高水平，从而使那些有偿付能力的企业也变得资不抵债。

这里，银行因向无偿付能力的企业提供了贷款，将自己陷于困境，并且因为金融机构特殊的多倍存款创造，放大了外部冲击的影响，让经济体中实际部门无法偿付的问题

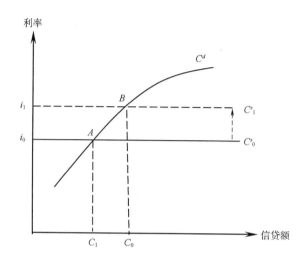

图 2 - 9　高负债国有企业的反常信贷需求

更加复杂化。由于陷入困境的国有企业将利率推上了一个相当高的水平，以至于在该利率水平上的任何经济活动都不会产生利润，有偿付能力的企业也开始面临流动性不足，迫使它们在明知不可控制的利率水平上借款。因此，向困境中的企业提供贷款的行为，将滋生更多的无偿付能力的现象。当国家的绝大多数银行的净资产为零，并且国有银行受到政府的隐性担保时，格外高的实际贷款利率就随之出现。由于没有任何激励，银行管理者不会关心国有银行的清偿能力状况。这种异常高的实际利率产生了一种传染效应，即困难企业的欺诈性信贷需求对利率产生一种上行的推力，而这种高利率又反过来使其他企业的情况变得更糟，当利率上升到整个社会都无法承担的时候，金融危机就会如期而至。这种资金供给行为之所以可能发生，主要是因为政府对国有银行的隐性担保；企业借款需求的上升则是因为其国有性质，即国有企业预期到政府最终会帮助其摆脱困境。因而当企业的净资产为零时，企业必然把赌注押在政府会通过银行来救助它们。银行与企业的这种依赖心理交互作用，结果必将导致金融与经济的瘫痪。

金融困境导致投资减少，资源配置状况恶化。当不良贷款上升后，存款银行可用于发放新贷款的资源将变得更少。并且国有银行还被迫经常向那些不能偿还旧债的大型国有企业发放更多的贷款，以隐瞒它们自己的损失，这就是被称为"借旧债还新债"的行为。如此，将导致贷款需求和利率的进一步上升，以及投资回报的进一步下降。而银行停止向资不抵债的企业继续贷款，就有可能导致银行的清偿能力危机。总之，存款银行之所以要不断地向那些有不良债务的企业发放贷款，目的是为了让它们有能力偿还银行的利息，以延缓银行的清偿危机。显然，这种不惜一切代价阻止企业破产的行为是无效率的。

麦金农（1993）强调了在通货膨胀率很高并且不稳定时，存款保险所引起的逆向选择问题。当宏观经济不稳定导致在各种可选择的银行融资项目的收益之间出现正相关时，银行将不再试图通过信贷配给减少逆向选择。当宏观经济不稳定产生经济波动与银行收益的强相关性时，如果政府隐性的存款保险保障了储户的利益，那么银行一定会选择高风险的贷款策略。这是因为，当贷款产生满意的收益时，就可以为银行带来巨大的利润，而当贷款项目失败导致银行损失时，损失的主要部分会由政府来承担。

因此，当宏观经济稳定性很差时，银行不会选择调低贷款利率以减少逆向选择，反而可能会有提高利率的冲动。而贷款利率的上升只能促使企业更大的贷款需求，反过来又加大了贷款银行的风险。在宏观经济不稳定、不存在以存款保险机制保障储户利益，并且监管不利的环境中，政府的解决方案就只能是制定一个贷款利率的上限，通过牺牲效率减缓银行的风险，而这必然又会造成严重的非价格配给现象。纵观中国银行业的改革过程，始终伴随着这种"贷款利率限制—过渡信贷—信贷额度管制"的恶性循环，表现为"一抓就死，一放就乱"的混乱局面。

第三节　信贷配给对中国金融结构的影响

一、发展中国家二元金融结构的形成原因

在发展中国家中，非正规金融市场广泛存在。伍德若夫（Woodruff，2001）利用1994—1998年的调查数据，研究墨西哥中小企业在初创和发展阶段的融资状况，结果表明，"尽管正规（银行）信贷对于调查样本中最大的企业比较重要，但从总体来看，这些企业极少获得银行信贷。而非正规的金融借贷[①]在墨西哥更为普遍。调查数据显示，正规银行信贷很少，只有2.5%左右的被调查企业在创立阶段，约3%的被调查企业在创立之后曾获得银行贷款"。根据麦克尔·阿尔博（Michael Aliber，2002）对那格浦尔（印度中部城市）和坎帕拉（乌干达首都）的调查研究，在印度和乌干达，"非正规金融是非正规部门的企业主创办企业所需资金的主要来源，不论从哪个角度考察，都远远大于正规金融机构向其提供的金融支持"。在津巴布韦，"90%以上的非正规部门的企业根本得不到任何银行服务。即使有些企业主能够得到银行服务，但大部分情况下，由于他们没有抵押品，不能向银行提供担保，也无法获得贷款"（根据 Harare，12 June 2002，Doris Kumbawa，Financial Gazette，Zimbabwe）。

在我国台湾，劳动密集型的中小企业对经济发展起着十分重要的作用。在台湾地区的官营银行垄断体制下，台湾地区金融机构的融资业务是极其保守的，缺少抵押品的中小企业要取得融资非常困难。中小企业的资金主要来源于台湾地区的一般银行、中小企业融资辅导体系和民间借贷市场。在中小企业的总资本结构中，负债比例高，自有资本比率低；在借款来源中，以金融机构借款为主，民间借款其次，短期票据融资比率很小；银行对中小企业融资的贡献有限。在20世纪的60年代至90年代，以中小企业为主的民营企业岛内借款来源中，民间市场的比例高达35%以上。[②] 也就是说，

---

① 是指从家庭成员或朋友处获得的借款、商业信用等。
② 以上资料根据张维迎（1994）、王信（1996）、隅谷三喜男等（1991）、周添城和林志诚（1999）等学者的研究。

对于作为台湾地区经济主体的中小企业来说，制度外金融是一个无法替代的信用筹措来源，是企业赖以建立的动力来源之一，这种现象并没有因为台湾地区已经进入新兴工业化经济群体阶段而消失。

"金融自由化"的推崇者认为，是利率管制这种"人为的"金融压制政策及其体系制约着投资水平，形成了利率双轨制和二元的金融结构，即官方金融市场和非正规金融市场的分割阻碍了经济发展。政府在实施利率管制时会人为地将利率控制在低于均衡利率的水平上，造成信贷供给量低于信贷需求量，此时国有银行就会根据非价格因素进行信贷分配，将需求压低到经济所能达到的供给水平，迫使大量未满足的资金需求只能求助于非正规的货币市场。因此他们认为，在金融自由化的过程中，只要注意控制利率管制对经济所造成的负面影响，按照最优的改革顺序进行，危机就是可以避免的。

蒋硕杰（1998）也曾使用可贷资金模型说明在利率管制下信贷配给的低效率以及二元金融结构的形成过程。如图 2-10 所示，DD' 为投资者对资金的需求曲线，SS' 为流向银行系统储蓄的供给曲线，政府制定的利率水平 i_0 低于均衡利率水平 i_e，信贷供求缺口为 GQ。

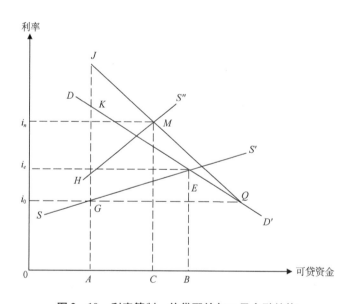

图 2-10　利率管制、信贷配给与二元金融结构

假定政府采用信贷配给的方法解决资金问题，由于主管部门主观决定的分配是缺乏公平和效率的，经济中高效率的企业对资金的需求可能得不到满足，而那些预期收益只比 i_0 或 AG 稍高一些的投资需求，都可能获得需要的全部或部分资金。这样，溢出到银行系统外的货币市场上的资金的需求曲线类似于 JQ，与原始供给曲线在 Q 点重合。溢出到非正规的货币市场上的资金供给，也不是原始供给曲线未利用的部分。由于非正规市场的资金交易不按法律规定进行，有相当大的风险，必须在银行系统的原始资金供给曲线上添加相当大的风险升水。因此，非正规货币市场上的资金供给曲线

HS'' 高于原始供给曲线，其要求的风险升水是供给的递增函数。这样，利率将决定于溢出的需求和供给曲线的交点 M，它显然高于官方的市场利率 i_0 和市场均衡利率 i_e。

通过以上论述可以得到这样一个大概的认识，政府的利率管制和信贷配给是造成金融市场分割、导致官方金融市场低利率以及非正规货币市场高利率并存现象的主要原因。

二、国内非正规金融市场的发展和影响

在我国，除了有组织的官方金融市场之外，也存在着大量的非正规的金融交易，主要形式包括民间借贷[①]、企业内部集资、企业出面的非法集资、企业间的高息拆借以及灰色的或黑市交易等。本书将这些交易通称为非正规金融市场，其主要资金来源是企业和私人的储蓄以及从正规金融市场溢出的资金等。由于非正规金融市场所具有的分散性、隐蔽性和非法性，所以只能从一些相关的资料中予以证实。例如，张仁寿和李红（1990）、张仁寿（2002）、程蕾（2002）、史晋川和叶敏（2001）等在温州的调研认为，温州民营经济的融资特征是：在创业初期，以自有资金和民间融资为主，当企业具有一定的规模和实力以后，以自有资金和银行借贷为主，民间融资仍然是重要的外部资金来源。资金约束始终是制约大多数温州民营企业发展的一个关键因素。程蕾（2002）对100家温州民营企业的融资状况调查发现，企业在初创期75%以上的资金来源于自身积累和民间借贷；在企业发展阶段，其资金来源主要为初创时的自有资金、留存收益以及银行借贷，但是由于缺乏抵押品，或者抵押担保难以落实，企业发展所需贷款难以满足。浙江财经学院课题组在2000年7月对杭州和温州的调查表明，60%的中小企业的原始积累以自有资本为主，约20%的企业以民间借贷为主，杭州有74%、温州有53%的被调查企业认为贷款难。

那么，中国非正规金融市场的产生和发展是否也正如海外学者所认为的那样，是利率管制以及政府主导的信贷配给的结果呢？资料表明，国内非正规金融的理论研究文献大多关注于非正规金融市场的利率特征。其中，张军（1999）以正规金融与非正规金融市场相互分割为前提，分析非正规金融市场的利率特征；金雪军（2001）等通过非正规金融市场上借贷合同执行难解释民间金融的高利率。

张军（1999）等学者还研究了民间金融市场的特征，主要有正规金融与非正规金融市场相互分割；民间利率高于正规金融的利率，并且在同一个地区，利率相对稳定；一般不要求抵押品，而是通过对借款人及其项目的了解辨别各种借款需求；借款合同的执行主要不是依靠国家的法律体系，而是依靠当地的某种社会机制使得合同能够有效执行。因此，非正规金融市场的履约率往往高于正规金融部门。

由此，国内多数学者把非正规金融市场的存在归因于国家的金融管制。如早期史晋川和叶敏（2001）、贺力平（1999）、张杰（1999）等都赞同的观点是：由于国家的

[①] 国内民间借贷的形式多种多样，有民间自由借贷、社会借贷、各种和会、抬会、摇会、基金会、私人钱庄、典当行等。

金融抑制政策，正规金融不能满足中小企业发展形成的融资需求，非正规金融便应运而生。但是，从某种意义上讲，这些学者忽略了在发展中国家的中小企业融资结构中存在着严重的信息不对称现象。拜斯特和哈维基（Bester & Hellwig，1987）认为，正规金融部门为了防范风险，通过控制信贷量防范信息不对称可能带来的损失，因而导致正规金融在信贷市场上所占比重较小，内源融资和非正规金融成为中小企业创立和成长的主要资金来源。中国金融抑制政策虽然造成了非正规金融的广泛存在，但金融抑制政策却不是其产生的根本原因。由于金融交易的特征，以及中小企业的风险相对较大的特点，信息不对称造成的事先的逆向选择和事后的道德风险问题，才可能是非正规金融广泛存在的一个更为重要的因素。正是信息不对称的存在，正规的金融市场才对中小企业的贷款大多要求抵押或者担保，以规避风险。同时，市场分割、高利率、无抵押要求等特征也都根源于非正规金融存在的逻辑之上。也就是说，金融市场的分割是非正规金融部门、正规金融部门、借款人三方优化行为选择的结果，而不是其行为选择的前提或原因（林毅夫、孙希芳，2003）。

所以，非正规金融市场的存在和发展，并不仅仅只是金融抑制政策的结果，而是中国转轨经济中现行的资源配置机制的结果，或者说是在早期利率管制下，由政府主导以及由市场风险所引起的银行"双重"信贷配给共同作用下的产物。一方面，由于政府主导的信贷资金的分配，支持的重点是国有重点项目和其他国有企业，诸多中小企业，特别是民营企业得不到官方的资金支持；另一方面，由于民营企业自身的一些缺陷，商业银行即便从规避市场风险的角度出发，也会对诸多民营企业的贷款要求实施信贷配给。

在政府主导和市场两种力量的交互作用下，迫使民营企业的资金需求转向正规的金融市场之外，官方价格与市场价格的差异又刺激了民间资金和体制内所溢出官方资金的供给。图2-11给出了1982—2002年我国1年期存贷款利率的水平。可以看出，在1998年以前，存贷款利率差一直很小，在一些年份甚至为零或存贷款利率倒挂。

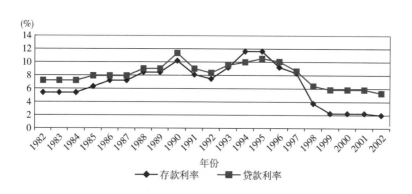

图2-11　1982—2002年我国金融机构1年期存贷款利率

资料来源：根据各年度《中国统计年鉴》和《International Financial Statistics，IMF》数据计算得出。

与之相对，民间借贷利率水平普遍高于银行贷款利率，并且多数情况下高出的幅度相当大，民间金融异常活跃。[1] 表 2 - 1 给出了两个典型的例子，与图 2 - 11 中当年银行存贷款利率相比，可以发现这些民间金融市场的利率大都高出银行利率。

第一，根据 1985 年中国人民银行对浙江温州地区私人钱庄存贷款利率的调查数据（见表 2 - 1）和叶敏（2001）的调查，1988 年之后温州民间借贷利率一直维持在月息 3 分左右。

表 2 - 1　温州部分私人钱庄存贷款利率

钱庄名称	存款利率（月息）		贷款利率（月息）
	活期	定期（3 个月以上）	
苍南县前库镇"前库钱庄"	1 分	1 分 2 厘	1 分 8 厘 ~ 2 分 1 厘
苍南县"肥艚信用钱庄"	1 分 5 厘 ~ 2 分		2 分 ~ 2 分 5 厘
乐清县乐城镇"乐城钱庄"	1 分	1 分 2 厘	1 分 8 厘 ~ 2 分 5 厘

注：（1）表中数据为笔者根据姜旭朝（1996）归纳得出；（2）当时温州私人钱庄很少提供 3 个月以上的贷款，所以表中"贷款利率"也应理解为 3 个月以下贷款利率（参见王晓毅，1999）。

第二，1994 年有关部门对吉林、山东等省农村合作基金会存贷款利率的调查数据。[2]

吉林：存款月息 10%，贷款加 2 ~ 3 个百分点。

山东：对 191 家基金会的调查发现，存款年息最高为 24%，最低为 14.4%，平均为 16.7%；贷款年息最高为 36%，最低为 15.9%，平均为 19.8%。

这些调查数据在一定程度上反映出国内规模巨大的地下信贷市场以及政府对信贷配给的积极参与。一方面，正规金融市场上的低利率刺激了经济中资金的需求，并且资金需求通常大于正规市场的资金供给，这迫使银行对资金实施信贷配给；另一方面，无法得到满足的那部分贷款需求，只能求助于非正规金融市场，并支付相对官方市场高得多的利率。我国转型经济资金配置的一个重要特征就是国有企业和政府存在着千丝万缕的联系，政府在资金供不应求的情况下，通常采用行政性信贷配给的手段将正规金融市场有限资金中的绝大部分分配给国有企业。这就导致广大的民营经济构成了非正规市场资金的主要需求力量。在国家强力控制下，国有商业银行的配给行为使国有企业的贷款需求得到了国有商业银行强有力的支持，最终导致了大量不良资产的积累，以及金融资源配置的低效甚至无效；与之对应，民营企业发展所需要的生产经营资金却借贷无门，被迫纷纷转向民间金融，由此导致民间金融的高利率，非法集资盛行。总之，忽视企业效率的政府主导性信贷配给限制了金融机构的竞争，扭曲了借贷者的行为，造成非法金融的不断扩张。根据张仁寿和李红（1990）的估算，1985 年农村个体户、联营户和乡镇企业资金需求达到 6.5 亿 ~ 7 亿元。其中，银行信用社的借贷

---

① 这里所讲的民间金融是指近年来商品经济特别是民营经济比较活跃的地区出现的针对企业或个人生产经营行为的有组织的金融活动。这种金融活动中的利息率一般大大高于正规金融相应的利率水平。

② 姜旭朝：《中国民间金融研究》，山东人民出版社，1996 年版，第 153—156 页。

资金占总需求的30%左右，民间借贷占36%，其余为企业自有资金。根据1985年对苍南县前库镇10家批发大户、26家商店和9家企业的调查，其资金需求为366.4万元，除了自有资金以外，信用社贷款只能弥补38%的资金缺口，62%来自民间借贷；乐清县柳市区的乡镇企业和家庭工商业所需要的流动资金，50%是从民间借入的。科利·泰萨尔（Kellee Tsai, 2001）基于实地调查的研究发现，"中国的私营企业在创立和发展过程中一直主要依靠非正规金融进行融资。1998年，在全部银行贷款中，只有0.4%的贷款是贷给私有企业的。在我1996—1997年所调查的（私有）企业中，有88%的企业表示从未从正规金融体系获得过贷款。"

在经济转轨时期，我国的信用制度不健全，信息不对称问题严重也是信贷配给的重要影响因素。正规金融部门与非正规金融部门之间虽然存在着对金融资源的竞争，但是二者不同的信息结构导致二者运行方式的不同以及服务对象的差异。国有商业银行在经营传统的国有企业业务上具有信息比较优势，获得国有企业的信息成本较低，而获取私营企业信息时所花费的成本则相对昂贵。同时，私营企业受企业规模所限，它们所要求的贷款额并不大，但是由于银行每笔贷款的发放程序却大致相同，这就导致银行对私营企业贷款的单位经营成本和监督费用上升，进而限定了正规金融市场的服务对象，分割了信贷市场。此外，由于利率管制等金融抑制现象的存在，限制了银行收取较高的利率以补偿其风险和成本，银行出于降低风险、节约经营成本和监督费用方面的考虑，不愿对私营企业贷款。在这种情况下，民间金融就得到了一定的生存空间，并且只要存在着对于中小企业融资信息的不对称，某种形式的非正规金融就必然存在。

同其他发展中国家一样，我国也存在二元金融结构所造成的信贷市场分割现象。但我国二元金融结构的特色在于，它是现行的由政府主导资金分配的资源配置机制的产物。由于政府主导的信贷配给，官方资金主要供给国有重点项目和其他国有企业，而广大中小企业，尤其是私营企业从正规金融市场上得不到其发展所需资金，迫使其转向非正规的金融市场寻求资金支持，官方价格与市场价格的差异刺激了民间资金和溢出的官方资金的供给（李庆云，2001）。此外，信息不对称还加重了市场风险，银行对市场风险的规避又进一步强化了非正规金融市场，这使得金融市场的分割现状难以改变。

三、政府主导信贷配给引发影子银行异军突起

影子银行[①]在一定程度上弥补了商业银行信贷配给的不足。商业银行的信贷配给是影子银行产生、发展的重要因素之一。正是因为商业银行的信贷配给，导致商业银行未能满足的金融需求只能寻求其他方式的融资渠道，而影子银行通过创新的金融工具

---

① 2013年国务院发布的107号文件定义"影子银行"为：一是不持有金融牌照、完全无监管的信用中介机构，包括新型网络金融公司、第三方理财机构等；二是不持有金融牌照，存在监管不足的信用中介机构，包括融资性担保公司、小额贷款公司等；三是机构持有金融牌照，但存在监管不足或规避监管的业务，包括货币市场基金、资产证券化和部分理财业务等。

设计和风险分散安排，使原先不能完成的融资成为可能，满足了紧缩条件下的中、小、微企业的融资需求；又由于其门槛低、办理手续灵活，影子银行得以迅速发展。影子银行游离于商业银行信贷系统之外，通过信用创造满足市场融资需求，增加了市场的信贷供给量，在一定程度上弥补了商业银行实施信贷配给的区域、产业、企业等经济体的信贷需求。图 2－12 将银行的理财产品收益率与同期存款利率做出了比较。

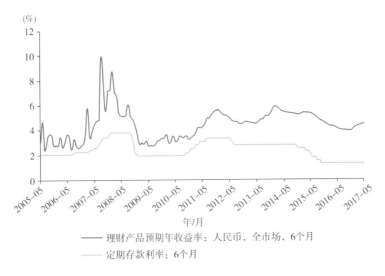

图 2－12　2005 年 5 月至 2017 年 5 月银行理财产品收益率与同期定期存款利率

资料来源：Wind 数据库。

（一）影子银行的快速发展及其成因

影子银行的发展促使商业银行创新产品，客观上推进了我国利率市场化的进程。影子银行产品高于商业银行的存款利率（见图 2－12），吸收了市场上原先存放在商业银行的资金，对商业银行所拥有的信贷资金总规模产生较强的冲击。2005 年，我国金融体系内影子银行规模为 1 985 亿元，仅占社会融资规模的 6.6%。但是自 2006 年开始，影子银行规模开始爆发式增长。到 2013 年规模已经达到 5.17 万亿元，已经是2005 年的 26 倍，占比达到 29.9%。2010—2016 年，非银金融机构业务的快速增长对影子银行规模膨胀贡献最大，管理的资产规模年均复合增长率为 43.6%。截至 2016 年年底，广义影子银行规模将近 96 万亿元，是 2016 年国内 GDP 的 1.28 倍，其中，非银金融机构管理资产规模占比为 74.2%，银行非传统信贷业务资产规模占比为 17.8%，其他融资类业务资产规模占比[①]达到 8%。

影子银行的存在与急速扩张发展，一方面是政府主导信贷配给的结果。一直以来，由于宏观的信贷配给政策，国企及地方政府能够从银行获得大量的低成本贷款，很多融资需求强烈的中小企业却难以从银行获取资金，金融抑制程度严重，需要影子银行填补融资缺口。按照"融资缺口＝社会融资规模－新增人民币贷款－新增外币贷款－

———————————

[①]　资料来源：《中国影子银行深度报告》，http://www.sohu.com/a/159644897_467315。

企业债券融资－非金融企业境内股票融资"，粗略估算得知，2009—2015 年融资缺口年平均在 2 万亿元以上。正是政府主导的信贷配给促使影子银行填补融资缺口。

社会巨大的融资缺口迫使商业银行通过创新金融产品，不断推出新型理财等表外业务产品，以迎合市场的融资需求。主流影子银行业务的运作过程是银行发行理财产品或者通过同业负债（含发行同业存单）募集资金，借助信托、券商、基金等非银金融机构通道业务，以信托贷款、委托贷款、未贴现银行承兑汇票等形式提供给实体企业或进行其他投资。还有少部分影子银行（小贷公司、P2P 网贷平台等），通过以众筹、P2P 等互联网金融的形式突破监管限制放贷。这样使得不具备存贷款资格的非银金融机构成为影子银行系统的链条，行使存、贷款的实质，突破相应的监管限制。

另一方面，影子银行由银行主导，实质是绕开政府主导型信贷配给的变相放贷。庞大的银行体系在金融抑制与监管约束的条件下，为追逐更高收益不断进行业务创新，与依附于银行体系的其他金融机构共同进行监管套利。由于影子银行绕开了政府主导的信贷配给，因此银行可以将此类贷款额度用在其他收益更高的贷款上。影子银行支持那些现有监管规则限制银行提供贷款的企业客户，比如地方政府融资平台和房地产开发商。影子银行还会隐藏不良贷款或逾期贷款，一些小型、未上市银行将过剩产能行业的企业贷款，甚至是不良贷款打包进 SPV 里，这一方面增加了金融体系的不透明，监管层和货币当局越来越难有效追踪和监管这些复杂交易流程背后的风险；另一方面则推升了企业借款人的融资成本，其根源在于影子银行通过多层 SPV 的包装，而每一层都会收取一定的通道费用。需要指出的是，影子银行并没有形成各机构与业务间完整的信用链，而是作为银行的影子，行走在政府限制信贷的灰色领域，与传统银行信贷形成互补关系。

（二）影子银行冲击金融系统的稳定性，放大了系统风险

影子银行能规避政府主导的信贷配给，在冲击传统的商业银行信贷业务的同时，有力地促进了传统商业银行的产品创新、利率市场化等多方面的改革，满足实体经济的资金需求，弥补市场非有效性，有其存在发展的必要性。但是必须看到，影子银行资金的供给绕开了商业银行体系，在造成信贷资金的体外循环的同时，还扩大了社会融资总量，使货币供应量调控出现偏离。尤其是当国家实施紧缩性货币政策时，货币政策通过商业银行信贷渠道对社会供应量进行调节，引发市场上资金紧缩，影子银行因其具有准入门槛低、隐蔽性强、缺乏监管等特性，能够迅速弥补市场上的资金短缺，抵消银行体系的信贷收缩，从而影响国家货币政策的效果，成为宏观经济政策的"缓冲器"，阻塞了货币政策的信贷传导途径，使得高通货膨胀、投资过热等问题难以抑制，扰乱了社会融资秩序，影响了金融体系稳定，影响了商业银行信贷体系正常运行，对国家产业结构调整、实体经济发展造成不利影响。此外，影子银行不受商业银行监管机构的监管，不受准备金、资本充足率、信贷规模、杠杆率等监管指标的约束，风险难以控制，一旦发生违约、资金链断裂等恶性事件，必然会传染传统的商业银行，严重时还会爆发系统性的金融冲击，甚至引发经济危机，波及全球经济。

影子银行的危害主要表现在三个方面。其一，影子银行的信贷效应是一种放大流

动性的行为，并且建立在流动性弱、集聚风险大、破坏性强的基础之上，由于缺乏最后贷款人的保护，影子银行一旦发生风险无法获得有效救助。其二，在监管无法系统跟进的情况下，各类金融机构以服务实体的名义所进行的大量金融创新增加了影子银行通道、拉长了资金套利链条、推高了金融机构之间的杠杆水平，导致影子银行规模过度扩张。同时，影子银行在部分业务上依附于传统的商业银行，通过"过桥资金"等手段套取信贷资金；而当前实体经济较低的回报率又使得宽松的流动性滞留在影子银行体系内空转，严重危及金融业系统性的稳定性。其三，影子银行对房地产、过剩产能行业提供了过多资金，刺激了地产泡沫，延缓了产能出清。

　　由于金融加杠杆的底层资产主要是房地产和地方融资平台，金融纪律涣散的背后是财政纪律软约束。过去 10 年，基建投资高歌猛进，房地产销售大起大落，制造业投资持续萎缩，表明主要是地方融资平台和房地产部门加杠杆，国企、地方融资平台等低效率部门借助隐性背书和刚性兑付加杠杆占用了过多资源，而民企、制造业、生产性服务业等高效率部门被挤出。因此，在整顿金融秩序的同时，提升实体经济回报率，使金融系统中空转的资金回流实体经济，通过宏观审慎与微观审慎监管结合，将影子银行转向资产证券化等新兴业务领域，用规范、专业的资产证券化服务来盘活金融系统中的存量信贷资金等，防止政府主导的信贷资源配给，从而提升资金融通效率，才能有效遏制影子银行的负面影响，为实体经济带来新的活力。

第三章　信贷配给下中国银行的市场结构

本章以不完全信息下银行市场结构的权衡为基础，通过引入市场集中度、市场份额、市场壁垒等一系列指标，分析中国信贷配给机制下银行业市场结构的演进，解释信贷配给对中国银行业所造成的影响，包括信贷配给所导致的银行市场性垄断、不良资产以及其所造成的社会福利损失等。

第一节　银行市场结构的权衡

一、关于银行市场结构的争论

市场结构是指在特定的市场中，企业间在数量、份额、规模上的关系，以及由此决定的竞争形式。依据垄断程度从低到高的次序，市场结构被划分为四个类型，即完全竞争、垄断竞争、寡头垄断和完全垄断。哈佛大学的梅森（Mason）和贝恩（Bain）等人在理论上构造了市场结构（Structure）—企业行为（Conduct）—经济绩效（Performance）的分析框架（简称 SCP 框架），其基本含义是市场结构决定企业在市场中的行为，而企业行为又决定市场运行各个方面的经济绩效。

传统理论认为，银行间的竞争必然促进经济的增长。其后，新产业组织理论从信息不对称角度出发，重新研究审视垄断的利弊，发现在金融市场上具有一定垄断特权的银行，反而能够为经济带来某些益处。银行间的竞争可能同时会对经济产生正面以及负面的多重影响，极度垄断或极度竞争的银行市场结构都不是最佳的市场结构。由此，新产业组织理论引发了学界对传统市场结构理论的再思考。

（一）垄断性银行市场结构对经济的负面影响

帕格诺（Pagano, 1993）在一个经济增长模型中，展示了在垄断性的银行结构中，银行会向借款人索取较高的贷款利率，向储蓄者支付较低的储蓄利率，从而减少了市场中可用信贷资金的均衡数量。当政府出台促进经济增长的利率政策时，垄断性的银行市场结构还会阻止利率的下降，对经济产生负面影响。

格兹曼（Guzman, 2000）关注于银行系统的市场结构对资本积累以及经济增长的影响。他不仅对银行业的市场结构是如何影响到信贷配给的数量做出解释，而且还研究了信贷配给发生的可能性。格兹曼通过一个考虑资本积累的一般均衡模型，证实了垄断所带来的负面影响。他假定存在两个同样的经济体，一个经济体中银行业的市场结构是垄断性的，另一个经济体中银行业的市场结构则是竞争性的。格兹曼认为，在信贷配给存在的条件下，垄断性的银行会比竞争性的银行更多采用配给的方式进行贷款，从而得出垄断性的银行市场结构会对资本积累产生压制效应的结论。格兹曼进而指出，在没有信贷配给的情况下，由于垄断势力的作用，企业的贷款利率会更高，考虑到道德风险的作用，企业违约的可能性也相应提高。垄断性的银行不得不维持监督企业的高额费用，浪费了本可以被用于借贷的资源。格兹曼由此得出，银行的垄断能力导致了银行的低效率。

格兹曼采用戴蒙德（Diamond，1965）的叠代模型来解释这个问题。在模型中，他假定经济中有两种类型的群体：贷款人和借款人。贷款人在年轻时赚取工作收入，并且有两种分配收入的途径：他们可以把收入存储在银行，或是把收入投入到他们的投资项目中去。借款人在年轻时没有收入，但是有投资项目，平均说来，他们的投资项目比那些贷款人的项目更具有生产效率。借款人必须获得资金实施这些项目，并且假定所有的借款人都是同质的。

假定项目的回报服从同样的概率分布，如图 3－1 所示。借款人项目的回报是私人信息，任何人只要支付一定的固定费用后都可以获得。

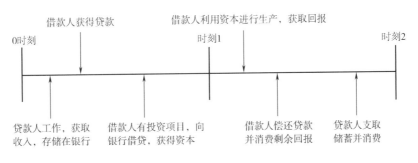

图 3－1　代际交叠时间表

银行与借款人之间的合同是标准的债务合同。如果项目成功，借款人支付贷款的本金和利息；否则，借款人对贷款违约。银行审核借款人的回报，且保留投资的所有进程。通过观察贷款所索取的利率与每种类型银行系统所支付的储蓄率之间的差额，格兹曼通过模型推导得出结论：银行的垄断趋于降低资本积累和经济增长的速度。垄断更有可能会导致信贷配给，并且当配给发生时，在垄断体系下比在竞争体系下配给的程度更大。格兹曼认为导致这种结果的原因在于：假定当信贷配给存在时，贷款利率在这两个系统中是相同的，而资金的短缺就会导致借款人在同一水平下对资金的价格进行竞标。垄断性的银行为储蓄支付较低的利息，结果导致借款人可供利用的资金的供给减少，这又会导致更高的信贷配给的可能性，以及更少的借款人从事生产，投资项目增长速度降低。

当信贷没有被配给时，所有的借款人都能够获得资金，在垄断体系和竞争体系下储蓄率都是一样的，因为同样数量的借款人在其中任何一种体系下获得资金以后，同样数量的资金一定会被储蓄在银行中。储蓄的数量仅仅取决于储蓄利率，因而在储蓄方面同样的利率与银行体系毫不相关。垄断者若想为贷款索取更高的利率（它的利润来源），与竞争体系相比，他就要对借款人实施更多的监管。

因为违约的可能随着利率的提高而增大，所以垄断者会把更多的资源用于操控企业的行为，从而用于生产性投资的资源减少，累及经济增长，导致资本积累的降低。垄断性的银行会在贷款上索取更高的利率的同时，支付较低的储蓄利率。这种结果导致更为严厉的信贷配给，更多的监督，更少的借款人从事投资项目，并且最终导致资本积累以及经济增长速度的进一步降低。

在垄断性银行市场结构对经济影响的实证分析方面，萨弗（Shaffer，1998）分析了1979—1989年美国各大城镇家庭收入增长的统计数据，发现在排除了对收入增长起作用的其他因素以后，在拥有较多银行的城市中，家庭收入的增长速度也较快，从而暗示了垄断性的银行市场结构会对经济产生负面影响。布莱克和斯查汉（Black & Strahan，2000）调查了银行市场结构对企业活跃程度的影响，通过对美国跨州以及跨行业数据的分析发现，在银行集中度较高、银行垄断势力较大的州，新兴企业和新商业社团的数量较少。在美国一般认为，废除限制银行分支机构的规定应该被视为增强竞争。但是贾尔瑞斯和斯查汉（Jayarathe & Stranhan，1996）在估计废除此类限制对各州收入增长的影响时却发现，该规定实施后各州个人收入以及产量均呈现加速增长的现象，由此他们认定垄断性的银行市场结构会对经济产生负面影响。不过，科勒迪和萨弗（Collender & Shaffer，2000）发现，美国大都市地区垄断性的银行市场结构对家庭收入的影响在1973—1984年为负，而1984—1996年却转负为正。这一结果显示垄断性的银行市场结构对经济的影响尚无定论。

（二）垄断性银行市场结构对经济的正面影响

关于垄断性的银行市场结构对新兴企业融资所起的积极作用，彼得森和瑞贾（Petersen & Rajan，1995）所进行的开创性研究受到了学术界的广泛关注。他们的研究表明，在一个垄断性的银行市场结构中，以往没有借贷记录的新生企业，实际上可能会以更低的利率获得更多的信贷。原因在于，具有垄断力量的银行可以通过"试销性"（Introductory）的低贷款利率吸引新生企业，并在新生企业获得成功后索取较高的贷款利率，以此抽取租金。由于具有垄断市场的能力，银行不用担心会有其他竞争性银行与之抢夺企业资源，因此这种"先补贴新生企业，后分享成功企业利润"的策略是可行的。反之，在一个竞争性的市场中，银行不能指望日后能够对成功的企业收取较高的贷款利率，因而也就不会在新生企业的初创阶段通过降低贷款利率促进其发展。所以，在竞争性的市场环境中，由于没有垄断银行的存在，新生企业的贷款利率较高，它们的信贷额度被部分配给。

萨弗（1998）从筛选的角度论述了垄断性银行市场结构的益处，反驳了银行竞争会对经济产生正面影响的观点。现代商业银行的主要功能之一是甄别的功能，通过对那些具有不同品质的借贷企业加以筛选，鉴别那些具有潜质的企业。萨弗发现，在美国金融市场中，随着市场中银行数量的增加，银行借款人的总体质量反而会下降这一有趣的现象。他认为，银行的筛选技术还不足以准确揭示借款人的真实特性，当银行不能完全甄别借款人的类型时，会有某些高品质的企业被鉴定为低品质企业，反之亦然。考虑到银行很难区别信贷申请是属于已被其他金融机构拒绝的信贷申请，还是属于客户新的贷款申请，被一家或多家银行拒绝的申请人可以继续向其他银行申请。这类曾被拒绝的申请人既可能是高品质的企业，也可能是低品质的企业。如果市场中存在较多数量的银行，且借款人频繁的贷款申请是无成本或低成本的，低品质企业获得贷款的可能性就会大幅提高。这种逆向选择的存在，会导致银行贷款质量下降，使贷款银行陷入"胜利者的诅咒"（Winner's Curse），丧失利润。曹和史（Cao & Shi，2000）进行了类似的研究，也得出了竞争性的银行市场结构反而会使贷款利率更高、信贷数量更少的结论。

马努沃、帕迪勒和帕贾诺（Manove，Padilla & Pagano，2000）通过观察银行的借贷策略，考虑在不同市场结构下，银行是采用筛选还是采用作为筛选替代的抵押之间的权衡。银行通过筛选鉴别高品质的企业，以减少低品质企业的违约风险。由于筛选是耗费成本的活动，如果一家企业提供足额抵押，企业一般不会发生违约并损害到银行的利益，银行就不会产生费时费力的筛选动机。考虑在高品质企业和低品质企业同时存在的现实世界，高品质企业虽然有更高的概率从事优质的投资项目，但是考虑到信息不对称的存在，只有企业家知道自己企业品质的高低，而银行却并不知情，所以银行只有通过筛选才能鉴别出项目的优劣。在竞争性的银行市场结构中，银行将为两类企业提供贷款。一类是那些愿意提供足额抵押品的企业。由于高品质企业从事优质项目的概率较高，因项目失败而失去抵押品的概率较低，所以愿意提供足额抵押品；低品质企业从事优质项目的概率较低，如果低品质企业模仿高品质企业的做法，也向银行提供抵押品，因项目失败而失去抵押品的概率就很高，这将对低品质企业造成更大的损失。因此，"提供抵押品以显示自己是高品质企业"这一显示信号，是低品质企业无法模仿的。愿意提供足额抵押品的企业将被银行视为高品质企业，并认为其所从事的项目都是优质的投资项目。另一类是不愿意提供抵押品，需要经过精心筛选才能给予贷款的企业。为了弥补不仅包括最终获得信贷的企业，而且也包括那些最终不能获得信贷的企业的筛选费用，向通过筛选的企业所要求的信贷利率要高于向提供抵押品企业所要求的信贷利率。此时，提供抵押品的企业会有部分项目失败，虽然通过抵押品，银行本身并没有损失，但项目的失败会对社会资源造成一定的浪费。在垄断性的信贷市场中，由于能够分享项目成功后的剩余，所以银行并没有接受高品质企业抵押品的意愿，而偏好于对所有项目都进行筛选。与接受抵押品相比，筛选排除了向部分项目失败的企业分配资源的可能，将能为银行带来更高的信贷回报。从这一点上来看，垄断性的银行结构更有利于避免社会资源的浪费，对经济的影响也更为积极。

德尔·阿瑞克（Dell·Ariccia，2000）研究了银行对企业筛选的情况发现，随着银行数量的增加，银行筛选企业的可能性降低了。这可能是由于筛选的过程将耗费大量时间，企业在此期间会失去获取利润的机会；或是企业并不愿意暴露项目的真实信贷价值，所导致的被观察企业不情愿被筛选。在银行竞争的格局下，银行有可能会迁就企业不愿被筛选的意愿。在经济衰退期或缓慢增长期间，申请信贷的企业是低品质企业的可能性较大，并且企业的信贷申请也有可能曾经被其他银行拒绝过，此时银行对企业进行筛选是较佳的策略。然而，在经济扩张时期，由于存在着较多高品质且未经甄别的新生企业，基于获取市场份额的角度考虑，银行可能会向未经筛选的企业提供贷款。这样，银行在经济循环周期的上升阶段便承担了较高的风险，一旦经济循环周期进入不景气阶段，银行就有可能陷入贷款难以收回的困境。反之，在垄断性的银行市场结构中，垄断银行一般不会迁就企业的意愿，这就在一定程度上减缓了银行信贷随经济周期波动的风险。

在美国，彼得森和瑞贾（1995）选取具有代表性的小型商业企业，通过对身处在不同银行集中程度的市场中，这些企业信贷可获得性的实证分析发现，在银行集中度较高的市场中，小型商业企业的信贷较易获得，并且较为年轻的企业在具有更高银行集中度的市场中，支付的贷款利率更为低廉。萨弗（1998）也发现，在银行数量相对较多的大城市中，银行能够索取更高的贷款利率。伯纳克斯和德尔·阿瑞克（Bonaccorsi & Dell·Ariccia, 2000）分析了意大利各省以及各行业的数据，发现在银行集中度较高的省份，新企业的诞生率也较高。对那些信息更为不透明产业中的新兴企业来讲，银行可能需要投入更多的精力才能筛选甄别企业的品质，银行集中度与新企业诞生率的正相关性尤为显著。

鉴于银行市场结构对经济可能产生正负两方面的影响，科特瑞勒和帕瑞托（Cetorelli & Peretto, 2000）针对两者之间的权衡进行了研究。他们通过一个古诺模型说明 N 家银行在个人储蓄以及向企业借贷资金等方面相互竞争对经济的影响。假定那些拥有筛选技术的银行，能够花费一定的成本区分开高品质及低品质的企业，虽然银行甄别的结果不会被第三者所观察到，但其他银行作为竞争者，能够通过观察这家银行是否会扩大或否决贷款来获取被筛选企业的信息。信息的外溢产生了搭便车问题，导致银行筛选成本的上升，削弱了银行以信息为基础的有效借贷策略。科特瑞勒和帕瑞托进而把他们的模型从论证肩负着甄别企业成功率任务的银行最佳借贷策略问题，扩展到既有被筛选过的"安全"贷款，又有未被筛选的"风险"贷款时银行借贷的最佳策略问题。在此模型下，信贷市场是内生分割的：一部分低品质的企业一直被筛选且信贷仅向那些高品质的企业扩展，而对其他剩余的企业则无视其品质特性，不予区别地给予信贷配给。信贷市场中这两部分相对规模的发展变化，反映出经济发展的不同路径。在这一理论框架中，银行市场结构主要在两方面对经济增长产生影响：一方面，银行数量越少，信贷市场中的总体信贷规模也越小；另一方面，银行数量越少，对于银行来说甄别项目的激励越大，更多的资金因而能够被有效地分配给高品质的企业，银行资金的使用效率将得到提高。

银行的数量决定了信贷市场总体信贷规模及其效率间的权衡。反过来，信贷市场的规模和效率又决定了资本积累的回报，进而决定了储蓄。由于这种权衡的存在，银行市场结构与单位资本的稳态收入之间可能不会是单调的关系。换而言之，最有利于经济发展的银行市场结构既不是垄断的市场，也并非完全竞争的市场，而是一个对信贷存在着过度需求的市场。由此可以得出相应的政策建议，因为政府政策会影响到银行市场结构，所以作为监管者的政府可以通过控制银行间的竞争程度促进经济的发展。

二、银行市场结构对产业部门行业结构的影响

产业组织理论认为，在决定行业市场结构的因素中，银行的市场结构在某种程度上影响了企业外部融资的可获得性，起到了进入壁垒的作用，从而对其他产业的市场结构会产生影响。然而，无论银行垄断程度的增加是会影响到各行业部门的垄断程度，还是会提高抑或降低进入壁垒，都是无法事先得知的。

从实证上看，一方面，更具有垄断性的银行能够提高企业早期的发展速度。随着企业逐渐走向成熟，银行又会产生向那些潜在的进入企业提供借贷的偏好。这与彼得森和瑞贾所描述的银行理性行为是一致的。驱使垄断性银行向新兴企业融资的动力，在于获得企业成长后从企业利润流中抽取租金的机会。考虑到在行业发育较为成熟的阶段，新企业的进入会加剧市场竞争的激烈程度，而这将降低或影响原先银行所扶持企业的利润。因此，在成熟的产业部门，银行也会有限制新企业获得信贷的激励。此外，银行也会考虑它在其他方面的某些既得利益。维持银行在市场上的高集中度，将有利于银行参与到现有客户的经营中去，从而与现有客户建立更为密切的关系；银行还可能通过牺牲从新的进入者身上所获取的利益，来换取现有企业的信任，从而引导这些企业的战略决策。此时，银行的经营目标不仅仅是其自身的利益最大化，而且也是社会利益的最大化。另一方面，也有学者认为，银行利润最大化的目标会导致银行偏好新的市场进入者。因为新兴企业一般都具有更高回报的项目以及更为先进的技术，能够保证银行更高的利润。在这种情况下，银行业的集中将导致竞争性的产业结构，不利于形成具有市场垄断能力的大型企业。

总之，新兴企业在垄断性银行市场结构下信贷的可获得性，对新兴企业所在行业未来的成长性影响较大。在某种程度上，银行将面临新企业进入引发竞争对银行原有收益的影响，以及新企业进入为银行带来的利润之间的权衡，银行最终的权衡结果将影响到该行业的市场结构。科特瑞勒（2001）使用从 17 个经济合作与发展组织（OCED）国家中所获取的包括 35 个制造行业的数据，对上述观点加以判断，发现在企业规模高度依赖于外部融资的部门中，在银行业更为集中的国家，企业规模确实更大。科特瑞勒还根据已有的实证结果，考察了外部融资规模对行业的影响，结果发现，银行集中对行业垄断的影响无论是正面的还是负面的，对于更依赖于银行融资的企业来说，其影响程度更深。

三、银行市场结构与金融系统的稳定性

商业银行市场结构与银行系统的稳定性之间存在密切联系，但以集中度、竞争度衡量的市场结构与稳定性之间的关系并没有统一结论，存在"集中—脆弱""集中—稳定"和"竞争—脆弱""竞争—稳定"四种主要假说，也有研究认为银行市场结构与稳定性之间存在非线性关系。

（一）"集中—脆弱"与"集中—稳定"

"集中—脆弱"观点主要从道德风险、外部化、监管等角度出发，认为集中度较高

的商业银行市场结构不利于银行市场稳定。米什金（Mishkin，1999）认为，政府担心大型银行倒闭对国家经济造成不良影响，长期对大型商业银行进行隐性补贴，大型商业银行因此形成一种风险可以外部化的政策预期。由于大型商业银行具有大而不倒的优势，提高了开展高风险活动的动机。Chan et al.（1992）研究了存款保险对银行经营的影响，认为政府安全网的构建提高了其开展高风险活动的风险偏好，引发道德风险问题，加剧银行的脆弱性。德尼克（De Nicolo，2005）认为，集中度较高的市场中，大型商业银行定价能力更强，这允许其收取更高的服务价格，进而诱使企业开展回报更多同时不确定性更高的经营活动，带来银行市场的不稳定。贝克等（Beck et al.，2006）认为，商业银行的规模与其复杂程度正相关，商业银行规模越大，其经营框架和运作过程越不透明，这增加了外部监管的难度，为其开展高风险活动预留了空间，降低了银行的稳定性。

"集中—稳定"观点则侧重特许权价值、关系型贷款等角度，认为市场集中程度更高的银行市场结构有助于银行稳定。赫尔曼等（Hellman et al.，2000）认为，在更为集中的市场中，大型机构的市场势力和定价能力更强，进而有更强的盈利能力和资本缓冲，这在一定程度上提升了其特许权价值，降低了银行从事高风险活动的动机，更有助于抵御难以预料的冲击。德姆塞茨（Demsetz，1996）评估了特许权价值对各种稳定性测度方法的影响，发现特许权价值更高的银行因所有者权益更高而稳定性更强。彼得森等（Petersen et al.，1995）研究发现，在信息不对称的市场中，市场集中使得大型商业银行能够从事关系型贷款，通过设定利率、实施信贷配给、与客户形成长期稳定关系等提高贷款组合质量，进而提高稳定性。

有关银行市场集中度与稳定性之间的实证文献并没有一致结论。贝克（2006）分析了1980—1997年69个国家的47个银行危机样本后得出结论：市场集中度高的国家，银行破产的概率更小，支持"集中—稳定"观点。而德·尼科尔等（De Nicolo et al.，2003）对133个国家进行研究发现，银行市场集中度越高的国家风险也越高，支持"集中—脆弱"观点。杨天宇等（2013）选取125家商业银行作为样本研究发现，我国银行业集中度的提高会导致银行风险加大，支持"集中—脆弱"观点。陈雨露、马勇（2012）运用89组不同国家数据的研究发现，银行市场集中度与稳定性之间并不是简单的线性相关，当银行处于（0.6，0.8）时，稳定性最高，而当集中度水平在（0.8，0.9）时，银行体系的风险最大。

（二）"竞争—脆弱"与"竞争—稳定"

传统的"竞争—脆弱"观点认为，银行竞争侵蚀了银行的市场力量，降低了利润空间，降低了特许权价值，会使得银行系统更不稳定。支持该观点的学者认为，在高度集中的银行市场，大型银行主要通过以下四个渠道降低市场的脆弱性。

第一，与小银行相比，由于较高的经济规模和地位，大银行更有潜力有效分散贷款组合风险。彼得森（1995）发现，大银行在监督贷款使用时存在着比较优势，具有市场势力的大银行能够从事关系型贷款，获得贷款方资信情况，提高贷款组合的质量，这会有助于银行的稳定性。希门尼期等（Jimenez et al.，2008）使用不良贷款率、市场集中度、HHI 和勒纳（Lerner）指数等指标为变量，采用西班牙银行业 1998—2003 年的数据检验市场竞争和银行风险之间的关系，研究结果也支持这一假说。

第二，在低竞争度的市场结构下，银行的市场势力越强，就越能够获得更多的利润，进而提升银行的特许权价值。如瓦格纳（Wagner，2010）发现，贷款市场的竞争会侵蚀银行的特许权价值，从而增加其风险承担的激励。此外，马图特斯和泽维尔（Matutes & Xavier，2000）发现，利润的增长也能让银行建立较高的资本缓冲池，规避流通性或宏观经济带来的冲击。贝克等（Beck et al.，2013）发现，在对银行业务进行限制和产品同质化严重的市场上，竞争显著降低了市场的稳定性。

第三，低的市场竞争度会抑制银行管理者采取激进的风险承担行为。贝克等（2006）利用市场集中度指标（CR5）发现，高度集中的银行市场发生系统性风险的概率较低。

第四，由于银行规模与其组织架构的复杂性正相关，所以大银行比小银行更难监管；在竞争程度低、集中度高的银行体系中，银行规模大但是数量少，银行市场更容易管理，政府监管行为更加有效，银行业的激烈竞争反而会提升银行的整体风险水平。如贝克等（Beck et al.，2013）发现，在业务监管严格、股票市场发展较好、存款保险制度健全以及信息披露透明的市场上，竞争反而会增加银行的脆弱性。

"竞争—稳定"观点认为，银行竞争度的提高会降低银行风险。支持该观点的学者认为：首先，银行竞争程度越高，越有助于银行抵御无法预期的冲击，降低其从事高风险贷款或投资活动的动机，进而降低系统性银行危机发生的概率。萨利福和乌尔夫（Amidu & Wolfe，2013）利用 55 个国家 978 家样本银行的数据，采用勒纳指数衡量市场竞争水平，结果显示，竞争会增加银行的业务多样性和非利息收入，进而能够促进银行的稳定。其次，米什金（1999，2006）以及巴斯等（2012）发现，在信息不对称的信贷市场上，监管者担心大银行倒闭对宏观经济的影响，常通过隐性的"大而不倒"的政策补贴大银行。倘若大银行注定能够通过政府建立的安全网获得隐含（或明确）的补贴，就会变相激励银行从事高风险的投资活动。凯恩（Kane，2010）、罗森布拉姆（Rosenblum，2011）等学者先后发现，在一个竞争的银行市场中，"大而不倒"的问题及安全网的补贴会较小，导致银行"竞争—稳定"之间的正向关联。最后，较少竞争的市场可能会引发更多的风险投资。竞争度低、集中度高的银行系统提升了银行的市场势力，允许银行收取较高的贷款利率，这会刺激借款人从事高风险、高收益项目；相应的，贷款的违约概率会增加，银行倒闭的风险会随之增加。如博伊德和德尼科罗（Boyd & De Nicolo，2005）发现，高度集中的银行市场往往面临较高的系统性风险。安吉尔等（Angier et al.，2012）根据对 1997—2009 年 63 个国家 1 872 家公开交易银行数据的实证分析，发现银行竞争和金融稳定之间的正向联系。他们采用银行资产的集中度作为银行竞争的替代指标进行稳健性检验，结果依然不变。

除以上两种观点之外，近年来还有研究认为，银行竞争与银行稳定性之间不存在绝对的正负相关性，市场结构可以应用于解释银行市场的稳定性。如伯杰等（Berger et al.，2009）采用勒纳指数检验银行的市场势力，他们依据 23 个发达国家的 8 235 家银行数据的分析，发现市场结构决定了"竞争—脆弱"与"竞争—稳定"这两个假说，具有较高市场势力的银行其贷款组合风险较大，但是银行的整体风险被较高的资本充足率或风险转移工具稀释了。此外，还有学者发现：一方面，在一个竞争度高的市场中，贷款利率下降使得风险转嫁效应明显，即越来越少的公司会发生违约行为；另一方面，贷款利率的下降会使得银行收入减少，因而提升银行的风险。所以，市场竞争与银行稳定之间、银行竞争与稳定之间存在着非线性关系。此外，塔巴克等（Tabak et al.，2012）采用布思（Boone）指数测度竞争程度，通过对 2001—2008 年拉美 10 国 376 家银行数据的分析，同样发现竞争与银行的风险承担不存在线性关系；较高的竞争度与较低的竞争度都会增加银行的稳定性，但是出于中度竞争水平的市场结构使银行风险最大。傅等（Fu et al.，2014）同时利用 Z - score 和违约概率对比研究了 2003—2010 年亚太 14 个经济体的数据，发现度量市场竞争程度的勒纳指数与银行脆弱存在显著负相关，而市场集中度指标（CR3）与银行脆弱性则呈显著正相关。

市场结构是市场竞争的主要影响因素，也就是影响竞争能力的客观因素。围绕着市场结构对金融稳定的影响方面，近几十年以来，国内外学者对银行业市场结构与银行体系稳定性之间的关系进行了大量的理论与实证研究，但现有各种理论尚未提供权威的一致性结论，主要有以下三方面的原因。

第一，研究样本的差异。由于不同学者在研究视角上的差异，导致在研究样本的选取上存在差异，有些研究使用的是微观样本，研究竞争对银行风险行为的影响；有的则利用宏观样本，研究市场结构对系统性银行危机的影响；还有的则使用跨国样本数据，试图考察这种相互关系可能存在的国别差异。

第二，银行业竞争、稳定性等变量度量方面的差异。不同的研究采用不同的方法或指标来度量银行业竞争的程度，比如：早期的研究主要采用 SCP 等结构性指标；而近期的研究则主要采用统计量和勒纳指数等非结构性指标。另外，不同学者对于银行稳定性或风险的度量同样存在差异，有些研究仅仅关注不良贷款率度量的信用风险，有些则考虑的是以指数度量的银行总体风险。

第三，实证模型可能存在偏差。影响银行稳定性的因素可能有很多，竞争和市场结构只是其中的两个因素，在未能完全控制其他因素影响的情况下，市场结构对银行竞争和系统稳定性的影响可能是模糊的。因此，试图通过调整市场结构，限制（促进）银行业竞争从而提高银行的稳定性，到目前为止尚缺乏令人信服的理论基础与经验支撑。

第二节　信贷配给下中国银行业市场结构分析

我国信贷市场中信贷配给的出现和发展固然有其合理的一面，对我国经济的转轨起到了重要的支撑作用，并且在金融改革的过程中，我国信贷市场的效率也在逐步提高，但是，信贷配给微观层面的负面效应也相当大。对于银行来讲，信贷配给一是剥夺了国有商业银行的获利机会；二是信贷配给在削弱了银行市场竞争力的同时，还危及银行在公众心目中的形象；三是信贷配给不仅导致私人钱庄、信用合作社等非正规借贷机构大量出现，近年来还通过影子银行等表外业务危及宏观金融安全。如果这些机构经营管理不规范，对其监管不严，很容易导致金融秩序的混乱，进而危及金融稳定。

从效率的角度考察，我国银行业改革最终要解决的根本问题是配置效率。从产权改革来看，银行改革要解决的是国有银行普遍存在的所有者缺位、委托—代理链较长等问题，银行改革的目的在于改善国有银行的激励机制和监督机制，促使国有银行的治理机制做出相应的调整，以适应市场竞争。然而，国有银行产权变动并不一定会导致金融资源配置效率的提高。由于配置效率是市场结构的函数，而非所有制的函数，要改进配置效率就必须在产权改革的同时，运用产业结构政策以清除市场交易的障碍，即：在金融产权结构既定的情况下，金融资源的配置效率将取决于在信贷市场上活动的金融组织的市场结构。因此，在研究信贷配给时，有必要考察银行业市场结构的演变如何影响信贷配给，政府如何通过对银行业市场结构的调控，实现对金融资源的配置。

为获取数据的方便，本书选用中国上市商业银行作为分析的样本[①]，并对上市银行2003—2016 年各相关项目的年度数据进行分析。所需的各项数据主要来源于 Wind 数据和历年的中国金融统计年鉴，根据银行资产负债表和损益中相关项目整理获得。

一、市场份额分析

由于某个特定的市场究竟属于哪种市场结构类型，一般取决于市场份额、市场集中度以及进入壁垒三个要素，所以本书首先考察银行业的市场份额。

市场份额是指某个企业销售额在同一市场（或行业）全部销售额中所占比重。一般而言，市场中企业越多，单个企业所占比重越低，即市场份额越小，该市场的竞争程度越高。对于银行业来说，这一要素可以通过 4 个指标说明（见表 3 - 1），即存款比率 Rd、贷款比率 Rl、总资产比率 Ra 和利润比率 Rp。单个银行指标值越大，所占市场份额越大，垄断程度也就越高。

Rd = 某银行存款总额/国内同期金融机构存款总额

Rl = 某银行贷款总额/国内同期金融机构贷款总额

Ra = 某银行资产总额/国内同期全部金融资产

Rp = 某银行利润总额/国内同期银行利润总额

中国商业银行市场份额指标的测定结果如表 3 - 1 所示。1997—2016 年，中国 4 家国有商业银行拥有的市场垄断力长期居高不下，各项指标大多数年份占据 40% 以上的市场份额。尽管从各项指标动态变化的角度来看，各家国有商业银行的市场份额总体

[①] 这些商业银行是中国工商银行、中国银行、中国农业银行、中国建设银行、交通银行、中信实业银行、中国光大银行、招商银行、广东发展银行、上海浦东发展银行、华夏银行、深圳发展银行、福建兴业银行和民生银行。

呈逐年下降的趋势，但是从存、贷款比和利润率方面来看，国有银行在银行业中的垄断地位依然稳固。

表 3-1　国有商业银行市场份额状况（期末数）

年份	存款比率 R_d（%）					贷款比率 R_l（%）				
指标 银行	工行	农行	中行	建行	总计	工行	农行	中行	建行	总计
1997	27.24	13.74	7.22	15.24	63.44	26.57	13.09	7.53	13.74	60.93
2002	21.53	14.15	7.96	12.79	56.44	22.55	14.10	8.33	14.61	59.61
2007	19.69	14.57	12.63	14.95	61.85	14.65	12.50	10.25	11.77	49.17
2012	16.34	12.56	11.85	13.30	54.05	13.08	9.56	10.20	11.16	44.00
2016	11.84	9.99	8.59	10.23	40.65	12.25	9.12	9.36	11.03	41.75

年份	总资产比率 R_a（%）					利润比率 R_p（%）				
指标 银行	工行	农行	中行	建行	总计	工行	农行	中行	建行	总计
1997	33.40	17.90	25.38	19.13	95.81	15.26	2.64	19.69	9.40	46.98
2002	28.23	17.75	17.33	18.39	81.70	19.56	9.18	29.92	13.63	72.29
2007	16.51	10.09	11.39	12.54	50.53	18.35	13.01	13.88	15.48	60.73
2012	13.13	9.91	9.49	10.46	42.99	15.79	9.60	9.63	12.81	47.83
2016	10.39	8.43	7.81	9.03	35.66	16.93	14.09	11.16	11.16	53.34

资料来源：Wind 资讯和银监会网站。

二、市场集中度分析

市场集中度是指某一特定市场中少数几个最大企业所占的销售份额。一般来说，市场集中度越高，市场支配势力越大，竞争程度越低。市场集中度是在市场份额的基础上计算出来的。市场集中度的计量方法有多种，一般选择 CR_n 指数和赫芬达尔指数（Herfindanl Index）两个指标测定。

（一）CR_n 指数的测定

CR_n 是指某行业中前几家最大企业的有关数值的行业比重。

$$CR_n = \sum_{i=1}^{n} X_i / \sum_{i=1}^{N} X \tag{1}$$

式中，n，N，i 表示企业数量；X_i 表示市场第 i 家企业的存款、贷款、股票承销总金额、资产总额、利润额等指标的相关数值；X 表示市场总体相关指标的数值。一般地讲，这一指标数值越高，表明行业垄断性越强；它同时综合反映了企业数目及规模分布这两个决定市场结构的重要方面，具有较强的说服力。但是它不能反映最大几家企业的个别情况，也难以说明市场份额和产品差异程度的变化情况。考察银行业市场集中度也分别用存款、贷款、资本总额、资产总额、利润额等数值的 CRn 指数来说明。

通过测定 CR_5 和 CR_{10} 数值，即测定中国银行业前 5 家和前 10 家最大的商业银行在相应项目中所占的市场份额如表 3 - 2 所示。可以发现，中国商业银行各项主要指标的 CR_5 值从 1998 年占市场近 90% 逐渐下滑到 2016 年的大约占 40%，这集中体现了国有商业银行长期以来所具有的市场垄断地位的逐渐削弱；此外，CR_5 和 CR_{10} 指标在资产、资本和存款项目上的差别也不大，基本上都在 10 个百分点左右，这说明市场主要的垄断力量仍然来自前 5 家大银行。

表 3 - 2　1998—2016 年中国商业银行市场各类指标的 CR_5 和 CR_{10} 值　　　单位:%

年份	指标	资产	存款	贷款	净利润
1998	CR5	89.99	90.57	91.37	42.68
	CR10	98.50	98.55	98.92	90.75
2002	CR5	74.44	85.13	85.98	68.34
	CR10	87.09	95.43	96.11	94.23
2006	CR5	57.72	61.31	—	47.73
	CR10	66.02	69.92	—	54.19
2007	CR5	54.54	58.56	49.17	62.14
	CR10	64.06	67.71	63.05	71.98
2008	CR5	54.42	58.03	46.13	59.79
	CR10	64.26	67.57	60.89	71.12
2009	CR5	53.75	56.09	46.00	62.35
	CR10	64.18	66.34	61.51	73.03
2010	CR5	51.44	53.91	45.34	60.60
	CR10	62.29	64.57	61.04	72.05
2011	CR5	49.32	55.85	45.11	54.48
	CR10	60.69	64.09	60.85	66.35
2012	CR5	46.94	51.70	44.00	51.75
	CR10	58.90	63.00	59.86	63.95
2013	CR5	45.36	49.40	43.53	50.03
	CR10	57.41	60.76	59.33	62.53
2014	CR5	43.44	47.62	42.72	48.05
	CR10	55.91	59.18	58.35	60.37
2015	CR5	41.31	42.71	40.75	46.68
	CR10	54.07	53.38	56.00	59.10
2016	CR5	39.28	43.79	41.75	—
	CR10	52.07	54.56	58.21	—

资料来源：根据 Wind 数据和各年度《中国金融年鉴》数据整理而成。

由此可知，中国银行市场的集中度长期以来是比较高的，但是近年来呈现逐年下降的趋势，信贷市场上具有国有商业银行寡头垄断型的市场结构的特点，这充分反映出信贷配给的体制特征。但从银行市场集中度的动态变化来看，各主要项目的市场集中度在近 20 年内显示出较大程度的下降趋势，这表明，伴随着金融市场的改革，市场整体的垄断程度在稳步降低。

（二）HHI 指数的测定

运用 CR_n 指数测定中国商业银行市场集中度在数据获得和计算方面简单易行，但它没有说明几家大银行在市场上所占的份额在其内部是如何分布的，另外也没有表明其余的数额分布在多少家银行中，以及它们各自占的份额有多大。赫芬达尔指数简称 HHI 指数，即所有企业在一个给定市场中所占市场份额平方值的总和，它较好地克服了 CR_n 指数的不足。

$$H = \sum_{i=1}^{n} (X_i/X)^2 \qquad (2)$$

式中，H 表示赫芬达尔指数；Xi 表示各个企业的有关数值；X 表示市场总规模；n 表示该行业企业总数。显然，在完全竞争条件下，HHI 指数将等于 0；在完全垄断条件下，因为只有 1 家企业，所以 HHI 指数将等于 1；如果市场中所有企业规模相同，HHI 指数将等于 $1/n$。一般来说，HHI 指数越小，越接近于 0，竞争度则越大。此外，公式（2）计算出的 HHI 指数通常较小，在实际应用时需乘以 10 000。美国在实践中所运用的标准为[1]：如果 HHI 大于 1 800，该市场被视为高度集中的市场；如 HHI 在 1 000 和 1 800 之间，则该市场属于适度集中的市场；HHI 小于 1 000，该市场被归入集中程度较低的市场。表 3 - 3 为市场结构分类。

表 3 - 3　市场结构分类

市场结构	寡占型				竞争型	
	高寡占 I 型	高寡 II 型	低寡占 I 型	低寡占 II 型	竞争 I 型	竞争 II 型
HHI	≥3 000	3 000 ~ 1 800	1 800 ~ 1 400	1 400 ~ 1 000	1 000 ~ 500	<500

资料来源：苏东水：《产业经济学》，高等教育出版社，2000 年版。

对 HHI 指数的计算结果支持中国商业银行市场由高度集中向适度集中过渡的结论，无论从资产、存款、贷款、营业收入和净利润来看，其他各项 HHI 均呈现从高度集中进入适度集中市场结构的趋势；同时，HHI 指数在 1996—2016 年的变化，显示出中国银行业的竞争逐渐加剧的趋势。

从表 3 - 4 显示的数据结果来看，在 2000 年以前，中国银行业各项 HHI 值基本上都超过 1 800，呈现高度集中的市场结构；2003—2008 年，各项指标的值大体上下滑到 1 400 ~ 1 800 之间，进入适度集中的市场范围内，但整体上偏向于较高的集中程度；

---

① 苏东水：《产业经济学》，高等教育出版社，2000 年版。

2008 年以后，市场集中度进一步分化，到 2016 年仅维持在 1 000 ~ 1 400 之间，呈现出较低的集中度。在 1996—2016 年，中国商业银行的资产、收入、净利润等项的 *HHI* 值整体上呈现较为明显的下降趋势，存、贷款项目的 *HHI* 值与 CR_n 计算结果的期间变化趋势相符，除在 2000 年前后的集中度有所提高外，其他年度均有一定程度的下降，这再次说明中国银行业整体的市场竞争程度正在逐步提高的事实。

表 3 - 4　1998—2016 年中国商业银行市场各类指标的 *HHI*[①]

年份	指标	资产	存款	贷款	收入	净利润
1998	HHI	2 410	1 816	1 738	2 105	1 322
1999	HHI	2 079	1 753	1 673	2 160	1 611
2000	HHI	1 895	2 019	2 101	1 999	1 986
2001	HHI	1 674	1 954	2 054	1 705	1 602
2002	HHI	1 490	1 946	2 037	1 649	1 648
2003	HHI	1 668	1 737	1 772	1 822	2 947
2004	HHI	1 618	1 669	1 707	1 727	2 582
2005	HHI	1 619	1 632	1 546	1 678	2 178
2006	HHI	1 587	1 603	1 499	1 586	1 933
2007	HHI	1 504	1 559	1 448	1 556	1 606
2008	HHI	1 456	1 545	1 386	1 502	1 576
2009	HHI	1 419	1 483	1 348	1 482	1 585
2010	HHI	1 364	1 431	1 333	1 426	1 513
2011	HHI	1 313	1 395	1 318	1 372	1 434
2012	HHI	1 260	1 363	1 297	1 318	1 381
2013	HHI	1 232	1 327	1 290	1 283	1 353
2014	HHI	1 201	1 302	1 277	1 241	1 323
2015	HHI	1 158	1 274	1 253	1 174	1 297
2016	HHI	1 119	1 283	1 218	1 133	1 274

资料来源：根据 Wind 资讯和各年度《金融统计年鉴》数据整理而成。

金融市场的集中度十分重要，高的市场集中度会通过对私人企业信贷的直接限制造成扭曲效应。以上分析表明，中国银行业早期较高的市场集中度使得国有银行有能

---

① 计算中国商业银行市场 1996—2002 年各主要项目的 *HHI* 指数，理论上需要这一期间所有商业银行相关项目的年度统计数据，这显然是不现实的。本书运用中国 16 家最大商业银行的相关数据计算各项指标的 *HHI* 系数，这是因为从中国商业银行业的实际情况来看，这 16 家银行以外的其他商业银行所占的市场份额很小，可以忽略不计。

力通过限制信贷扩张，干预经济发展。从本书的数据中也可以看出，虽然到目前为止，银行市场依然存在一定的垄断特性，但是随着20年来银行集中度的逐渐下降，中国的银行市场结构经历了一种从高度垄断到竞争程度不断提高的演变过程，政府主导信贷配给的能力随之日益削弱，市场风险主导的信贷资源分配已经成为银行系统的主流。

三、进入退出壁垒以及管制的放松

长期以来，我国对银行业及整个金融业一直实行非常严格的政府管制，使银行业缺乏良性的市场进入和退出机制，政策性壁垒成为我国银行业主要的进入和退出壁垒。中国银行业的政策性进入壁垒主要表现在两个方面，即新银行和非国有资本的准入条件。

这种政策性壁垒形成的一个主要原因，就是为政府配置金融资源服务。在由政府主导的信贷配给机制尚未彻底消除，尚未对银行业管制找到一个较好的突破口之前，政府必须保持这种政策性的壁垒，国有银行垄断就是这种政策性壁垒的产物。一方面，进入银行业要受到严格的营业执照的条件等限制；另一方面，退出银行业要受到诸如托管、合并等障碍的制约。银行业的进入壁垒，至少从两个方面维护了国有商业银行的垄断地位：一方面，政策性壁垒避免了非国有商业银行以及外资银行进入的风险，从而保护了国有商业银行，国家通过人为设置银行业进入障碍，使得国有商业银行能在现有银行市场结构下，不必担心其他进入者的进入，因而面临着更低的进入风险，能够获得更高的垄断利润；另一方面，政策性壁垒有利于维护银行体系的稳定。自银行业改革以来，我国银行除1998年海南发展银行倒闭之外，再无第二家银行倒闭，银行业的同业并购及跨行业并购也不过数起。在国家信用和不断增长的储蓄存款的支持下，技术上已经破产的国有商业银行依然平稳运行。

鉴于我国国情，原先与客户保持着密切关系的国有银行和企业在融资关系上存在着一种"锁定效应"，趋向于维持长期的借贷关系。在这种架构下，进入市场的门槛进一步抬高，国有银行的垄断程度受企业信息透明程度的影响，因而始终居高不下。此外，信息不对称在信贷市场中对潜在的市场参与者所形成的信息壁垒，逐渐成为外来者寻找信贷资源的障碍。银行对企业信息的了解是确定是否贷款及贷款利率的基础，加上逆向选择所导致的巨大成本，事实上保护了市场占有者不会受到新加入者的竞争威胁，原有的信贷市场结构使新进入的信贷机构不得不在信息方面进行投资，这样就抬高了信贷市场进入的外部成本。此外，市场信息的匮乏，导致信贷市场的整体竞争程度受到抑制，资源配置因为信息的垄断和不对称而无法实现。

中国银行业的进入与退出壁垒主要是由于政府管制而形成的政策法律的制度性壁垒，尽管政策性壁垒在我国改革过程的较长时期内发挥作用，但是从长期来看，这种行政庇护助长了银行业的垄断性和银行自身经营的局限性，并不利于银行业的可持续发展，现存的制度性壁垒抑制了行业市场竞争机制和激励机制的作用正常发挥，构成了中国银行业垄断与低效率长期并存的一个根源。随着市场化改革的推进，在政府主导信贷资源配给使银行丧失获利机会的同时，银行业明显的国家垄断特征也削弱了银行的竞争力及银行在公众心目中的形象，使得政府信贷配给这一政策性壁垒的保护作用不可避免地大大降低。

通过对中国银行业历史的考察可以发现，中国银行业管制性进入壁垒的演变伴随着银行业改革的全过程。就学界的一般观点来看，中国银行业的改革大体上分为增量改革和存量改革两个阶段：增量改革试图通过引入非国有银行参与市场竞争，打破国有银行的垄断。以 1996 年中国民生银行的成立为标志，股份制银行开始正式进入中国银行业市场，股份制银行和城市商业银行的成立是增量改革的结果。存量改革试图通过放松非国有资本，主要是民营资本和外资参股商业银行的限制，完善股权结构、健全公司治理机制，从而使商业银行形成内在激励和约束，成为参与市场竞争的现代企业。2003 年以来四大国有银行的股份制改造属于存量改革。

伴随着四大国有银行股份制改造完成，以及股份制银行和城商行的兴起，政府逐渐引导银行向市场主导信贷资源的配给过渡，垄断程度正在不断降低。尤其自中国加入世界贸易组织（WTO）之后，政府专门颁布的《中华人民共和国外资银行管理条例》及其实施细则，进一步完善了对外国资本进入的规制，逐渐打开了外资银行进入中国金融市场的大门。截至 2013 年年底，共有 51 个国家和地区的银行在华设立 42 家外资银行法人机构、92 家外国银行分行和 187 家代表处。此外，对于民营资本的准入限制也是采取逐步放开的政策，从股份制银行的逐渐增多，到农村合作金融机构的设立及城市商业银行股权结构的改革，2013 年，银监会提出发起设立自担风险的民营银行的框架性建议，并承诺建立风险监管长效机制，开始促进民营银行试点的有序推进。截至 2015 年年底，我国银行业共有 133 家城市商业银行、5 家民营银行、859 家农村商业银行、71 家农村合作银行。银行业金融机构共有法人机构 4 262 家，从业人员 380 万人。[①]

相对于发达国家而言，我国银行业目前在市场准入和业务限制上的监管还是显得相当严格，政策性壁垒的特征主要表现在银行准入、最低注册资本、业务活动范围以及市场退出制度等经济壁垒方面。从政策层面上看，银行的政策性进入、退出壁垒依然会长期存在，但是行政性政策壁垒已经随着金融市场的改革退出了历史舞台。

第三节　中国银行业市场结构对信贷配给的影响分析

政府主导的信贷配给要求垄断性的银行市场结构。一方面，国有银行的垄断地位契合了党的十八届三中全会所强调的要确保关系国民经济命脉和国家安全的行业中国有经济的主体地位；另一方面，垄断性的市场结构导致政府主导的信贷配给始终贯穿于中国金融业改革的全过程，政府主导的信贷配给迟迟难以退出信贷市场。

---

① 资料来源：《证监会 2015 年年报》，http：//www.cbrc.gov.cn。

一、国有商业银行垄断引发的信贷配给

对国有商业银行的垄断需求来自于两个方面：一是来自传统计划体制延续下来的政府配置机制的需求；二是来自于公众对风险的预期。在两者的作用下，储蓄从中小金融机构自动向国有银行集中，迫使国有商业银行产生被动性垄断。前一个因素显然是政府因素，是政府行为的延续，是制度性利他的结果；后一个因素则是完全市场化的，是公众在制度约束下的理性自利行为。储蓄向大银行集中，可以通过行业集中度指标的分化做出证明。1998—2016 年，银行业资产集中度下降了约 50 个百分点，储蓄集中度却只下降了约 40 个百分点。这表明，尽管受国家大力发展直接金融以及其他商业银行竞争的影响，资产总额和储蓄总量都有所分流，但在储蓄结构上，四大国有商业银行集中的格局并未被打破。

如果单纯从利润主体构成来看，四大国有商业银行所提供的利润占比下降为 1998 年的 42.68% 后，又上升到 2002 年的 68.34%，其后缓慢下降至 2016 年的 46.68%。而与此同时，四大国有商业银行的市场份额依然很高，无论从存、贷款指标还是从资产指标来看都具有垄断地位。国有商业银行期初平均利润率的大幅度下降，原因就在于政府主导的信贷配给使得国有银行加持了沉重的利他性制度成本。这种政府主导型的信贷配给，在严重影响国有商业银行盈利能力的同时，也给诸如股份制商业银行以生存空间，促使非国有商业银行的盈利能力逐步增强。但是，当国有银行由政府主导的信贷配给一旦停止或者减缓，以市场风险主导的信贷政策逐步实施，进而支配商业银行的信贷行为时，国有商业银行的利润就开始迅速回升，证明由市场风险主导的信贷配给可以使银行收益增加。

从利润水平看，长期以来，国有银行的改革、发展与变迁，事实上从属于政府的决策目标函数，政府行为渗透在银行业改革的全过程，制度和政策安排决定着国有银行的改进、重组与稳定，并导致银行利润的大起大落。政府对银行业的利润影响主要分为两个阶段：第一阶段，自改革开放起直至 20 世纪末期，国有银行一直在为国家、为国有企业做贡献，结果导致自身利润率的大幅度下降，1993 年为 13.97%，1998 年已经下降到 5.99%（高玉泽，2003）。银行被迫对国有企业实施配给，政策性利他的结果是自身盈利水平下降。第二阶段，1998 年以后，随着存款利率的下调，存贷差开始迅速扩大，同时伴随着金融市场的自由化改革，以及次贷危机以来出于对市场风险的恐惧而引发的信贷配给，使得国有银行终止了对亏损国有企业的补贴，加之政府的利率管制，因而使国有银行的利润率得以快速提升。到 2015 年，5 家国有银行营业收入竟高达 25 071.61 亿元，净利润高达 9 336.28 亿元。

政府保护下的国有商业银行垄断，在某种程度上制约了银行自身和国民经济的发展。这种垄断导致的银行业的损失表现在如下四个方面。

第一，垄断造成国有商业银行的低效运行。垄断是我国金融业竞争不充分和竞争质量不高的重要原因。我国银行业的竞争更多地表现为增机构、拼数量、不计成本拉存款，在服务的质量上、金融产品的创新上、业务领域的拓展和管理水平的提高上并

没有大的作为，银行员工也缺少提高自身业务素质的内在压力。国有商业银行在银行业中的垄断，造成了国有商业银行经营效率的低下。从图3-2中可以看出，我国四大国有商业银行效率指标低于同期国内股份制商业银行；成本率远远高于同期国内新兴商业银行；国有商业银行由于人员众多，以人均利润衡量，与国内股份制商业银行相比并无优势可言。

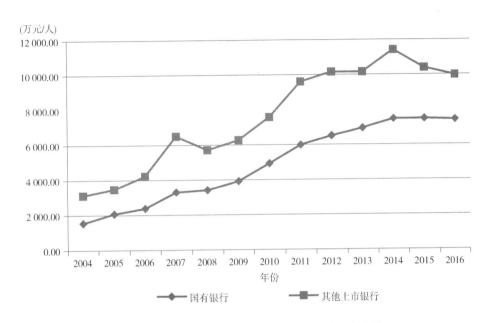

（万元/人）

图3-2　2004—2016年我国商业银行的人均利润比较

资料来源：根据 Wind 资讯和各年度《中国金融年鉴》数据整理得出。

　　第二，垄断形成规模不经济。国家控制下的银行垄断，使四大国有商业银行在业务规模、人员及机构网点扩张的同时缺乏成本及利益约束，结果导致单位营运成本上升、单位收益下降，出现规模不经济，资本收益率、资产收益率低于同期国内股份制商业银行（相关效率指标分析见图3-3）。

　　第三，垄断造成信用体系缺失及金融风险积聚，反过来加重了政府主导的信贷配给。在垄断状态下，国有商业银行缺乏足够的激励机制建立信用评估和监督体系，其他商业银行在资金实力不够雄厚的状况下，欲建立成本相当高的信用评估和监督体系心有余而力不足。在这种两难困境中，信用服务网络迟迟无法建立，信用体系的缺失在所难免。因为企业信用无法得到有效的披露，银行无法识别企业的信用水平，此时只能向与政府相关的国有企业借贷，结果只能是国有商业银行形成巨额不良资产的累积。而在居民高储蓄、国有商业银行向国有企业配给贷款及国有企业低效益的约束下，国有商业银行资金运行出现了高储蓄→高贷款→高拖欠→高亏损→低效益的不良循环，国有企业直接占用大量银行可贷放资金，让国有银行的资产质量在难以明显提高的同时，还让银行陷于流动性风险、信用风险、市场风险的包围之中。面对诸多的风险，出于防范风险、生存及满足国家考评体系要求的需要，银行不得不采取审慎放贷的行

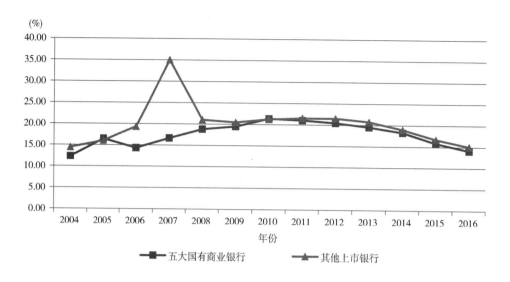

图 3 – 3   2004—2016 年我国商业银行效率指标

资料来源：根据 Wind 资讯和各年度《中国金融年鉴》数据整理得出。

为，反过来又致使银行采取更为严厉的配给措施。

第四，垄断的银行市场结构同时也加重了政府主导型信贷配给的歧视。垄断性的银行市场结构使得中央银行能够对商业银行存、贷款利率进行管制。然而，国有银行缺少价格调整的主动权，影响其承担贷款风险的积极性。在垄断的市场结构下，国有商业银行除了必须履行"隐含的契约"将资金贷放给国有企业之外，充满活力的非国有企业所获得的信贷支持微乎其微。李成、黄友希和李玉良（2014）运用中国工业部门 39 个行业国有企业和私营企业 2002—2011 年的面板数据发现，在利率管制、贷款规模控制和金融市场化程度低的条件下，国有企业获得融资的规模显著大于非国有企业。

二、信贷配给主导下金融资源行政性垄断造成的经济效率低下

数据的分析已经说明我国银行业的信贷市场结构具有寡头垄断特征，这种市场结构充满了行政性垄断的色彩。首先，在金融市场准入方面，政府及金融管理当局在银行机构的审批上较为严格，大到机构的批准，小到分支机构的增减与名称的更改都需报批。其次，在银行机构的业务范围上，我国以法律的形式明确规定了实行分业经营、分业管理的体制。最后，在金融监管、税收、再贷款支持等方面，我国对国有银行和其他银行机构执行着不同的政策。由此可见，在更深的层面上，我国银行业信贷市场的垄断实质上是一种行政性垄断，这也较好地解释了改革早期银行业过高的市场集中度与过低的资产利润率扭曲在一起的状况。

不应否认，我国改革早期垄断性的信贷市场是低效率的。例如，20 世纪国有银行积累了大量的坏账，积聚了巨大的金融风险；国有银行空间组织的均齐分布导致了金

融资源的区域配置低效率；金融竞争不足使得国有银行缺乏进行金融创新和改善金融服务的压力。但实际上，行政垄断性的信贷市场还具有一定的经济绩效。在金融控制条件下国有银行经营的目标是多重的，它追求的不只是新古典意义上的经济效率，更重要的是服从国家偏好的社会目标，即为中国的渐进改革提供必要的金融支持，从而保证中国经济转轨的平稳进行，这就是改革初期国有银行最重要的目标。在中国渐进改革的初期，对国家来说，最迫切需要的是金融资源的规模，效率则是次要的。如果在改革的一开始就允许信贷市场自由进入，进而迅速形成一个竞争性的市场结构，则国家利用国有银行筹集尽可能多的金融资源的目的就难以达到，并且这样的制度安排肯定得不到国家的允许。

　　因此，国家对银行业施以苛刻的准入限制，以维持国有银行垄断的市场结构。由于国有银行吸收存款意愿的关键在于激励机制的设计，为了对银行产生有效的激励，国家必须为国有银行创造租金机会，这种租金是由国家规定的存款利率低于竞争性均衡利率所产生的。

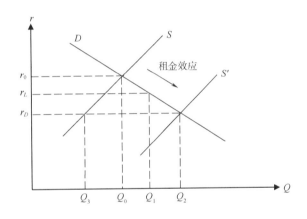

图 3-4　金融约束下的储蓄机制

　　图 3-4 表示因租金效应导致的储蓄存单提供量增多的情形。在均衡利率水平 r_0 上，国有银行的储蓄存单需求量只有 Q_0 的水平；当国家将存款利率规定低于均衡水平 r_0 时，由于出现了租金机会，国有银行就产生了对储蓄存单更多需求的激励，使得其对存款的需求扩展到了 Q_2，而对于居民来讲，其供给意愿会降低至 Q_3，供需缺口为 $Q_3 - Q_2$。国有银行为了满足自身寻求新的存款源的需求，会努力通过其他办法，如新设机构、改善存款基础设施等措施，诱使居民提高资金储蓄的供给，弥补需求缺口。此外，政府也采取种种措施，推动资金供给曲线的右移。首先，政府会令实际利率始终为正，以保证居民仍可获得一定的收益，而国家信用的担保使居民增加的安全性在一定程度上补偿了他们收益上的损失。其次，1998 年"广信破产事件"和海南发展银行的行政关闭事件，1998—2000 年股份制商业银行的倒闭被托管以及对各地城市股份合作制银行的清理与重组，打破了中国没有商业银行破产的纪录。这些事件令社会公众对银行市场的预期和信心产生动摇。尤其是自我国加入世界贸易组织（WTO）以后，次贷危

机和欧债风波等全球性金融危机，使得居民在存款上树立起风险意识，意识到在中小金融机构存款并不保险，因为国有银行不会倒闭的默认合约是国家制定的，所以居民更相信国有银行。实际情况也表明，尽管国家一再降低存款利率，但是居民的存款还是源源不断地进入国有银行的账户。再次，由于国家采取限制资本外流的措施，国内外金融资产无法替代，使得居民的大部分金融资产无法寻求其他的外部投资渠道；加之证券市场的高风险使得其失去了投资价值，很多居民不敢轻易入市，只能以储蓄存单的形式保存在银行。最后，为了保证租金为国有银行所获取，国家还采取了限制市场准入的措施，以防止进入者过多使租金分散，使国有银行失去激励。所以，一方面，随着中国经济的不断发展，居民收入日渐提高，提供了闲散资金来源；另一方面，政府政策和国有银行的揽储行为的共同作用，迫使居民的供给曲线右移到 Q_2。这样，国家就可以通过国有银行源源不断地获取全社会的金融资源，再将这些金融资源通过信贷配给的方式分配给国有企业。

如图 3-4 所示，在国有银行垄断的前提假定下，本来国有银行可以获得 $r_0 - r_D$ 的垄断利润，但是在政府行政管制的约束下，分配给国有银行的租金为 $r_L - r_D$，这样就会让国有企业的贷款利率 r_L 低于均衡市场利率 r_0，国有企业获得租金 $r_0 - r_L$。同时，还让国有企业的信贷量增加到 Q_1。运用动态的、发展的观点进行分析，可以看到这种行为导致的两种后果。

第一，在现有银行市场结构下，为了保持国有银行的垄断局面，必然会形成巨额的垄断利润，政府管制所造就的经济租金，必然成为理性经济人寻租活动的动力。为了寻租，寻租者会投入寻租成本；为反寻租，政府会加大管制力度，投入的反寻租成本也会增多。这样，整个寻租活动的成本将十分可观，导致资源配置扭曲，浪费了本应投入到银行经营活动中的资源，降低了国家控制金融的效率。

第二，在国家强力支持下，银行体系目前所保持的稳定实际上是以牺牲效率为代价换取的一种暂时性的稳定。在这种银行体系下，一方面国有商业银行积累了大量的不良资产；另一方面持续增长的储蓄存款，使得国有银行得以保持"借新债还旧债"的经营方式，因而不断积累或加大国有银行的风险。一旦国家放松管制，储蓄存款增长低于现行水平时，其后果将不堪设想。

三、信贷配给诱发国有银行对利润目标的偏离

在现实世界中，各个国家的金融市场中普遍存在着由政府控制的银行。拉·波特等（LaPorta et al., 2000）调查发现，在信贷市场中，国有银行垄断程度越高的国家，人均资本收入和生产率的增长速度就越低，从而证实了国有银行的效率较为低下，难以实现资本的最佳配置。同时他们还发现，在国有银行垄断程度高的国家，金融市场的发展速度也较为缓慢。科特瑞勒和戈伯若尔（Cetorelli & Gambera, 2001）检验了政府控制银行的强度是否能够影响到银行在产业增长中的作用，发现在银行集中度较高，并且政府对银行控制程度较高的国家，银行的高集中度导致银行对于那些高度依赖于外部融资的产业所起的积极作用消失了。实证结果显示，由政府控制的银行市场垄断

只能导致银行效率的降低。科特瑞勒和戈伯若尔也没有发现国有银行对市场的垄断力量能够使银行更有效地筛选企业，且国有银行也不存在与贷款企业建立并保持良好的借贷关系的意愿。他们认为，这种政府高度控制的垄断性银行之所以没有对经济起到其应有的积极作用，主要是因为国有银行更乐于从事政治目标最大化的活动，偏离了银行利润最大化的目标。

在传统的计划经济体制下，国有企业的资金来源主要通过财政渠道划拨。改革开放以来，这种状况有了很大的变化，财政与银行的职责分工有了较大的调整，企业的外部资金来源，已从依靠财政逐渐转变为主要依靠银行。财政基本不向企业增资，以前未拨足的流动资金也不拨付了。企业实际上只能依靠贷款而发展，因为除了银行贷款这一渠道外，不存在其他的融资渠道。"拨改贷"以后，国有企业把国有银行的信贷分配视为国家的所有权注资，借贷没有内在的约束机制，因此一部分企业借贷的规模越来越大。虽然国有银行的垄断地位保证了对国有企业资金源源不断的供给，但是当国有企业获得银行信贷资金后，通常难以确保把其投入到生产经营中去，很多企业把银行贷款投入缴税、交息、认股、超正常分配等不正常渠道，致使企业资金的偿还来源具有很大的不确定性，尤其是亏损企业，甚至在其资不抵债的情况下，也不能保证对资金的合理使用，因而它们在未来经营期内由亏损转为赢利的困难很大。正是由于商业银行资产配置赖于运行的微观经济主体——国有企业在低效运行，从而影响了商业银行资产配置效率的提高。

事实上，在中国的国有银行垄断体制的早期，银行业近80%的信贷资金集中于工、农、中、建四大国有商业银行手中。四大国有银行在政府主导的信贷配给机制作用下，90%的贷款是对占经济总量40%左右的国有企业发放的。1998年，国有企业固定资产的60%、流动资金的90%来自银行贷款。这种垄断性的单一间接融资形式使得国有企业越来越依赖银行资金的支持，也使我国银行资金配置格局存在严重缺陷，如1996年我国国有商业银行的负债率为96.62%，自有资本占主要风险资产（贷款）的比重仅为4.52%。这种高负债的信用业务是建立在高度公众信任的基础之上，当公众信任度下降时将会遇到存款挤兑的巨大冲击。大规模的存款挤提将使银行破产倒闭，为了防止金融危机，中央银行只能通过通货膨胀提高银行系统资产的流动性。

同时，国有企业对银行信贷资金高度依赖的融资格局，使国有企业饥不择食地"饱餐"银行资金，根本不讲究融资质量，更谈不上通过融资实现优化配置，极大地扭曲了银企关系，使银行资金过多地投向国有企业这口"大锅"，形成了中国特有的信贷配给方式。

由国有银行替代国家财政向国有企业注资，这种特殊的信贷配给方式使得国有企业依然会把国有银行的信贷当成其自身资本的一部分。也正是把银行贷款当作股本投资观念的作用，一些原来自有资本比较多的企业，在20世纪80年代以来的扩张中过分依赖银行借贷，结果导致相当一部分国有企业的债务与自有资本比例过大。所以，即使在事先预知的情形下，由于垄断性的国有金融体制或者国有银行制度的存在，不良的信贷行为也无法避免。由此不难推断，即便每一家银行都假定自己是最后一个贷款供给者，同样不会使银行对企业的放贷行为谨慎起来，贷款条件也不会更为严格。国有银行既要继续以低利率支持国有企业，又不得不在它们亏损时继续增加资金支持，不良贷款的累积仅仅只是一个时间和量的问题。

此外，与其他产业中的企业一样，改革使得国有银行成为企业。这样，国家与国有银行的经理人员之间同样存在一种"委托—代理"关系。不幸的是，政府的不当干预和对亏损国有企业的政策性支持已经成为国有银行的政策性负担，因此银行同样可以将经营不善的原因归因于政策性负担，使得国家难以监督国有银行经理人员的行为。于是，曾经发生在国有企业身上的故事在国有银行身上同样发生了——政策性负担使得国家无法判断国有银行亏损的真正原因，从而难以对国有银行的经营活动实施充分监督，致使国有银行经理人员缺乏改善经营、减少亏损和不良资产的动力，甚至不负责任地随意配给金融资源，其结果只能是国有银行不良贷款以更快的速度累积。到20世纪末期，我国四大国有独资商业银行累积的不良债权已远远超过了自有资本。尽管早在1998年监管当局就采取了各种措施清理银行的存量不良资产，但是，截至2002年年底，四大国有独资商业银行的不良资产总量仍高达2.1万亿元[1]，平均不良贷款率仍高达26.12%。[2] 这意味着部分商业银行在技术上已经破产，一旦触发信用危机，整个银行系统将面临灾难性的后果。

正是由于国有企业对银行的极大依赖性，也正是在政府主导信贷配给机制的作用下，经营效率低下的国有企业使四大银行不良资产急剧膨胀，资产质量不断下降，形成了国有企业难以清偿的巨额债务和国有银行的大量不良资产。一旦国家实行紧缩的宏观经济政策，企业资金就立刻紧张起来，并由此产生程度不同的生产滑坡，会危及银行系统信贷资金的回收，引起经济运行比较大的波动。

不良资产比例过高是形成信贷风险从而导致银行系统脆弱的主要因素。正是银行不良贷款的持续累积，才让政府认清在政府主导的信贷配给制度下，国有企业融资的低效率就意味着国有银行的亏损；国有企业的规模越大，占GDP的比例越高，就意味着国有银行的呆、坏账越多。同时，由于缺乏有效的破产机制，现行的资产重组的结果可能是好企业被低效率企业拖垮，从整个规模上看，政府主导信贷配给就是由国有银行所连通的国有企业的全体效率累积性的恶化，对经济发展的不利影响极其深远。为了防止不良资产占用国民储蓄，造成国民财富的净损失，政府开始尝试逐渐放松对金融系统的严格管制，实行利率自由化改革，让政府主导的信贷配给逐渐淡出信贷市场。随着国有银行得以完全自主掌握信贷资源的配置权利，加之国家财政和政策的双重扶持，国有银行终于摆脱了不良资产的重负，从2003年起，步入高速发展的黄金时期。

四、信贷配给主导下银行垄断引发的社会福利损失

信贷配给的前提是一个垄断性的银行市场结构，相对于完全竞争的行业来说，垄

---

[1] 国务院发展研究中心研究员吴敬琏2002年12月10日在清华大学的演讲。
[2] 中国银行业监督管理委员会主席刘明康2003年5月23日答记者问。

断会使产量减少，价格提高，从而使消费者剩余减少。在垄断性市场结构下的信贷配给歧视又进一步滋生腐败，如此一来，社会的整体福利损失将更大，金融资源配量效率将大为降低。

实行产权改革以后，国有银行在信贷市场的讨价还价中取得了优势，它们能以较高的利率提供较少的信贷。这种市场垄断显然有损于金融资源的整体配置效率。在缺乏市场竞争的环境中，经过产权重组后的国有银行成为信贷市场的个别提供者，它们极有可能从以前的行政垄断走向市场垄断。在信贷市场上少数大银行占据垄断地位时，它们为了获取更大的利益，可以通过相互之间达成的某种协议减少资金供给，通过对金融资源稀缺程度的操纵牟取暴利。在金融产品提供者数目很少的条件下，由于这种协议的交易费用很低，所以国有银行可能会在获得定价权后，通过价格合谋（卡特尔）形成合作的寡头。相比之下，信贷的需求者数目庞大，相互之间达成协议的交易费用昂贵，使得他们不可能达成协议，这样他们共同减少信贷需求以降低金融资源价格的努力就很难奏效。

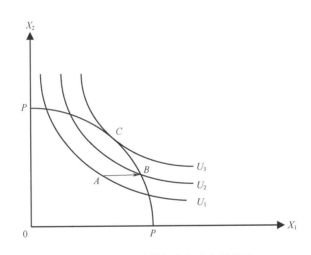

图 3 - 5　产权改革与市场竞争的关系

如图 3 - 5 所示，PP 表示生产可能性曲线；X_1、X_2 表示两种金融资源；U_1、U_2、U_3 表示三组因资源配置效率不同而带来的不同社会效用水平。国有银行产权重组后其激励效率得以提高，金融资源配置规模将从生产可能性曲线 PP 内的 A 点扩大到生产可能性曲线上的 B 点。由于 B 点在更高的效用曲线 U_2 上，因而 B 点的效用 U_2 要高于 A 点的 U_1。在 B 点国有银行自身效用达到最大化，但同时，由于金融机构数目较少，产权改革后国有银行仍处在寡头地位，金融资源仍未达到最优配置，所以从 A 点到 B 点只是帕累托改进，而非帕累托最优，U_2 与 U_3 的距离就是社会福利的损失。可见，要从 B 点达到 C 点（该点为生产可能性曲线与社会效用曲线的切点，即为我们追求的帕累托最优点），只有允许信贷市场的自由进入并形成一个竞争性的市场结构才能实现。

上述分析表明，国有银行的产权重组固然能提高效率，但对配置效率的提高却是无能为力的，因为那是由自由价格、自由进入和资本市场等因素决定的（杨小凯，

1997）。所以，相对于国有银行产权结构的转变与金融控制的放松，其他金融产权形式的发展，自由进入的信贷市场机制的建立需要先行。

五、信贷配给主导下的银行市场结构变迁

美国学者戈德·史密斯曾创造性地提出了衡量一国金融结构与金融发展水平的基本指标——金融相关比率 *FIR*（即某一时点上全部金融资产价值与同期物质资产总值以及对外收支净值之和的比率），用这一指标衡量一国金融活动与经济活动之间的数量关系。后人在研究中根据不同的研究目的，选择不同的金融资产作为研究对象，即在统计计算中，*FIR* 指标的分子可以用某一具体的金融资产的资产价值代替。因为本书主要研究信贷配给对我国间接融资渠道的影响，故选用"信贷数量/国内生产总值"（以下简称"L/GDP"）指标分析经济结构与银行结构互动的框架。忽略机会变量的影响，L/GDP 反映的是银行贷款供给对经济发展水平的影响，表达的是经济规模变量与银行贷款供给之间的函数关系。从横向比较来看，一国 L/GDP 水平相对别国为高，表明在同样的国内生产总值水平上，该国的银行贷款供给水平较高；一国的 L/GDP 比较稳定，表明该国的银行贷款供给与经济规模变量之间的函数关系比较稳定。从纵向时间角度来看，这一指标在经济发展的过程中是逐步提升的，但是这一指标也不会无限制上升，特别是在经济发展到一定阶段之后，随着直接融资市场的兴起和完善，这一指标将会逐步回落。

如前所述，我国金融媒介的缺陷主要表现为金融机构高度国有化，占垄断地位的国有大银行经营和服务效率低下，并且这种制度安排还存在自我强化的路径依赖（Path Dependence）机制。但是，在进入21世纪后，随着市场化程度的提高，我国银行的信贷活动在经济领域中的作用不断上升。一方面金融工具的种类大大增加，另一方面银行机构的数量大大增加，表现为一些全国性的股份制商业银行和地方性城市商业银行的出现。金融工具和金融机构的增加，使得银行机构贷款额大幅上升，贷款的增长速度超过了经济增长的速度，L/GDP 值不断上升。

如图 3-6 所示，由我国 1991—2016 年的 L/GDP 指标可以看出，1998—2016 年的10 余年间，我国银行业整体的 L/GDP 指标总体呈上升趋势。这表明，我国一直存在的金融抑制和金融深化不足的问题正在逐步得到改善，储蓄转化为投资的渠道趋向顺畅，企业的融资困境正逐步得到解决。但是，在一些年份（1999—2000、2003—2007 年）这一指标出现了下降，这在经济尚处于发展阶段的我国是不正常的。可以通过观察国有银行的 L/GDP 曲线和其他金融机构的 L/GDP 增长曲线，对其中的原因进行分析。

国有银行的 L/GDP 指标，在整个 20 世纪 90 年代处于周期性波动状态。在 90 年代初期，由于经济的高速增长以及伴随的通货膨胀等原因，在政府行政性的信贷配给遏制下，国有银行提供的融资服务已经不能满足经济发展的需要，特别是难以为日益壮大的民营经济提供有效的融资渠道。因此，国有银行的 L/GDP 指标在 20 世纪 90 年代经历了一个逐步下降的过程，并直接导致了 90 年代初期我国银行业 L/GDP 的波动；从1997 年开始，由于亚洲金融危机的影响，社会公众的金融风险意识增强，对国有银行

的信任增强，从而使国有银行的 L/GDP 指标有了较大幅度的提高；国有银行的 L/GDP 指标从 2000 年又开始下降。与 90 年代初期我国银行业 L/GDP 的下降不同，这一时期我国经济并没有出现 90 年代初期的高速增长现象，主要是国有银行为了控制风险而实施的市场主导的信贷配给政策及其内部结构调整的结果，并且在 2002 年后有调整结束的迹象。尤其是 2003 年国有银行上市以后，伴随着国有银行股份制改造，政府对国有银行的干预大为减少，为了降低市场风险，满足资本充足率的要求，使得国有银行的信贷大幅收缩，市场主导的信贷配给开始逐渐成为国有银行的主要信贷模式，导致信贷的再次滑落，直至 2007 年次贷危机后，为了刺激国内经济，政府推出 4 万亿元的投资计划，政府主导信贷配给的再度抬头引发信贷规模掉头上升。

但是，从全国银行业的 L/GDP 曲线来看，1998 年以后的 L/GDP 比率却没有如同 90 年代初一样出现波动，而是在 1999 年略有下挫以后，保持了持续的稳定态势。这主要得益于国有银行以外的其他金融机构已经得到发展，这些金融机构提供的融资已经逐步取代国有银行为经济部门、特别是民营经济提供融资服务。从图 3-6 可以看到，国有银行以外的其他金融机构的 L/GDP 指标，在 2008 年以前与国有银行的 L/GDP 指标相比一直处于比较低的水平，这主要是我国近年来的金融管制政策抑制了国有银行以外的其他金融机构的充分发展。但是，国有银行以外的其他金融机构的 L/GDP，10 余年来一直保持稳定的增长，已经从 1991 年的 15.24% 提高到 2002 年的 38.71%，到 2016 年，单位 GDP 中 83.45% 的贷款都是由金融市场中的其他金融机构提供的。这表明，国有银行以外的其他金融机构有效地填补了国有银行遗留的市场空间，并且，国有银行以外的其他金融机构的 L/GDP 自 2000 年以来未受到经济周期波动的影响，一直

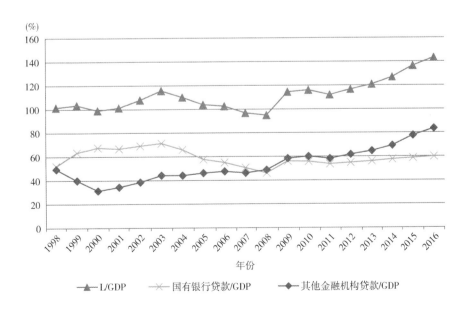

图 3-6　1998—2016 年我国 L/GDP 等指标

资料来源：根据各年度《中国统计年鉴》《中国金融年鉴》数据整理得出。各项 L/GDP 指标均乘以 100。

保持稳定的增长。这说明，国有银行以外的其他金融机构能够与我国当前的经济结构保持较好的契合，为国民经济提供较好的融资服务。这从图3-7中也可以看出股份制商业银行的快速增长态势。

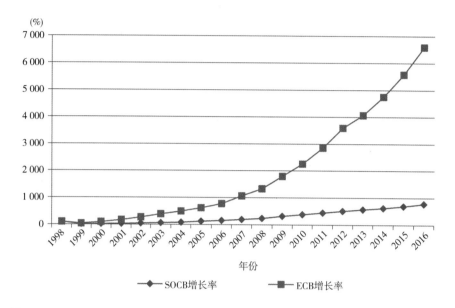

图3-7　1998—2016年国有商业银行与股份制商业银行对非金融部门负债增长的比较

资料来源：各期《中国人民银行季报》。其中，SOCB为国有商业银行，ECB为股份制商业银行。

第四章　信贷配给对中国经济的影响

本章论述信贷配给机制对中国经济的影响，具体包括三个方面：一是分析宽松的货币政策与信贷配给并存的后果；二是阐述信贷配给对经济基本面的影响，主要是对国内企业、投资、资金流动、国际收支等方面的负面影响；三是分析信贷配给对区域经济增长的影响。最后，本章还通过构建不完全信息下的新古典经济增长模型，描述不完全信息如何导致信贷配给，不完全信息下的经济增长路径以及资本积累的路径选择等问题。

第一节　信贷配给对货币政策的影响

一、中国货币政策效果分析

随着央行的宏观调控方式从直接调控向间接调控方式的转变，间接调控下的各类货币政策逐渐占据宏观调控政策的主导地位。由于我国的货币政策体系带有明显的制度演进的色彩，操作工具的使用具有很多"中国特色"，因而各自所发挥的作用、各自的实施效果也各不相同。其中，有的已逐渐失去其原有的重要性，有的则刚开始投入运作，还有的目前尚不具备运行条件（如图4－1所示）。如果从历史演进予以划分的话，在20世纪90年代以前的货币工具主要是现金计划和信贷计划等直接调控手段，90年代后逐步转向以再贷款、再贴现、存款准备金率、公开市场业务、基准利率等间接调控手段为主（易纲，1999）。

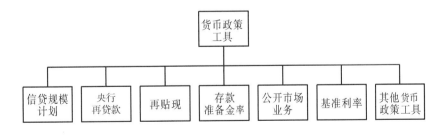

图4－1　中国的货币政策工具

从1984年央行独立到1997年，对中国经济最有影响的货币政策工具是信贷规模计划、存款准备金率和再贷款，而利率及其他货币政策工具的效果并不显著。在这段时期，贷款需求在非国有经济的蓬勃发展和原有计划体制下的各类管制逐渐放松①两大因素的推动下迅速上升。但是，由于作为贷款供给的国有银行的经营目标函数并非利润最大化，对信贷资产质量和风险管理存在欠缺，在贷款需求和供给体制的作用下，1997 年之前商业银行一直有扩张贷款规模的冲动，类似于行政任务的信贷规模计划控制能够产生显著的效果；同样，改变存款准备金率也能敏感地调节可供贷款量的大小。当商业银行增加贷款时，因高比例的准备金率制度，商业银行出现流动性不足时，只要央行增加对商业银行的再贷款，就可以达到增加贷款，从而增加货币供应量的目的；反之，也可以通过减少再贷款和限制贷款规模来控制贷款的增长（谢多，2001）。

（一）1998—2004 年的货币政策运作

1998—2004 年，中国经济总体上呈现平稳的态势。在此背景下信贷需求比较平稳。但在信贷供给上，由于银行启动股份制改造，开始注重自身风险，导致大量资金积淀在商业银行。央行在放弃信贷规模这一政策工具后，一系列间接调控的货币政策效果似乎并不明显，鉴于在此期间中国利率市场化改革的滞后，要最终形成完全以市场为基础的基准利率，在当时看来还需要很长的时间。因此，央行在多次大幅度降低存贷款利率后，市场的反应并不明显，主要原因是随着银行自主权的扩大，国有商业银行拥有大量闲置资金，却因信贷配给不愿增加贷款，使得降低利率对增加信贷、刺激投资的作用非常有限。而在央行大幅降低准备金率时，由于商业银行的惜贷，超额备付率居高不下，贷款增长幅度反而开始下降，虽然各地反映信贷市场趋于紧张，但是商业银行对央行再三要求加大贷款力度的窗口指导却无动于衷。宽松的货币政策与紧缩的信贷规模同时存在，货币政策效果并不显著，货币政策的传导渠道"受阻"。因此，在这一阶段，如何促进贷款增长，让货币供给增长达到预期目标成为央行货币管理的主要课题。

与此同时，在积极的财政政策推动下，国债存量逐渐增多，截至 2005 年年底余额已经达到 27 000 多亿元，商业银行持有的国债也随之增多，交易量迅速增大，银行间债券市场交易额从 1997 年的 307 亿元上升到 2002 年的超过 10 万亿元。随着商业银行持有债券的增加以及债券交易量的增加，公开市场操作所要求的债券条件逐渐具备，央行开始将公开市场业务作为货币政策主要工具的探索。

2003 年 4 月，人民银行创造性地启动央行票据收回流动性，并成为长期运用的灵活管理流动性的有效工具。2003 年 9 月开始使用存款准备金手段，并逐步将其发展为常规的、深度冻结流动性的"中性"工具。但需要指出的是，有效的公开市场操作应满足四个条件：其一，经济中大部分的借贷活动都在正规的金融市场上进行；其二，存在大量货币当局愿意购买的公共债券；其三，政治体制必须与市场经济体制相适应；其四，本国的金融体系和金融市场必须独立于其他国家的金融体系和市场（Handa，2000）。对照当前的实际情况，中国难以像美国那样同时满足这四个条件，因此，至少在当时公开市场的操作手段并不理想。

① 此时依然存在着预算软约束的情况。

（二）2005 年以来的货币政策操作

2005 年以后，经济进入"转轨"后的快速发展阶段，使中国的货币政策面临明显不同的调控环境。一方面，中国人均收入较低、提升空间较大，处于起飞和赶超的较快发展阶段，经济主体容易出现过于乐观的预期；另一方面，中国仍处于向市场经济转轨的过程中，预算"软约束"的现象依然存在，尤其是地方政府举债、上项目的动力很强，无形中助长了政府主导信贷配给的动机。加之中国尚在城镇化加快发展阶段，城镇人口占比从 2000 年的 36.2% 升至 2011 年的 51.3%，地方政府出于建设发展的迫切要求，也倾向于强化配套金融支持的力度。总体来看，2005 年以来，居民消费生活水平的提高和城市化进程的加快构成了经济持续快速增长的巨大动力。

针对经济形势的变化，央行把货币政策作为维护价格总水平基本稳定的主要防线。2005 年以后，在调控方式上基本形成了以公开市场操作、存款准备金率、再贷款、再贴现和利率等构成的货币政策工具组合，确立了以间接手段为主的调控模式。得益于灵活性和市场化兼具的特点，公开市场操作成为人民银行最早选择的对冲工具。起初主要是开展正回购操作以及现券卖断，不过这种操作很快受到了央行持有债券资产规模的约束。为此，人民银行积极开展公开市场操作工具创新，从 2003 年 4 月起发行央行票据，年发行量从 2003 年的 7 200 亿元增长到 2008 年的 4.2 万亿元。2004 年 12 月，为缓解短期央行票据滚动到期的压力，在原有 3 个月、6 个月和 1 年 3 个品种的基础上又增加了 3 年期央行票据品种，有效提高了流动性冻结深度。2006 年和 2007 年，根据调控需要，还多次向贷款增长偏快、资金相对充裕的商业银行定向发行央行票据，以强化对冲效果。同时，央行票据具有无风险、期限短、流动性高等特点，弥补了中国债券市场短期工具不足的缺陷，为金融机构提供了较好的流动性管理工具和投资标的。此外，定期发行央行票据还有助于形成连续的无风险收益率曲线，也为利率市场化的推进创造了条件。总之，在这一时期，央行公开市场操作从实践中总结经验，不断完善央行票据的期限品种和发行方式，使得公开市场业务逐渐成为货币政策的主要执行手段。

央行货币政策的另一项重要举措是发挥存款准备金工具深度冻结流动性的作用。在外汇储备大量积累、基础货币供应过剩的特殊时期，央行把存款准备金率发展为常规的、与公开市场操作相互搭配的流动性管理工具。2012 年以后，随着经济结构的调整，为应对经济新常态的挑战，根据流动性供需格局的变化，人民银行数次降低存款准备金率，并通过常规性的逆回购向金融市场提供流动性。使用存款准备金工具的主要原因是随着对冲规模的不断扩大，公开市场操作的有效性和可持续性在一定程度上受到了商业银行购买意愿、流动性冻结深度等因素的制约，而存款准备金工具具有主动性较强的特点，收缩流动性比较及时、快捷，能够长期、"深度"冻结流动性，更适合应对中期和严重的流动性过剩局面。

存款准备金工具成功地对冲了流动性，缓解了货币信贷过快增长的压力，维护了宏观总量的基本稳定，为经济结构调整尽可能地争取了时间。随着扩大内需等结构调整取得积极进展，以及人民币名义汇率逐步升值和土地、劳动力等要素价格显著上涨，再加上欧债危机等国际因素的影响，我国国际收支明显趋于平衡，物价逐渐摆脱了大起大落的态势，日趋稳定。尽管当前存款准备金工具逐步退出宏观调控，但是存款准备金工具无疑丰富了央行的货币政策调控手段，并成为中国宏观调控政策的一大特色。

从 10 多年来的调控实践看，正是银行自身对风险的预期所产生的信贷配给行为，使得央行在金融宏观调控的工具选择上采用了数量型调控、价格型调控以及宏观审慎政策相结合的调控模式。央行往往首先考虑运用价格型调节工具，当价格型调节工具受到银行自身信贷行为的特定制约时，则往往灵活运用数量型工具和宏观审慎性政策工具。

（三）推进汇率改革

亚洲金融危机之后，特别是中国加入世界贸易组织以后，国内经济持续平稳较快增长，劳动生产率快速提高，国际收支不平衡以及汇率灵活性不足的矛盾也逐渐显现。2001—2011 年，我国长期面临国际收支大额双顺差格局，导致流动性的大量被动投放，对货币供应量和通货膨胀影响极大，迫使央行关注国际收支平衡问题。对中国这样的大经济体而言，外部不平衡是由国内外多种因素所致的，国内主要因素包括储蓄率过高、消费内需不足等结构性问题，不能单一依靠汇率工具解决问题，因此政府选择了以扩大内需的一揽子结构性政策和汇率政策共同承担的战略，以期实现经济结构的再调整和优化。

到 2005 年上半年，中国宏观调控取得明显成效，投资过热得到抑制，对外贸易持续增长，利率水平总体下行；同时，美联储连续加息，本外币利差因素较为有利，美元汇率也比较稳定。在此有利条件下，2005 年 7 月央行启动了人民币汇率形成机制改革，开始实行以市场供求为基础、参考一篮子货币进行调节、有管理的浮动汇率制度。

央行对汇率灵活性的增强采取了可控、渐进的方式，初期保留了人民币汇率自 1994 年开始的上下 0.3% 的浮动区间。2007 年 5 月，将汇率浮动区间由 0.3% 扩大至 0.5%。在 2008 年国际金融危机最严重时，为防止竞争性贬值，中国又主动收窄了人民币汇率的实际浮动幅度。2010 年 6 月，中国进一步推进人民币汇率形成机制改革，重在坚持以市场供求为基础，参考一篮子货币进行调节，增强汇率弹性。随着外汇市场的快速发展以及汇率弹性的不断增强，2012 年 4 月，将汇率浮动区间由 0.5% 进一步扩大至 1%，同时大幅减少了外汇干预，让市场供求在汇率形成中发挥更大的作用。

自汇率形成机制改革以来，央行成功运用大规模对冲和渐进升值的政策组合应对双顺差带来的问题和挑战，保持了物价水平基本稳定和经济的平稳增长，并为经济结构调整创造了较为适宜的货币环境。到 2011 年，国际收支趋于均衡，经常项目顺差占 GDP 的比重降至 2.8%，落入国际社会共识的较为均衡的区间，外汇市场供求趋于平衡，人民币汇率趋向均衡水平。

二、货币政策的传导路径

货币政策影响实体经济有三种渠道，即信贷渠道、利率渠道和财富渠道。中国货币政策对经济活动的影响同样也遵循着这三条路径，并且随着市场经济的完善，利率渠道和财富渠道的影响日益显著。

首先，信贷渠道是我国货币政策的主要传导渠道。迪姆斯戴尔（Dimsdale，1994）指出，货币政策的信贷传导渠道独立存在需要两个条件：银行信贷在金融市场上并非完全可替代；央行政策能影响市场上贷款的供给。目前中国的现实情况是这两个条件都能够得到满足，诸多实证研究也证明了信贷渠道在中国的存在，并且能够影响银行贷款供给的货币政策效果明显强于通过其他渠道传导货币政策的效果（见图4-2）。

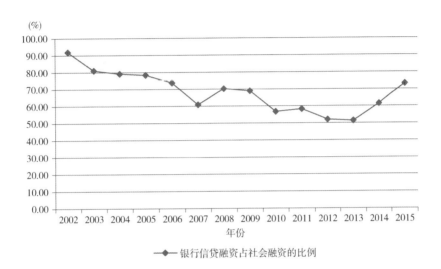

图4-2　2002—2015年我国社会融资结构
资料来源：根据各年度《中国金融年鉴》数据整理得出。

20世纪90年代以来，在民间融资需求的促进下，政府向企业和居民开放了资本市场融资渠道。近10多年来，虽然中国的资本市场取得了长足的进展，但到目前为止，全社会融资结构中银行信贷仍然是最主要的融资渠道。从图4-2可以看出，在总量上，自2002年以来，15年内银行信贷融资所占比例平均为60.37%，其他融资方式与之相比显得很少，融资对实体经济的影响主要是通过信贷方式实现的。

从图4-3中可以看到，我国的金融资产主要分布在银行，资本市场只起到辅助作用，这与大多数经济转型国家或发展中国家的状况基本相同。许多发展中国家的经验表明，在发展的一定阶段，以银行信贷为主的融资模式难以改变，一些国家曾努力发展股票市场，结果证明这是跨越发展阶段的早熟现象。比如，捷克1994年的上市公司有1 024家，但到了2000年3月只剩下了154家。因此，以银行信贷为主导的社会融资结构就决定了信贷市场在传导货币政策中的地位，货币政策在很大程度上是通过对信贷总量和结构的影响而影响实体经济的。

其次，随着市场经济的日益完善，利率对经济活动的影响力逐渐提升。由于资金价格市场化是构建社会主义市场经济体制的重要组成部分，也是建立和完善货币政策传导机制的关键环节，为此央行开始了利率市场化改革，并创造了有中国特色的利差形成机制。利率市场化改革大致包括逐步放宽利率管制、培育基准利率体系、形成市

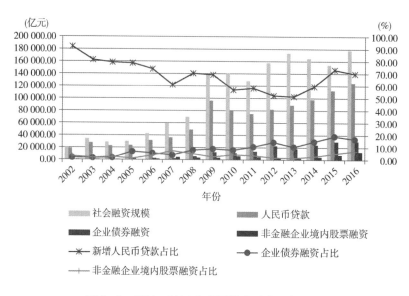

图 4 - 3   2002—2016 年我国社会融资分布状况

资料来源：根据 Wind 数据库和各年度《中国金融年鉴》数据整理得出。

场化利率调控和传导机制、建立存款保险制度以及发展利率风险管理工具等内容。

目前中国仅对存款利率上限和贷款利率下限进行浮动管理，货币、债券市场、理财产品以及境内外币存贷款利率已全面市场化。2012 年 6 月，存贷款利率浮动区间进一步扩大，存款利率浮动区间的上限调整为基准利率的 1.1 倍，贷款利率浮动区间的下限调整为基准利率的 0.7 倍。2013 年 7 月 19 日，经国务院批准，中国人民银行决定，自 2013 年 7 月 20 日起全面放开金融机构贷款利率管制。目前占金融部门融资总额近一半的非贷款类业务（股票、债券、信托及租赁融资等）资金价格已完全市场化；另一半依靠银行贷款实现的融资，绝大部分也已在央行基准利率之上自主定价。金融机构之间的存款定价也逐渐有所差别。中国已从融资利率高度管制彻底转变为依靠市场决定利率。

总体来看，目前中国已经逐步形成了较为敏感和有效的市场化利率体系和传导机制。实证研究发现，中国的市场化利率能够对物价水平和产出缺口变化及时做出反应，央行调控对市场利率有显著的传导和影响作用，货币市场利率与贷款加权平均利率走势之间也较为吻合。这些经验事实表明，人民银行已具备较强的引导和调节市场利率的能力。目前由法定准备金利率、超额准备金利率、再贷款利率、再贴现利率等构成的央行利率体系，在一定程度上具备类似"利率走廊"的功能。实现这些功能是金融宏观调控由数量型为主向价格型为主逐步转变中的必要步骤。

最后，中国资本市场和货币市场的联系并不紧密，财富传导渠道受到一定阻滞。科斯克拉（Koskela，1979）认为，以往强调的利率和财富在货币政策传导过程中隐含的作用是：在实体经济中，资产的流动性主要由自有资产的流动性所决定，即隐含着自有资产在金融市场上能够随着价格的波动而自由买卖的前提条件。但在垄断的金融体系下，在主要由借款能力形成资产流动性的环境中，由于资产的价格和数量是形成资产流动性来源，央行货币政策主要通过银行控制资产的价格和数量，在这种情况下，货币政策的传导主要通过信贷配给发挥作用。科斯克拉进一步指出，解决资产流动性问题的方式（银行贷款、发行证券等）以及这些方式与金融结构之间的关系，对货币政策工具的选择以及货币政策发挥作用的传导机制至关重要。在结构单薄（Thin）的金融市场中，银行系统作为货币政策的最初信号接受者和货币政策的传导渠道起着非常重要的作用。政府主导信贷配给机制作用的结果，使得各个经济单位的商业计划受到抑制，因而增强了货币政策的效果。

三、宽松货币政策与信贷配给的并存现象

银行信贷配给对我国货币政策的影响主要表现是影响到我国货币供给量的有效性。金融市场上出现所谓宽松的货币政策与信贷紧缩并存的现象。宽松的货币政策（增加货币供应量）使得金融市场上货币供应充足，价格低廉，即"货币松"；与此同时，社会上又普遍反映信贷供应不足，即"信贷紧"。而对中国货币政策传导受阻的普遍理论解释是，"货币松"是政策现象，"信贷紧"是商业银行的实际行为，货币政策传导受阻的结果使得这两种现象分别独立存在。

很早以前，戈滕塔格（Guttentag，1960）就对金融市场上的"货币松"与"信贷紧"之间的关系进行了细致的分析。他认为，在一般情况下，贷款的可得性和利率的变化会相互加强，即如果利率上升、信贷市场趋紧，利率下降、信贷市场放松，但在一定条件下，信贷可得性变化的影响会比较独立，甚至会反向冲销利率的变化。他指出，贷款供给函数的自变量包括客观因素（取决于可贷资金数量）和主观因素（取决于预期风险的函数）。当经济下滑、贷款需求下降时，尽管政府实施扩张性的货币政策，银行也会调高对风险的预期，其贷款供给会下降。这时就会出现"货币松"和"信贷紧"两种情况共存的现象。当预期风险对信贷资金供给的影响稳定时，货币和信贷"双松"或"双紧"并存的现象是合理的，但当这一条件不满足时，"货币紧、信贷松"，或者"货币松、信贷紧"的情况就会出现。

戈滕塔格的早期研究并不过时，依然可以用来解释中国"货币松"和"信贷紧"并存的现象。中国此类现象的存在，不是因为银行主观调高了对风险的预期，而是来自于外部的资产质量要求的压力使得银行开始高度重视贷款质量，从而使贷款供给减少。

我国一直将货币供给量作为货币政策的中介目标，并通过控制基础货币达到控制货币供给量的目的。在货币政策传导机制中，影响货币政策效果的因素有四个方面，即中央银行、商业银行、存款公众和借款企业。中央银行无论以何种间接调控手段调节货币供给量，直接影响的都是商业银行在中央银行的超额储备金，即商业银行的贷款扩张能力，并通过贷款的派生能力影响存款，即货币供给量。显然，商业银行是货币政策传导机制最重要的一个环节。如果商业银行对经济前景或借款企业的项目不具信心，其理性的选择便是尽量拒绝贷款申请，即实行信贷配给，并将剩余资金作为超额

储备存放在中央银行或用于购买政府债券。当商业银行持有充足的超额储备金时，中央银行很难通过调节商业银行的超额储备金达到调节信贷量和货币量的目的。当中央银行在公开市场出售债券，试图借此紧缩商业银行的超额储备金和信贷量，最终达到减少货币供给量的目的时，会因商业银行持有大量超额储备金而难以达到预期目的；反之，当中央银行回购债券时，也可能只是增加了商业银行的超额储备金却不能达到增加货币供给量的目的。后一种情况正是我国中央银行面临的困境。例如，自2003年9月起至2011年6月，中国人民银行调整存款准备金率36次，其中上调32次（2008年下半年在应对国际金融危机冲击期间4次下调），旨在通过稳健货币政策的执行刺激投资和消费，促使经济回升。尽管央行实施了各种"积极的货币政策"或"努力实施货币政策"，但是，由于货币政策工具不完备，货币政策的实施主要是沿着中央银行—商业银行—企业或居民这一通道展开的，因此商业银行对中央银行货币政策的反应直接决定了货币政策的效力。而银行日趋严格信贷标准的行为，不仅使得自身存差猛增，而且也使得一直以来宏观经济难以对中央银行的调控措施做出充分反应。

众所周知，作为三大货币政策工具之一的存款准备金率调整被视为货币调控的"利器"，并不轻易使用，但是在中国，公开市场操作的有效性和可持续性在一定程度上受到了商业银行购买意愿、流动性冻结深度等因素的制约，而存款准备金工具具有主动性较强的特点，收缩流动性比较及时、快捷，能够长期、"深度"冻结流动性，更适合应对中期和严重的流动性过剩局面，因而成为央行货币政策调控的不二法宝。如图4-4所示，2008年CPI年均上涨率达5.9%；2010年7月开始至2012年，CPI同比增幅连续10个月高于3%的官方通货膨胀调控目标。央行被迫要把存款准备金率发展为常规的、与公开市场操作相互搭配的流动性管理工具。2009年一季度中国人民银行在面对零下界利率选择时，为避免流动性陷阱效应，还较多地使用了数量型工具。

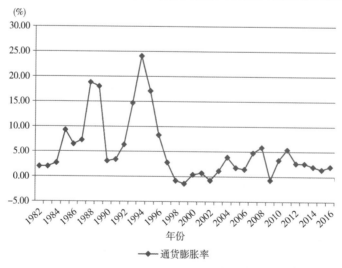

图4-4 1982—2016年中国通货膨胀率

资料来源：国家统计局网站，http://www.stats.gov.cn。

可以说，商业银行的市场配给行为在一定程度上削弱了货币政策调控工具对宏观经济的调控力度，尤其在经济下行周期，不断出现宽松货币政策与信贷配给并存现象。

第二节　信贷配给对微观、宏观经济的影响

改革开放后，中国信贷资源的配给具有明显的区域性、行业性、所有制性和规模性等聚集特征。从区域性来说，呈现经济发达的东部地区信贷配给弱、经济相对落后的中西部和东北部信贷配给强；从行业性来说，国家重点支持的电力、电信、公路、铁路等行业信贷配给弱，一些产能过剩、技术落后的"两高一污"行业和新能源、新材料等高风险科技行业信贷配给强；从所有制和企业规模来说，大型的优质国有企业和外商投资及具有二者性质的股份制企业以及大型的优质民营企业信贷配给弱，中小型企业，尤其是非公有制中小型企业信贷配给强。信贷配给对中国经济造成的巨大影响，表现在对国有企业绩效，对储蓄、投资以及宏观经济稳定、国际收支、区域经济发展的影响等多个方面。

一、信贷配给对国有企业绩效的影响

回顾中国金融改革的过程可知，中国早期的金融体制是一种典型的政府主导型体制。这种体制从产生开始就是为了金融资源的高度集中，为了保证政府能够有效地动员全国金融资源支持"享有特权"的国有企业而实行的一种"计划分配模式"的信贷配给制度。与此同时，作为我国主要借款人的国有企业长期存在的预算软约束，使得国有企业对银行贷款有一种近乎无限扩张的欲望，作为贷款人的银行只好按其内定的标准（如企业财务状况、行业、银企关系等）对近乎无限扩张的贷款申请进行配给，这种配给现象之所以比发达国家更为严重，原因就在于政府对金融资源的控制体制。直至目前，以国有银行为主体的国内金融体系为国有企业融资的格局并没有大的改变。实践证明，这种体制越来越不适应经济发展的要求，束缚了经济的增长。

（一）信贷配给引发国有企业长期低效生存

我国大型国有企业中的很大一部分是在20世纪50年代执行赶超战略时建立的，其中的许多企业集中在资本密集型行业，不符合我国要素的比较优势，不具备自生能力。在计划经济时期，由于国家压低能源、原材料、劳动和资本的价格，同时这些企业在国内市场上又常常处于垄断地位，因此尚能盈利生存。但是当市场化改革进行以后，企业投入项目的价格开始逐步向市场价格靠拢，其国内市场的垄断地位也因国外同类产品的进入或合资企业的出现而丧失，这些承担着国家战略性任务的企业的生存便会出现困难，亏损亦成为自然而然的事情。

在中国，国有企业通常负有保障职工就业、为职工提供养老、医疗保险等一系列社会责任，这些责任构成了国有企业繁重的社会性政策负担。当国有企业承担着各种战略性及社会性政策负担时，国有企业所面对的是一种不公平的竞争。国有企业一方面要维护国家和企业职工的利益，另一方面又受到市场竞争的挤压，企业举步维艰，

常常处于亏损或半停产状态。此时，国家难以判断企业的亏损是经营不善或损公肥私的机会主义行为造成的，还是由于政策性负担造成的，也就难以对企业经理人员的经营实施有效的监督。在国家不能对经理行为实施有效监督时，企业经理往往为了自己或企业职工的利益而损害国家的利益，结果是在经理人员或企业职工的收入提高的同时，企业经常陷于亏损的境地。

如果企业一旦出现持续的亏损就破产倒闭的话，企业自然不会欠下银行的大笔债务。问题是，在国有体制下，由于国有企业长期以来肩负着各种战略性及社会性的政策负担，政府与国有企业之间形成了一种特殊的"合约关系"，政府对亏损企业及其职工承担着"无限责任"，所以政府被迫对它们加大支持力度，以维持其生存。

由于历史原因，相当大一部分国有企业的资产负债率较高，这类企业受经济周期以及国家宏观经济政策的影响最大，一旦国家执行紧缩的货币政策或是经济增长速度放缓，它们就会首先受到冲击。因为这类企业始终在盈亏边缘上徘徊，企业本身的风险投资的动机最为强烈，所以它们对银行的信贷需求也最为迫切，往往会利用各种渠道争取信贷资源，进行项目投资，企图摆脱困境。这类企业的投资通常会偏好于高风险的项目，其原因在于：如果投资成功，它们可以立即摆脱困境；倘若投资失败，由于是国有资产，对企业经营者的利益损害不大，所以这些企业的投资冲动非常强烈，并且其融资成功所引发的逆向选择效应会导致信贷市场上其他的投资者纷纷效仿，使得投资项目的质量大幅下滑，投资需求持续上扬。政府如果对这些项目实施倾向性资金分配政策，会加大国有企业对政府的依赖，国有企业对金融资源的渴求会陷入"政府提供优惠政策——国有企业低效使用资金——政府被迫再次提供优惠政策"的恶性循环之中，导致国有企业整体效益和资金使用效率下降；政府如果取消对这些企业的行政性干预，这些企业历史形成的高资产负债率不但不符合银行的贷款条件，而且银行为规避这些企业投资高风险项目对以前贷款所带来的风险，反而会对原有贷款进行追缴。一旦造成银行资金供给链条中断，相当部分的国有企业的财务会迅速恶化，引发倒闭风险。

与此同时，在向市场经济过渡期间，国家行政主导的信贷配给也受到道德风险的严重影响，成为国有企业的预算软约束。随着经济的越来越市场化，国有企业效率低下的问题就变得日益突出。在不存在财政补贴和政策倾斜的情况下，国有企业的盈利能力迅速降低，这让国有银行对国有企业大力支持的信贷实际上演变成为"隐性补贴"[①]，也就是国家对国有企业经济补贴的很大一部分由财政明补转化为银行暗补，同时也让国有银行的信贷资金成为一种免费资本，陷入"公共金融产权陷阱"，信贷资金在高速扩张中被低效或者无效配置。[②]

改革开放早期，我国银行业对国有企业所提供的支持中，相当大的一部分是通过压低贷款利率实现的。图4-5给出了1989—2012年我国1年期存、贷款利差，可以看

---

① 表现为负的实际贷款利率和无法收回的坏账。
② 张杰：《中国金融制度的结构与变迁》，山西经济出版社，1998年版，第259页。

出，1989—1995 年，存贷款利率差一直小于1%，在一些年份，如 1993—1995 年，甚至为存贷款利率倒挂。与之相对，国内民间借贷的利率水平普遍高于银行贷款利率，并且多数情况下高出的幅度相当大。这也从另一个方面说明了在 1998 年以前，由我国政府主导的银行信贷配给机制对金融领域之外的国有企业的贡献程度。

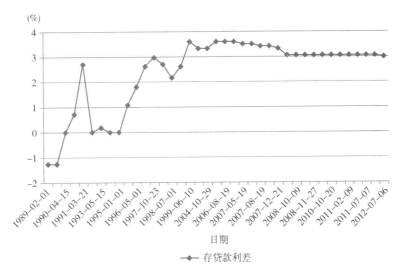

图 4 - 5　1982—2012 年我国金融机构 1 年期存贷款利差

资料来源：各年度《中国统计年鉴》；其中，存款利率为 1 年期定期存款利率，贷款利率为 1 年期短期贷款利率。

　　进入 21 世纪以后，随着国有独资企业、国有独资公司及国有控股企业（不包括国有控股的上市公司）逐渐改制为国有资本控股、相对控股、参股和不设置国有资本的公司制企业、股份合作制企业或中外合资企业，即国有企业改制的稳步推进。同时，考虑到消化吸收国有银行一直以来补贴国企所累积的巨额不良资产的巨大成本，国有银行无法继续走股份制改造前持续补贴的老路。同时，为了促进股份制银行和广大城市商业银行发展的需要，自 1999—2013 年长达 10 多年的时间段内，央行将存贷差控制在 3% 以上的水平，以支持银行业的快速发展。

　　但是，在信贷资源上，非国有企业的信贷环境依然差于国有企业，政府主导信贷资源配给的状况改变不大。中国国民经济研究所和中国企业家调查系统发布的《中国分省企业经营环境指数 2013 年报告》对全国 4 000 余家企业的问卷调查显示，在不同类型的企业之间、不同规模的企业之间存在着政策或政府行政的差别待遇，形成了基于企业类型的偏向性政策。[①]　与此同时，从 20 世纪 90 年代中期以来，中国工业的产能利用率持续下降的趋势同样没有改变，大致从 80% ~ 90% 降到了近年来的 60% ~ 70%，产能过剩达到了相当严重的程度。[②]　工业产能的持续下降从侧面证实了国有企业的经营

---

　　①　王小鲁，余静文，樊纲：《中国分省企业经营环境指数 2013 年报告（摘要）》，《国家行政学院学报》，2013 年第 4 期。

　　②　王小鲁：《"十三五"时期需要怎样的结构调整》，《开放导报》，2015 年第 6 期。

困境，这一情况也得到了官方的证实。2013 年《国务院关于化解产能严重过剩矛盾的指导意见》指出，我国一些主要工业行业如钢铁、水泥、电解铝、平板玻璃、船舶等，2012 年年末的产能利用率仅略高于 70%，明显低于国际通常水平，导致企业利润率大幅度下滑，普遍经营困难。

可以说，国有企业低效生存的困境，在一定程度上与政府主导的信贷配给相辅相成，共同引发了改革开放以来我国资本的平均生产率和边际生产率的持续下滑。根据王小鲁的估算，我国的资本平均生产率改革以来长期保持在 0.4 以上，从 20 世纪 90 年代中期开始逐渐下降，2003 年以后跌破 0.4，2008 年以后加速下降，2014 年后只有 0.25。资本的边际生产率下降更快，在 20 世纪 90 年代中期之前大致在 0.3 ~ 0.6 的范围内波动，平均约为 0.48，其后连续下降，2008 年跌破 0.3，2014 年后只有 0.15。①此外，中国现存的严重产能过剩还压低了投资回报率，让全社会的投资回报率从 10%以上回落到 2016 年的 6% 左右。

总之，政府主导的信贷配给这种偏向性政策的实施，通过影响企业正常的"优胜劣汰"和企业投入要素配置两种途径影响国企的生产率，造成国有企业的低效生存。其一，对国有企业的偏向导致一些低效国有企业不能及时退出市场，高效非国有企业不能顺利进入市场，生产要素无法合理流动，大量生产资源处于低效配置状态。其二，企业所面临的投入要素价格存在差异，扭曲了企业的投入选择。国有企业面临的资本要素价格较低，同时支付较高的劳动要素价格，相当于投资获得了补贴、劳动力的使用被征税。在这种情况下，国有企业的资本投入和劳动投入都将偏离最佳投入水平，从而经济出现效率损失。

（二）信贷配给下非国有经济的融资困境

我国国民经济发展的特点之一就是民营经济的快速发展，包括私营企业、个体工商户和外商投资企业在内的各类非国有经济早已构成国民经济的半壁江山。据国家统计局统计，2002 年年末，全国私营企业 243 万户，注册资金 24 756 亿元，年创产值达 15 338 亿元；个体工商户 2 377 万户，注册资本 3 782 亿元，年创产值 7 967 亿元②。而集体经济、城乡个体经济和其他经济的产值在国民生产总值中所占比例分别达到 35.37%、18.18% 和 26.14%，全国个体私营企业从业人员 8 152 万人。另据劳动与社会保障部 2002 年年底对 66 个城市的调查，国有企业下岗失业人员中有 65% 在民营企业中实现了再就业。在解决劳动力就业方面，中小企业吸纳劳动力 1.1 亿多人，提供了大约 75% 的城镇就业机会，创造新增就业机会比例高达 80%。非国有经济已成为我国国民经济持续增长的重要支撑力量，在经济增长中占据了日益重要的地位。非国有企业已经成为国民经济中效率最高、产值增长最快的一部分（林毅夫，2001）。

但是，在政府行政性信贷配给机制的干预之下，金融市场对非国有企业的融资歧视状况相当严重，中小企业在其发展过程中所获得的金融支持极其有限。由于规模与

① 王小鲁：《"十三五"时期需要怎样的结构调整》，《开放导报》，2015 年第 6 期。
② 资料来源：2002 年《中国经济年鉴》。

信息披露条件的限制，股票市场通常只面向大企业融资，中小企业的外源融资模式实际上主要集中在银行信贷市场。而在政府主导的信贷配给作用下，非国有中小企业在很大程度上被配给出信贷市场之外。据统计，我国国有商业银行对中小企业的贷款不到其贷款余额的40%。如果考虑到"所有制歧视"问题，则信贷配给现象更为严重。国有商业银行对私人经济的贷款只占其贷款总额的2.3%，城市信用社对私人企业的贷款只占贷款总额的4.5%。此外，由于企业自身因素的影响，民营企业还受到市场机制主导的信贷配给的影响，这从另一方面造成了民营企业的融资困境。民营企业大多创业时间不长，缺乏历史信用记录，存在着内部管理制度和财务制度不健全的现象，往往缺乏各种反映企业资金的流动性、营利性和安全性的具体信息，银行对其信用度评估相应不高，从而使商业银行即便是从市场的角度出发，也会对抵押资产少、信息不透明的民营企业的贷款要求持慎重的态度，很难满足企业的融资要求。

科特瑞勒和戈伯若尔（2001）对政府控制银行的强弱程度能否影响银行在产业增长中的作用进行了检验，他发现，在银行集中度较高，且政府对银行控制程度较高的国家，银行的高集中度导致银行对于那些高度依赖于外部融资产业所起的积极作用消失了。实证结果显示，由政府所控制的银行市场垄断只能导致银行效率的降低。科特瑞勒和戈伯若尔也没有发现国有银行对市场的垄断力量能够导致银行更有效地筛选企业，且国有银行也不存在与贷款企业建立并保持良好的借贷关系的意愿。他们认为，这种政府高度控制的垄断性银行之所以没有对经济起到其应有的积极作用，主要是因为国有银行更乐于从事政治目标最大化的活动，偏离了银行利润最大化的目标。

近年来，随着经济发展步入"新常态"，货币政策日趋宽松，银行同业拆借利率水平更是大幅回落，该利率已从2013年的9%回落到2016年3%左右的水平。但是，作为货币政策传导的主体——国有商业银行，在自身利益驱动机制下普遍"惜贷"，对广大企业实行信贷配给。这从国有企业的角度来看，就表现为国有企业在投资增长的同时，其银行负债增长下降。

虽然作为非国有经济融资途径之一的非正规金融市场提供了必要的资金来源，但由于其利率通常远高于正规金融市场的利率，非国有企业在非正规市场上支付的较高利率降低了它们的净财富，使它们无法成为有竞争力的借款人（Gentler & Rose，1996）。这就进一步加大了非国有经济的融资难度，在其发展进程中始终受到资金不足的约束。据国家统计局对2 434家民营企业融资情况的调查显示，有近4%的民营企业的流动资金部分来自高利贷，其中有近1%的企业流动资金中的25%以上是靠高利贷筹措的。据了解，高利贷平均利息为年息18%~25%。国家统计局研究表明，尽管企业融资问题已经得到政府及有关部门的高度重视，但融资难仍然是民营企业发展的瓶颈。浙江省对私营企业进行的一次专项调查结果显示，有45.7%的企业认为制约私营经济健康发展的最主要的障碍是融资困难，有66.4%的企业认为获得金融机构的贷款很不容易。① 此外，国家信息中心和国务院中国企业家调查系统2002年公布的调查结果显

---

① 资料来源：《经济参考报》，2003年12月15日。

示，国内中小企业短期贷款缺口很大，长期贷款更无着落；其中 81% 的企业认为 "1 年内的流动资金不能满足需要"；60.5% 的企业 "没有中长期贷款"。而且，企业要求的贷款期限越长，能获得的概率越低。[①] 到了 2016 年这种情况依然没有改变，1~3 年期限的贷款基准利率为 4.75%，但民间融资的成本往往在 10%~20% 之间。[②] 由此可见，企业资金短缺的情况是非常严重的，这也从一个侧面说明了非国有经济的经济地位和融资地位的不对称性，非国有经济部门并没有获得应有的资金支持。

总之，在政府主导的行政性信贷配给和市场机制主导的双重信贷配给作用下，非国有企业面临着较强的资金约束，迫使其将融资渠道转向自筹和非正规金融市场，这种融资困境阻碍了非国有经济的进一步发展及其在国民经济中地位的提高，增大了经济结构调整的难度；并且，在转轨经济时期，信贷配给的长期存在还进一步强化了国有企业和非国有企业的差别，阻碍了资源的合理配置以及经济的快速发展。

二、信贷配给对储蓄、投资以及宏观经济稳定的影响

（一）信贷配给对储蓄和投资的影响

20 世纪 50 年代后期，弗里德曼的永久收入假说和莫迪格里亚尼和布鲁伯格（Modigliani & Brumberg）的生命周期假说使得人们认识到，当期可支配收入只在一定程度上影响当期消费。消费者在当期支付能力的约束下，可以选择信贷满足当期的消费需求，即信贷约束也能影响消费行为。

后来，许多文献论述了信贷配给对消费的负面影响。其中，科斯克拉（1976）构建了一个包括贷款的两期消费模型，用来说明当信贷配给存在时，在消费函数中当期收入和财富既定的情况下，信贷约束对消费的影响。安特若拉特（Antzoulators，1994）将信贷配给约束作为外生变量引入对最优消费和储蓄行为的研究，认为信贷约束影响的大小取决于经济环境参数，如短期收入水平预期和不确定性、实际利率水平、资产数量和效用函数的形式等。安特若拉特指出，信贷配给加强、信贷条件提高，并不一定会导致收入水平处于低端和高端的群体储蓄率下降。因为低收入者不会储蓄，高收入者的经济行为不受信贷约束，但中等收入阶层则受信贷松紧状况的影响。20 世纪 80 年代很多国家放松金融管制，降低了信贷配给的程度，导致私人储蓄率下降，消费和投资增加，从而证明了信贷配给对消费和储蓄的负面影响。在吴（Wu，1994）的模型中，信贷配给通过减少实际消费与实际货币余额而抑制了实际经济活动的规模，而且，信贷配给增强了居民家庭货币最优持有量因利率变动对收入的影响，使得利率的替代效应相对减弱。所以，信贷配给弱化了货币增长对实际消费的负面影响，强化了实际货币余额对消费的作用效果。

具体到中国信贷市场而言，20 多年来，中国存款增长态势是十分强劲的。1990—2014 年年底居民储蓄平均增长达到 20.25%，尤其是在 1990—1997 年，居民储蓄存款

---

① 资料来源：《财经时报》，2002 年 7 月 12 日。

② 刘胜军：《中国民间投资放缓 "谜团" 探因》，http://www.ftchinese.com/story/001069007。

平均增长甚至达到了惊人的 35.95%，如图 4 - 6 所示。

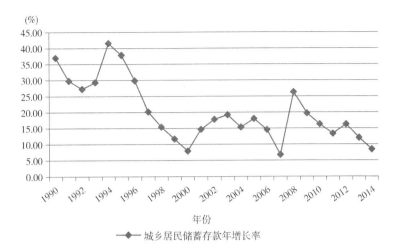

图 4 - 6　1990—2014 年我国城乡居民储蓄存款年增长率
资料来源：根据各年度《中国统计年鉴》数据整理得出。

与此同时，从表 4 - 1 中可以发现，在近 20 年的时期内，储蓄—投资缺口一直处于拉大趋势，直到 2013 年后才有所好转。具体来看，储蓄—投资缺口是从 1994 年开始加速上升的，到 2010 年缺口已达 51 618.72 亿元，较 1994 年缺口扩大了近 11.53 倍，如图 4 - 7 所示。

表 4 - 1　1989—2015 年国内城乡储蓄和国内固定资产投资　　　单位：亿元

年份	1989	1990	1991	1992	1993	1994	1995
固定资产投资总额	4 410	4 517	5 595	8 080	13 072	17042	20 019
城乡储蓄余额	5 196	7 120	9 242	11 759	15 204	21 519	29 662
年份	1996	1997	1998	1999	2000	2001	2002
固定资产投资总额	22 914	24 941	28 406	29 855	32 918	37 214	43 499.9
城乡储蓄余额	38 521	46 280	53 408	59 622	64 332	73 762	86 911
年份	2003	2004	2005	2006	2007	2008	2009
固定资产投资总额	55 567	70 477	88 774	109 998	137 324	172 828	224 599
城乡储蓄余额	103 618	119 555	141 051	161 587	172 534	217 885	260 772
年份	2010	2011	2012	2013	2014	2015	2016
固定资产投资总额	251 684	311 485	374 695	446 294	512 021	562 000	—
城乡储蓄余额	303 302	343 636	399 547	447 602	485 261		—

资料来源：各年度《中国统计年鉴》。

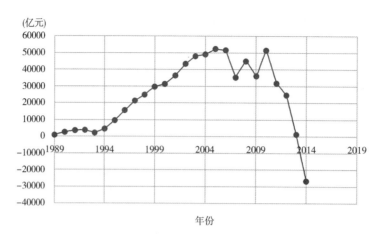

图 4 – 7 1989—2014 年我国城乡居民储蓄和国内固定资产投资差额

资料来源：各年度《中国统计年鉴》。

在我国经济转型时期，储蓄—投资缺口的增大，大量的储蓄存款不能及时、有效地转化成投资，即储蓄向投资转化机制处于"低效运行"状态，一方面意味着金融系统将积聚较多的风险，另一方面也证实了我国金融资源信贷配给的强度。

此外，如表 4 – 2 所示，在全社会固定资产投资总量一直处于不断增加状态的同时，非国有经济固定资产投资呈现逐年上升的趋势，从 1993 年的占比近 40% 一直上升到 2015 年的 75.14%，非国有经济强有力地支撑了全社会固定资产的投资规模，有效推进了中国经济的快速有效发展。但是，非国有经济从全社会所获得的融资却极为有限，尤其是从信贷市场上所获得的资源更是极为有限。

表 4 – 2 1993—2015 年按经济类型划分的全社会固定资产投资 单位：亿元

年份	全社会固定资产投资	国有经济投资额	所占比重（%）	非国有经济投资额	所占比重（%）
1993	13 072.30	7 925.90	60.63	5 146.40	39.37
1994	17 042.10	9 615.00	56.42	7 427.10	43.58
1995	20 019.30	10 898.20	54.44	9 121.10	45.56
1996	22 913.50	12 006.20	52.40	10 907.30	47.60
1997	24 941.10	13 091.70	52.49	11 849.40	47.51
1998	28 406.20	15 369.30	54.11	13 036.90	45.89
1999	29 854.70	15 947.80	53.42	13 906.90	46.58
2000	32 917.73	16 504.40	50.14	16 413.33	49.86
2001	37 213.49	17 606.97	47.31	19 606.52	52.69
2002	43 499.91	18 877.35	43.40	24 622.56	56.60
2003	55 566.61	21 661.00	38.98	33 905.61	61.02
2004	70 477.40	25 027.60	35.51	45 449.80	64.49

续表

年份	全社会固定资产投资	国有经济投资额	所占比重（%）	非国有经济投资额	所占比重（%）
2005	88 773.62	29 666.90	33.42	59 106.72	66.58
2006	109 998.20	32 963.39	29.97	77 034.81	70.03
2007	137 323.94	38 706.35	28.19	98 617.59	71.81
2008	172 828.40	48 704.89	28.18	124 123.51	71.82
2009	224 598.77	69 692.50	31.03	154 906.27	68.97
2010	251 683.77	83 316.50	33.10	168 367.27	66.90
2011	311 485.13	82 494.78	26.48	228 990.35	73.52
2012	374 694.74	96 220.25	25.68	278 474.49	74.32
2013	446 294.09	109 849.92	24.61	336 444.17	75.39
2014	512 020.65	125 005.16	24.41	387 015.49	75.59
2015	561 999.83	139 711.30	24.86	422 288.53	75.14

数据来源：根据相关年份《中国统计年鉴》计算，其中非国有经济类型包括集体经济、个体经济、联营经济、外商投资经济、港澳台投资经济、股份制经济和其他经济。

如图4-8所示，在资金剩余逐渐增多时，由于信贷配给机制的作用，贷款占固定投资的比例自1991年以来始终处于下降趋势，企业无法获取足够的信贷资金支持，被迫采取以自筹或其他资金进行投资。这一方面导致了地下金融的泛滥，另一方面事实上形成了"投资压抑"的局面。

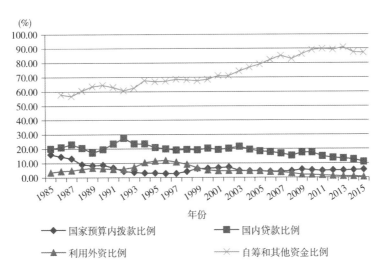

图4-8　1985—2015年企业固定资产投资来源
资料来源：根据各年度《中国统计年鉴》数据计算得出。

在图4-8中，诸多企业，尤其是非国有企业多年来被迫通过自筹资金或是向非法的地下金融寻求援助，并且占比逐年升高，从 1985 年的不足 60%，一直增长到 2015 年的近 90%，更说明了国内储蓄向投资转化的不畅。国内储蓄—投资转化的机制存在缺陷的根源，在很大程度上应归因于商业银行的信贷配给造成企业在信贷市场中融资困难。在银行信贷配给的作用下，大量中小企业被拒之门外，只有靠内源融资和自我积累进行投资，严重地影响了储蓄向投资转化的进程和效率，也极大地影响了技术进步以及资本有机构成的提高，这种状况从 20 世纪 90 年代就开始逐渐积累，极大地制约了投资需求。

储蓄过剩表明，中国国内金融部门在 20 多年中资金是充裕的。倘若我国的金融机构仍保持旧习惯，每年的资产增量都小于负债增量，其结果无非有二：或是中央银行对商业银行提供资金支持，维持其生存；或是储户挤兑，导致银行破产。由于国有银行背后有国家信誉的隐性支撑，以及国有大型银行破产的惊人成本，令政府不能忍受国有银行破产给国家所带来的损失。此外，随着改革的深入，由于政府财政预算约束的逐步增强，国家无力再度对国有银行持续施加大规模的补贴。事实上，正是连续数十年国内储蓄的不断增加并出现剩余，弱化了自国有银行股份制改造后内存不良贷款的影响。尤其是近年来，国内储蓄资金中相当大的一部分未能流向实体经济，而是被用于金融机构之间的拆借，利用变相加杠杆、加久期、降信用来吹大金融泡沫，或是通过通道业务寻找表外资金投放，信贷资金在金融系统内空转，已经到了不能容忍的程度。

居民储蓄的这一部分虽然"迷失"在金融机构的资产负债表中，但绝不意味着已经消失，它们是地地道道的"笼中之虎"。这些储蓄虽然暂时被金融机构支用，但却要在以后被其债权人收回。如果空转资金得不到妥善解决，一旦储蓄的增量弥合不了不良贷款的增量，爆炸性的金融危机就会发生。

（二）信贷配给对宏观经济稳定的影响

第一，商业银行信贷配给诱发社会游资的积累，严重地影响到宏观经济的稳定性。

在银行信贷配给制度下，商业银行日益增加的储蓄无处"宣泄"，闲置资金的累积形成了大量的社会游资，支撑了泡沫经济，影响宏观政策的调控效应。目前，非银行金融机构的资金，如社会保险、商业保险的结余资金、企业股份制改造中发行股票的资金、各种信托投资公司的资金、一部分预算外资金以及全国商业银行同业拆借资金等，构成了社会游资。据中国人民银行统计，2016 年 10 月末我国社会融资规模存量为 152.41 万亿元。在我国资金市场发育不完善、调节机能不健全的情况下，银行和监管部门无力对这些游资起到很好的控制和引导作用，对游资的调控失灵，必然会影响到宏观调控政策的协调。

在国有企业效益普遍不理想的情况下，游资大多流向股票市场、期货市场和房地产市场。依据市场经济中的利润最大化原则行事，这部分资金堆砌起大量的经济泡沫，严重威胁着宏观经济的稳定。社会游资被泡沫经济吸引，投入泡沫经济的资金越多，投入企业的资金自然就会越少；同时，社会游资造成银行资金周转不灵，呆账坏账会逐渐增加。在这种情况下，随着不良资产的堆积，一旦经济泡沫破裂，银行的大量贷款收不回来，就会危及整个金融体系的安全，金融危机会迅速演变为财政危机和经济危机。

第二，信贷配给会助长宏观经济的波动，制约我国经济结构的调整和国民经济的均衡发展。当经济步入衰退阶段，由于商业银行的资本充足率下降、信贷环境恶化，为实现自身利益最大化目标，其最优选择是信贷配给行为，这将导致融资企业的信贷可得性下降。由于融资企业信贷可得性的直接和间接影响，会引起融资企业及其相关企业的投资下降，在乘数效应和加速原理的相互作用下，其结果是宏观经济衰退更加严重，宏观经济陷入经济衰退与信贷配给相互作用的恶性循环中，宏观经济衰退的程度会进一步加大。当宏观经济进入繁荣阶段时，具有与上述类似的相反过程。可见，信贷配给是宏观经济波动的加速器，具有较强的顺周期效应。

第三，信贷配给不利于经济的可持续发展。银行实行信贷配给还会造成信贷市场的分割，即小企业、新企业和民营企业更容易成为政府配给的牺牲品，大企业、老企业和国有企业受影响较小。信贷市场分割导致国有企业成为银行贷款的优先选择对象，而民营中小企业往往成为信贷配给的牺牲品；沿海经济发达地区的企业更容易获得银行贷款，而较落后的中西部地区的企业则较容易被配给出去。

从企业的微观结构看，民营中小企业（包括乡镇企业）一直是我国改革开放以来最有活力的经济体，也是对我国经济增长贡献最突出的经济体。如图4－9所示，非国有经济在固定投资中所占比重越来越大，投资增长速度明显快于国有经济。不过，融资困难是制约我国绝大多数中小企业发展的最大障碍，所获贷款的比例与其对经济的贡献度明显不相称。

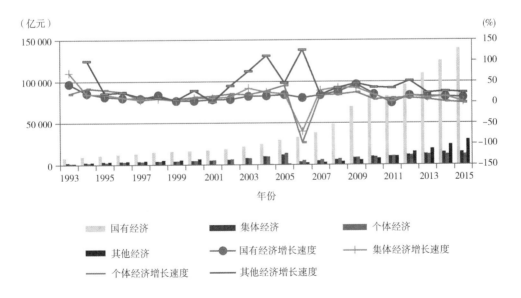

图4－9　1993—2015年各经济体固定投资构成及其增长速度

资料来源：根据各年度《中国统计年鉴》数据计算得出。

我国中小企业创造的最终产品和服务的价值占全国 GDP 的 58.5%，缴纳税金占全国的 50.2%，吸纳了 75% 的城镇就业人口和 75% 以上农村转移出来的劳动力，但 2007 年，占 GDP 比重近 60% 的 430 万户中小企业所获得的信贷余额占比只有 22.5%，2008 年一季度甚至下降到 15%。① 中小企业在间接融资中的不利地位，既不利于这些企业自身规模的扩张和素质的提高，也不利于我国经济结构的调整。当一个最有活力和盈利能力的经济体不能获得足够的资金支持，而那些处于破产边缘的企业反而大量低效率乃至无效率和负效率地消耗资金时，对于宏观经济的持续发展非常不利。

第四，信贷配给还加大了经济体系对外来冲击的敏感性，增强了经济系统的顺周期性。从理论上讲，在经济萧条时期，商业银行收缩资产负债表，有"惜贷"的倾向。2007 年国际金融危机来势凶猛，在各方面难以预估冲击强度的情况下，2008 年为了应对国际金融危机的冲击，中国实施了"4 万亿"的经济刺激计划，与之相应的是天量的信贷投放。2006—2008 年，中国新增人民币信贷分别为 3.1 万亿元、3.6 万亿元、4.9 万亿元；2009—2012 年，中国新增人民币信贷分别达到 9.6 万亿元、7.9 万亿元、7.5 万亿元、8.2 万亿元。特别是 2009 年的 1—6 月，新增人民币信贷达 5.04 万亿元。② 正是政府对商业银行的干预，才导致如此天量信贷。显然，天量信贷并非商业银行自身选择的结果。也就是说，每当宏观经济下行时期，中国对于信贷的管理，"配给"的特征很明显。当时之所以选择大量政府主导的信贷配给，是因为巨额的信贷能够有力支持一揽子刺激计划，遏制通货紧缩与经济下滑相互强化的潜在风险。但是，巨额信贷在对促进经济企稳回升起到了关键性作用的同时，也为其后大量企业的债务困境和经济结构调整留下隐患。

在政府主导的信贷配给下企业的大量举债，导致债务/GDP 比重从 2007 年的 158% 飙升至 2014 年的 282%。更值得关注的是，中国的"非金融企业债务/GDP"高达 125%，这一比例是全球主要经济体中最高的。根据标准普尔的数据，截至 2013 年年末，中国企业债余额为 14.2 万亿美元。相比之下，第一大经济体美国的企业债余额仅为 13.1 万亿美元。如果按照企业债务占 GDP 的比重来看，中国接近美国的 2 倍。更糟糕的是，由于普遍的产能过剩和刺激项目的低质量，企业缺乏足够的利润偿还这些债务。面对这一压力，政府被迫对地方政府进行"债务置换"，允许地方政府发行利率更低的债券，以延缓爆发债务危机的危险。但债务置换只适用于地方政府，对大量的"非金融企业"而言，如何处置"债务积压"成为一个巨大的挑战。当前中国企业的债务困境，并非因为资产价格泡沫破灭，而是因为"资产重估效应"，即经济"新常态"导致企业资产真实价值的大幅缩水。很多企业尽管表面上是资产负债率低于100%，但资产变现能力很差，实际的债务偿还能力很低。同时，部分行业出现普遍的产能过剩，导致大量企业利润蒸发，现金流急剧下降，极易引发债务危机。

---

① 资料来源见 http://finance.sina.com.cn/leadership/sxyrw/20081021/10155412588.shtml。
② 数据来源：中国人民银行网站。

三、信贷配给对国际收支的影响

自 20 世纪 90 年代以来,尤其是中国加入世界贸易组织以来,2012—2015 年,中国经济出现了国内储蓄剩余与国外资本大规模流入同时并存的现象,以及国际资本流入与国内资本外逃同时并存的现象,如图 4 - 10 所示。这在世界上和中国历史上绝无仅有,它是中国经济在转型过程中出现的特有现象。之所以出现这种情况,很重要的一个原因就是商业银行的信贷配给,使资金找不到投资的渠道,导致上述矛盾现象的产生。

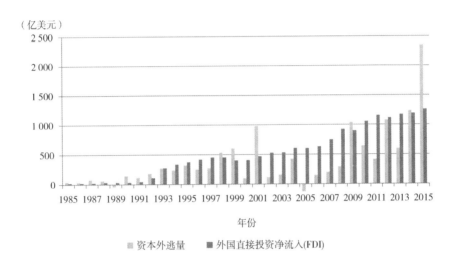

图 4 - 10　1985—2015 年我国资本外逃与外国直接投资（FDI）趋势

资料来源:根据各期 World Bank,Global Development Finance,各年度《中国统计年鉴》、《中国统计摘要》和国家外汇管理局:《中国国际收支平衡表》相关资料整理得出。

在 1994 年之前,中国的对外开放始终未脱离传统的实物上"互通有无"的范畴。20 世纪 80 年代中期,尽管国际资本的流入曾经掀起过连续几年的高潮,但也主要是服务于进出口的目的。也就是说,从机制上看,这一时期的外资流入主要是补偿性的。

这种状况自 1994 年起发生了转变。在这一年,中国政府放开了对经常项目下外汇兑换的限制,同时建立了正规的外汇交易机制,使中国国际收支的资本项目逐步脱离其与经常项目的对应补偿关系,开始了自身的独立"旅程",尤其是中国加入世界贸易组织后,中国外汇储备进入高速增长阶段,2014 年 6 月底达到 39 932 亿美元的最高峰。与此同时,随着中国对外开放力度的加大,外国直接投资在一定程度上也使中国经济的对外依存度呈现不断上升的态势,如图 4 - 11 所示。

"双缺口"理论指出,利用外资弥补储蓄缺口和外汇缺口具有重要的意义。其一,利用外资可以增加投资,进而提高一国的收入水平。在收入分配结构相对稳定的情况下可提高储蓄水平,从而填平储蓄缺口。其二,利用外资可以提高一国的出口水平,从而弥补外汇缺口。但是,现阶段我国的"双缺口"均不存在,现实表现为一方面储

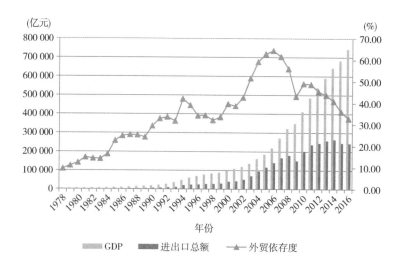

图 4 - 11 1978—2016 年中国经济的对外依存度

资料来源: 根据各年度《中国统计年鉴》数据整理得出。

蓄膨胀,另一方面外国直接投资流入不断增加。但是值得注意的是,外国直接投资不仅没有带动储蓄向投资的转化,使内资达到增值,而且还将内资挤出,导致我国产业结构发展失衡,地区差距加大。

从根本上说,受资国在利用国外储蓄的过程中能否趋利避害,关键在于国内的资本利用效率。在国内经济快速增长时期(2001—2007 年),伴随着国外储蓄的利用,总储蓄的整体效率不断提高。那么,国内储蓄有效利用,将逐渐减弱受资国对国外储蓄的需求程度。但是,在国内经济低迷时期(1994—1999 年,2012—2015 年),使用国外储蓄的部门(如外资或合资企业)的资本利用效率长期高于使用国内储蓄的部门,未能提高受资国的"吸收能力",国内过剩的储蓄将会寻求各种方式流出本国,并且资本外逃的程度和规模会逐步扩大。

由图 4 - 10 数据可知,2011—2015 年,资本外逃与引进外资总额之比最高达到惊人的 94.5%,基本上与外资流入持平。这些指标都说明了国内资金的闲置程度是相当严重的。

中国资本外逃的原因是多方面的,究其根源,很重要的因素就在于政府对金融资源的低效配置。虽然中国的金融改革已经迈出了极大的步伐,但是政府主导下的资源配置体制,使得整个金融业基本上仍处于被压抑的状态下。对利率等金融资产价格的管制、对市场准入的限制,或明或暗的规模管理等,就是其主要表现。在金融抑制的环境中,银行业被迫实行严格的信贷配给,为广大中小企业的发展制造了人为的障碍。在银行业垄断并且实施信贷配给的作用下,使得资金难以寻找到安全、合适的投资渠道,被迫闲置起来,一部分资金因而转移到国外寻求获利机会,使得国内宝贵的资本资源变得更加稀缺。这种不利的局面持续下去,将使一国经济越来越依靠国外储蓄,导致储蓄缺口的增大,从而陷入"资金匮乏→寻求国外投资",以及"国内储蓄过剩→资本外逃"的双重恶性循环之中。

四、信贷配给对区域经济发展的影响

(一) 我国区域信贷配给现状

改革开放前，由于我国实行高度的计划经济，信贷配给与区域经济均衡发展一样，基本上处于行政配置状态，信贷资金运行严格按照刚性计划要求进行自上而下的纵向安排，区域之间不能横向调剂和融通的硬性资金配置，使得四大区域之间信贷配给差异并不明显。改革开放以后，信贷配给与区域经济非均衡发展一样，呈现一种"空间分布"不均衡的发展态势，区域之间的配给差异逐渐被拉大。

1. 信贷投放区域差异显著，向东部地区集中趋势明显

如图 4 - 12 所示，从我国四大区域信贷规模现状来看，2003—2015 年，随着信贷投放量猛增，投放量急剧上升，四大区域间信贷配给差异基本不变，信贷投放比例呈现中西部份额逐渐增多、东部稳中有升的态势。

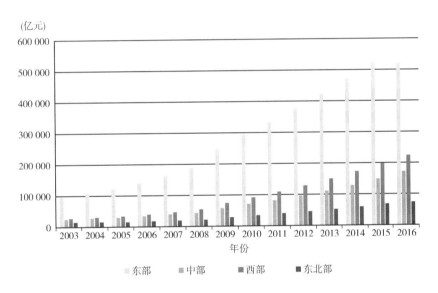

图 4 - 12　2003—2016 年我国四大区域信贷规模现状

资料来源：根据 Wind 资讯计算整理得出。

2016 年，东部信贷投放量达 521 386 亿元，中部、西部和东北部也分别达 172 181 亿元、224 532 亿元和 73 982 亿元，各区域分别比 2003 年多增加 425 623 亿元、146 743 亿元、196 895 亿元和 58 732 亿元；东、中、西和东北地区分别是 2003 年投放量的 5.44 倍、6.77 倍、8.12 倍和 4.85 倍。同时，2016 年东部信贷投放量却是中部、西部和东北部的 3.03 倍、2.32 倍和 7.05 倍，与 2003 年相比，中部和西部缩小了 0.74 倍和 1.14 倍，但是东北地区却增长了 0.77 倍。这种态势说明，随着我国市场的成熟，四大区域信贷配给的差异化程度小于四大区域自身信贷投放量的增长速度，呈现缩小趋势。

从四大区域信贷配给的比例来看，2003—2016 年，东部区域信贷占比由 58.36% 下

降到 52.55%，下降了 5.81 个百分点；中部区域由 15.50% 上升到 17.36%，上升了 1.86 个百分点；西部区域由 16.84% 上升到 22.63%，上升了 5.79 个百分点；东北部由 9.29% 下降到 7.46%，下降了 1.83 个百分点。

图 4-12 证实东部与中西部在信贷规模的变动趋势上与东、中、西部区域的经济增长趋势相吻合，商业银行的资金配置与经济效率呈正比趋势。并且，随着中、西部经济增长的加速，东部区域控制经济资源的能力逐渐被削弱，东北地区则由于难以摆脱旧体制的束缚，信贷资金受行政力量的影响相当大，信贷投放市场化程度低，加之经济停滞导致区域存在较大的信贷风险隐患，使得东北地区信贷资源的控制能力最差。信贷规模的变化还表明，经济发达的区域，资金来源渠道多，存款资金也多；相反，越是经济落后的区域，资金来源单一，存款资金就越少，在全国存款所占比重就会随着经济发达区域的高速发展而不断下降，最终导致资金越来越少，资金少又使得经济难以超越发展，形成"马太效应"。

2. 存贷比区域差异不大，但是存贷差区域对比强度加大

我国四大区域的存贷差和存贷比如图 4-13 所示，东部区域存贷差的绝对值遥遥领先，远大于中西部和东北部区域的存贷差。截至 2016 年，东部、中部、西部和东北部区域的存差额分别达 268 073 亿元、73 379 亿元、56 843 亿元和 21 260 亿元，东部区域存差额分别是中部、西部和东北部的 3.65 倍、4.72 倍和 12.61 倍，是中西部和东北部三大区域存差额之和 151 482 亿元的 1.77 倍。

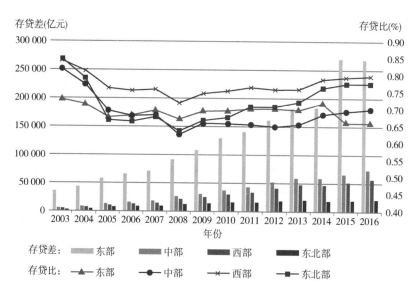

图 4-13 2003—2016 年我国四大区域存贷差和存贷比现状

资料来源：根据 Wind 资讯计算整理得出。

从存贷差的增长量和存贷比的平稳性来看，我国东部地区的资金富裕程度要明显好于中西部和东北部。东部以外的三大区域在资金自我积累方面比东部要弱，目前国内经济发展从区域角度来看并不均衡。资金实力雄厚的大中型国有企业、高科技企业、

军工企业等均主要集中在发达的经济区域；此外，东南部地区各类民营企业的蓬勃成长同样也吸引集聚了大量的金融机构及其资金，各大商业银行的资产配置甚至办公地址也都集中于这些发达经济区域，最终形成各项信贷资源的配置优先满足该地区的资金需求。虽然以往政府推出了一系列政策发展中西部及振兴东北老工业区，但是经济的发展并非一蹴而就，这些地区的银行业金融机构及信贷资金仍处于偏弱势地位。因此，国内经济发展的区域不平衡决定了银行信贷资金的区域不均衡，区域转移支付力度还不足以缩小东部与其他三大区域信贷规模的差距。

存贷比是区域内所有银行贷款余额与存款余额之比，它反映了一个区域内银行信贷资产流动性的强弱和信贷配置效率的高低。按照商业银行资产负债比例管理的要求，存贷比大约等于0.75时，商业银行的存贷款效率比较好。如果存贷比远高于0.75，商业银行流动性压力增大，有过度放贷的嫌疑；如果存贷比远低于0.75，则表明商业银行存在大量存差，其内部积存了大量的存款，在存款利息刚性支出的情况下，一方面商业银行资金效益受损，另一方面区域经济发展可能因资金约束而受到一定程度的影响。

从图4-13可以看出，中、西和东北三大区域存贷比相对合理，整体上在2007年以前呈下降趋势，2008年后则呈现平稳稍稍上升态势。其中，西部的存贷比升速最快，东部则一直呈现缓慢下降的趋势。2003—2016年，东部区域存贷比由2003年的0.73下降到2016年的0.66，下降了7%。2003—2016年，我国东部地区的存贷比呈现逐年减弱的态势证实，存贷比的效应在东部沿海地区正逐渐减弱，信贷市场的自由化趋势显著。中部、西部和东北部区域存贷比则分别由2003年的0.82、0.84和0.85下降到2008年最低点的0.63、0.72和0.64，然后又回升到2016年的0.70、0.80和0.78。2008年以前中西部和东北部存贷比下降的速度和幅度明显大于东部，但是2008年后，受国家宏观经济刺激计划和中西部经济结构转型、经济增速提升等多种因素的影响，存贷比显著回升。四大区域金融机构存贷比增速变化最直接的原因同样是由于各区域经济发展水平的变化趋势，其中西部地区存贷比的持续上升应归因于GDP增速位居第一的西部地区吸纳存款的能力逐渐增强。

3. 固定资产投资资金来源中银行贷款份额区域差异明显

全社会固定资产投资资金来源构成主要有国家预算、国内贷款、利用外资、自筹资金和其他资金，其构成比例反映了一个区域经济运行的情况，在某种程度上来说，它是一个区域经济发展状况的晴雨表。图4-14显示出我国四大区域2003年以来全社会固定资产投资资金来源中银行贷款份额的变化情况。四大区域全社会固定资产投资资金来源中，东部和东北部银行贷款份额呈下降趋势，西部和中部则呈上升趋势。

2003年，东部、中部、西部和东北部区域的全社会固定资产投资资金来源中，国内银行贷款份额分别为56.72%、16.66%、21.11%和5.52%。到2016年，四大区域全社会固定资产投资资金来源中，国内银行贷款份额分别为46.80%、19.07%、28.84%和5.28%。其中，东部和东北部分别比2003年下降了9.91%和0.24%，中部和西部则分别上涨了2.41%和7.74%，下降幅度最大的是东部地区。东部地区固定投

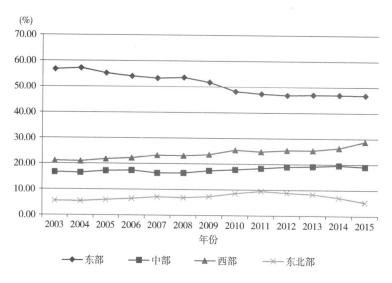

图4－14　2003—2015年我国四大区域固定资产投资贷款占比情况

资料来源：根据Wind资讯计算整理得出。

资贷款比下降的主要原因为沿海地区经济基础雄厚，金融深化的效果显著，企业需求的资金来源渠道更加多样化。东北地区信贷的下降则是与在改革开放后，东北老工业基地转型发展缓慢的状况相关。尽管政府于2003年提出"振兴东北"的口号，并出台一系列政策实施细则支持东北地区等老工业基地加快调整和改造，但是，受计划经济体制机制惯性的影响，市场化进程迟缓。2013年以来，东北地区经济增速持续回落，GDP增速在中国连续位居后位，造成该地区金融发展相对落后，银行不良贷款比例高，金融环境不佳，金融深化程度较低的现状。

上述分析表明，经济发达的区域，其资金来源较多，对银行信贷资金依赖性小；反之，经济越是落后的区域，就越依赖财政资金和银行贷款。对比其他区域，东部区域固定资产投资对银行贷款的依赖度较小，中西部和东北部在国家实施"西部大开发""东北振兴"和"中部崛起"战略以及国家财政投资拉动效应下，对银行贷款的依存度依然强烈。

4．FIR区域差异扩大，区域间金融深化强弱不均

金融相关比率（FIR）是衡量区域金融深化和金融改革程度的指标。从图4－15可以看出：一是自2007年次贷危机以来，四大区域FIR曲线整体上逐步上升；二是2007年以来，四大区域之间的FIR差距呈逐步收敛趋势，区域间差距有所缩小；三是中、西部地区自2007年之后金融业发展速度较快，2016年超过了东部，东北地区由于改革滞后，始终难以摆脱行政主导的信贷配给模式，金融发展速度始终位于各区域底部。

上述情况分析表明：其一，中国东部地区金融深化程度最高，西部和东北部金融增长速度较快，而中部地区金融较为落后；其二，随着金融市场的逐渐完善和融资渠道的多元化，东部商业银行对经济的支持作用有缓解趋势，资本市场的作用开始逐渐

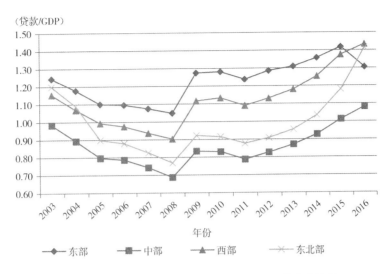

（贷款/GDP）

年份

◆ 东部　■ 中部　▲ 西部　✕ 东北部

图 4 – 15　2003—2016 年我国四大区域 FIR 的变化情况

资料来源：根据 Wind 资讯计算整理得出。

增强，但是各个地区商业银行信贷对经济增长依然起到很大的支持作用；其三，从总体上看，较高的 FIR 与较高的经济增长率和经济发展水平是相匹配的，表明随着政策性金融业务的剥离和信贷配给体制的改革，行政性配置逐步弱化，市场化配置逐步增强。

（二）信贷配给区域差异的成因

1. 区域经济发展和经济结构差异的影响

由于我国四大区域经济发展极不平衡，经济发展的速度、质量和经济持续发展的方式不尽相同，区域经济发展呈现由东部向中、东北部和西部阶梯走弱的特征。东部地区由于地理优势和人力资源、经济基础较好，在改革开放过程中逐步形成了国有、集体、民营、个体和外商投资等多种投资主体共同竞争的市场经济体制，国有企业比重逐步减少；此外，东部地区自身资本积累能力较强，区域内各经济主体的投资需求基本上通过资本自我积累、资本市场直接融资和间接融资等市场机制来实现，因而经济发展较早较快。中、西部地区则因为基础设施薄弱等诸多因素影响，经济发展速度较慢。与东部区域经济主体形成鲜明对比的是，中、西部和东北部的经济体系构成中其他经济主体相对较少，这种特殊的经济主体构成，使得中、西部和东北部区域投资需求主要以国有经济为主，投资机制不活跃，投资主体和渠道比较单一，仍主要以地方政府计划为投资需求的主要形成方式。在这种投资模式下，国有企业比较容易获得政府特殊的政策扶持，同时在获得银行信贷资金方面也有独特的优势，而民营企业等私营经济的投资需求则主要通过自身资本积累得以解决，较难获得银行信贷的支持。

正是四大区域经济发展结构的差异性和非均衡性，决定了信贷需求的非均衡特征。由于中国仍处于经济转轨的过程中，预算"软约束"的现象依然存在，各地区都希望"银根"松一些。加之中国尚在城镇化加快发展阶段，城镇人口占比从 2000 年的

36.2%升至 2016 年的 57.35%，造成中国经济极其容易过热的问题。在经济下行时期，信贷需求的非均衡性受国家区域平衡发展战略的制约，同时经济发达区域的信贷需求显著减少，这些因素的叠加显著减少了各区域间的信贷差异。不过，每当经济过热时期，政府往往出台各类经济调控措施，控制信贷的投放。由于东部微观经济主体自身积累资金能力强，融资渠道多，对银行信贷的依赖度要远远小于中、西部和东北部，因此受到宏观调控的冲击相对较小，遭受的信贷配给相对要弱；相反，中、西部和东北部区域的微观经济主体由于国有成分占比较大，则往往受到巨大的冲击，遭受较强的信贷配给。在这种宏观政策调控下，信贷资金非均衡流动的现象加剧，结果必然表现为我国信贷资金配置的区域非均衡性。

2. 信用环境差异的影响

在中国金融改革的进程中，数十年来经济增速的差异使得不同地区金融深化的速度与程度均存在明显差异，区域金融运行呈现出"金融抑制"与"金融深化"在空间和时间上并存的特征。在我国中、西部和东北部区域"金融抑制"状态无实质上变化的同时，东部沿海地区却因对外开放程度高，资本市场发达，外商投资多，对资金的吸纳能力和辐射能力明显增强，更多地表现出"金融深化"的特点，因而对社会资金的运行格局能够产生较大影响，而中、西部和东北部区域则逊色很多，存在较大差异。

由于东部区域金融市场化进程较快较早，对资金需求相对较多，基本实现了利率市场化，市场主导的信贷配给程度较高，而其他地区限于经济发展的差距，政府主导型信贷配给仍然持续。由此在全国范围内形成了的市场配给和政府配给信贷资源并存的双轨格局。同时，四大区域内微观经济主体所产生的经济效益差异较大，东部区域与其他三大区域相比，经济效益和利润普遍较好，使得贷款不良率低，回收率高，总体上的贷款收益率要高于其他地区。商业银行出于资金效益最大化的考虑，必然会按贷款收益率的高低统一调度其内部资金，以内部上存资金等不同形式"虹吸"中、西部和东北部欠发达地区的资金，并将资金不断投入东部发达地区，资金的"虹吸"效应进一步扩大了区域信贷配给的差异。

尤其是自 2003 年国有银行完成股份制改革后，商业银行按市场原则经营存贷款，使得中、西部和东北部微观经济主体中占主导地位，但效益较差的国有企业更难以得到银行的资金支持，出现区域内的"惜贷"现象；相反，东部区域微观经济主体各类企业整体效益较好，自筹资金能力和资金自我积累能力均较强，形成了信贷资金的良性循环，很容易获得银行的信贷支持。另外，中、西部和东北地区政府主导的信贷配给在客观上还诱发低效国有企业的贷款欲望，通过借入低息贷款，并以转手拆借的形式，赚取与民间高额信贷利率之间的差额部分。这样进一步加剧了中、西部和东北部区域资金风险和资金紧张的状况，加剧了信贷配给的区域化，同时在很大程度上产生和累积信贷风险、抑制投资的负面效应，不利于中、西部和东北部区域经济发展。

3. 信贷管理体制变革的影响

国有银行股份制改造以来，信贷管理体制的变革加速了信贷配给的区域差异化。

第一，强化了区域间资金的调度，导致信贷资源的区域非均衡流动。商业银行按照商业化信贷经营方式，对机构和业务设置进行了战略性调整，对部分经济落后、效益较差的分支机构进行了撤并，而这些撤并的机构中，中、西部和东北部占据绝大多数。同时，商业银行对借款人的资质、信用、效益等方面也提出了较高的要求。通过推行严格的信贷审批和严厉的信贷责任追究制，信贷市场的细分和定位更为审慎，尤其是在评级授信等方面要求条件更为苛刻。贷款条件的提高，使得信贷资源在不同行业、不同区域之间出现"富者更富、贫者越贫"的两极分化现象，导致信贷资源的区域非均衡流动，加剧了商业银行信贷投放重点向经济发达区域的"大城市、大行业、大项目、大企业"倾斜，而经济相对落后的中、西部和东北部区域，其大企业、大项目相对较少，信贷配给比东部区域更加明显和严重，区域经济发展自然变慢。

第二，商业银行强化了信贷风险的管理。商业银行在集约化经营和集中管理的信贷方针下，实行集权式的信贷管理模式，加大了信贷审批权的上收，实行分级授权的信贷审批模式。信贷风险管理的强化，使得基层机构储蓄功能增强，信贷功能萎缩，这种模式使信贷资源的分配权限绝大部分集中于商业银行总行和省级分行，在削弱了基层分支机构放贷权力的同时，进一步提高了信贷准入门槛。经济相对落后的中、西部和东北部区域受信贷审批标准的制约，较难获得信贷支持，从而加剧了信贷配给的区域差异化。

第三，严格不良贷款目标考核的刚性制度要求。各商业银行为了防范贷款风险，提高信贷资产质量，实行贷款第一责任人及终身责任追究制度的严格的风险约束机制，使得中、西部和东北部区域各商业银行的基层分行宁愿将本来数量不多的信贷资金向外拆借，也不愿用于本地贷款。商业银行不愿向不良率比较高的区域提供信贷支持，导致经济落后区域信贷供给层面的不断缩小和信贷结构的失衡；同时，这种贷款激励约束机制的不对称和压降不良贷款的沉重压力，使信贷资金投向资金相对安全可靠、效益非常可观的东部地区，加剧了信贷配给区域性的非均衡配置。

第三节　信贷配给对经济增长的影响

一、金融市场与经济增长相关文献综述

银行作为信贷资金的供给者向各类借款人提供信贷资源，这一过程会影响到经济增长。在20世纪90年代初期，大多数研究主要关注于银行和借款人之间的关系，它们一般是通过特定的理论框架研究银行存在的意义。理论界普遍认为，银行的功能是甄别出具有良好投资前景的企业，并且把金融资源分配给最适宜的使用者。银行是通过把资金从没有投资机会的人手中转移到有投资机会的人手中，提供了靠个人能力所不可能实现的服务，为经济整体产量和效率的提高做出贡献。但是，随后理论的发展以及实证研究的方向却返回到60年代末期至70年代早期的理论焦点，也就是更关注于检验金融部门与经济增长之间的关系，信贷配给成为银行竞争体系中的一种可能的现实现象。

其中，江格（Jung，1986）以及金和勒维（King & Levine，1993）通过对一些国家经济发展过程的实证研究，指出了金融系统对经济增长水平所起到的决定性作用。于是人们开始重新寻求金融市场与经济增长之间联系的理论解释，并通过两条不同的途径进行研究。第一条途径试图界定是否能够通过金融发展的渠道促进经济增长。其中，格林伍德和朱沃诺维科（Greenwood & Jovanovic，1990）认为，金融发展可以提高投资的效率；本斯维格和史密斯（Bencivenga & Smith，1991）认为，金融市场通过增加储蓄向生产性投资转移的比率影响经济增长；格林伍德和朱沃诺维科以及圣·保罗（SaintPaul，1992）等尝试把现代金融发展作为经济增长的一种自然结果。这些观点基本上都获得了学术界的赞同。虽然这些研究比起以前学者[①]在研究方法上要严谨了许多，但是却把金融市场视为一种相对简单的形态，忽略了现代信贷市场中人们已经普遍接受的一个观点，即贷款人和借款人之间存在着信息不对称。

由于人们认识到现代金融市场中存在着大量的信息不对称，因此第二条途径的研究就直接从借款人和贷款人之间存在着不对称信息的金融市场入手，分析金融发展如何促进经济增长。但是这类文献着力于解释当贷款人向借款人转移资金过程中，金融市场中的信息问题是如何导致市场摩擦的。此类文献把重点放在阐述金融市场中的信息问题如何影响到资本积累，进而又如何影响经济增长上。在这方面，典型的文章包括阿扎罗迪斯和史密斯（Azairiadis & Smith，1993）、特斯顿（Tsiddon，1992），以及本斯维格和史密斯（1993）。

第一条途径有关金融市场的理论分析重点在于决定价格的均衡反应，以及在各种市场中对供求特定扰动的定量分析。在完全条件（Contingent）市场里，因不能满足合同条款而被拒绝的借款需求与信贷配给之间的区别是比较明显的。因为任何借款人（投资者）都可以按照未来现金流量的净值融资，不会出现信贷配给。实际上，随着经济增长的变动，对贷款需求的变化有可能是非常显著的，并且在实践中经济高涨时期无论配给的范围是扩大还是缩小，都会依赖于资金供求的相对变化。由信贷配给导致信贷可获性的巨大变动相应造成经济活动水平巨大变动的证据在不断积累。如布林德（Blinder，1983）指出，引起大萧条的货币原因是经济中信贷的中断，而不是货币量的减少。格林沃德（Greenwald，1988）认为，第二次世界大战以来，引起实质经济活动水平大变动的大多数原因是信贷可获性，而不是货币的成本。本书采用第二条途径的研究观点，即在信贷市场中引入信息不对称问题，估价信息不对称对资本积累过程的影响。本节的研究将证明，为了维持足够的经济增长速度，银行必须考虑签订消除借款人和贷款人之间信息不对称的合约，才能使金融市场的规模（以贷款交易量来测量）扩大，进而促进更多数量的资金流向生产性投资，推动经济走向更高水平的资本积累路径。

本节研究的基本思路是：其一，在信贷市场中引入信息不对称问题，估价信息不

---

① 如戈列和肖（Gurley & Shaw，1967）、麦金农（McKinnon，1973）等提出的金融市场在经济发展中起到重要的作用。

对称对资本积累过程的影响；其二，通过阐明金融发展与经济增长之间相互促进、相互补充的机制，证明要维持足够的经济增长速度，银行必须考虑签订消除贷款人与借款人之间信息不对称的合约，致力于扩大以贷款交易量测量的金融市场的规模，进而使更多的可贷资金成为生产性投资，推动经济走向更高水平的资本积累路径。

二、银行合约选择所决定的经济增长路径

（一）问题的引出

本书的研究建立在新古典增长模型的理论框架之内。在模型中假定借款人（投资者）知道自己的风险类型，但贷款人却不知道借款人的风险类型。信息不对称迫使贷款人提供这样一种贷款合约，这种贷款合约可以通过借款人对合约的自我选择来区分借款人的类型。在早期的研究中，如阿扎罗迪斯和史密斯（Azairiadis & Smith，1993）、本斯维格和史密斯（1993）通过信贷配给区分借款人的风险类型。然而，本模型中的借款人能够通过花费其资源的一部分进行筛选（Screen），以确定借款人的风险类型。因此就有两条途径把高风险的借款人从低风险的借款人中分离出去：第一条途径是借款人可以选择通过提供配给信贷的合约区分高风险的借款人；第二条途径是贷款人可以通过获取借款人的相关信息鉴别借款人，这种办法中的贷款合同拥有抽样甄别借款人的可能，在此称之为筛选合同。本部分内容将证明均衡的合同形式（无论是配给合同还是筛选合同）均依赖于经济中资本积累的水平。给定这种路径依赖，可以测定均衡时资本积累的动态均衡路径。

（二）信贷市场的均衡分析

首先让信贷市场在 t 时刻经纪人的数量标准化，令其中的一半是借款人（企业），另一半为贷款人。每个贷款人在 t 时刻向市场提供 1 单位的劳动，并于 t 时刻获得 w_t 单位的产出，w_t 为真实工资率。贷款人可以在 $t+1$ 时刻，以利率 ρ_{t+1} 把其每单位的产出转换为 $Q\varepsilon$ 单位的资本。此外，贷款人还可以把他的产出借贷给一个借款人。贷款市场运行如下：

每个贷款人提供一种贷款合同。借款人拥有每个贷款人所提供贷款合同类型的全部信息。如果贷款人的合同相互独立，不受其他贷款人合同的左右，那么每个借款人就可以向一个贷款人寻求贷款。假定每个潜在的借款人仅仅能够向一个贷款人申请贷款，将信贷市场在 t 时刻的均衡定义为通过签订一系列贷款合同以后，在 $t+1$ 时刻资本的边际产出（利率）以及在其他贷款人所提供的合同给定的条件下，贷款人没有任何激励提供另一种类型的合同。信贷市场的竞争使贷款人从合同中获得 0 利润。

每个借款人（企业家）由（β_i, p_i）表述，$i=L$ 或 H。倘若借款人不能获得贷款，类型为 i 的借款人将在 $t+1$ 时刻生产 β_i 单位的产出。如果在 t 时刻获得 w_t 单位输出的贷款，企业将使用贷款在 $t+1$ 时刻产生资本。有概率 p_i 的可能投资项目将 w_t 转变为 Qw_t 的资本，也有 $1-p_i$ 的概率可能项目产出资本为 0。投资项目的结果假定为公共信息，假定 $\beta_L > \beta_H$ 且 $p_L > p_H$，因此，类型 L 的借款人是低风险、高收益的借款人。为了简化分析起见，假定 $\beta_H = 0$。类型为 H 的高风险的借款人占全部借款人的比例为 λ。

由于每个借款人的类型为私人信息，所以存在着借款人与贷款人之间的信息不对称。然而，贷款人能够花费其部分用于借贷的资源来检测借款人的风险类型。最后，为了假定贷款对借贷双方来说都是有价值的，假定 $\rho_{t+1}p_iQw_t > \beta_i + \rho_{t+1}w_tQ\varepsilon$。

因为 $\beta_L > \beta_H = 0$，当贷款申请被拒绝时，借款人就拥有不同的机会。考虑两种可能：信贷配给和筛选。在这两种情况下，为了使类型为 L 的借款人没有激励被视为类型 H 的借款人，贷款人会通过修正 L 类型的合同加以区分。所以，每个贷款人将提供类型 H 的借款人也能够接受的合同 $C_H = (R_{Ht}, q_{Ht})$。其中，R_{Ht} 为贷款利率；q_{Ht} 为贷款规模。由于 C_H 合同并没有被修正，所以 $q_{Ht} = w_t$ 且 $R_{Ht} = Q\varepsilon\rho_{t+1}/p_H$，其中的贷款利率确保贷款人的超额利润为 0。

C_L 合同有两种可能的类型：一类是筛选合同 C_L^s；另一类是配给合同 C_L^r。首先考虑配给合同。在此情况下，由于两种类型的借款人不同，C_L 合同通过利用这两种类型借款人的不同特征而加以区分。由于不同类型借款人的贷款申请被拒绝后的回报不同，因而配给合同通过否决 H 类借款人的概率来区分借款人的类型。指定这种通过贷款获得的概率进行修正的合同为 $C_L^r = (R_{Lt}^r, q_{Lt}^r, \pi_{Lt})$。其中，$R_{Lt}^r$ 为贷款利率；q_{Lt}^r 为贷款规模；π_{Lt} 为贷款获得的概率。所以，$R_{Lt}^r = Q\varepsilon\rho_{t+1}/p_L$（由贷款人 0 利润的条件中导出），$q_{Lt}^r = w_t$。这里 $R_{Lt}^r = Q\varepsilon\rho_{t+1}/p_L < Q\varepsilon\rho_{t+1}/p_H = R_{Ht}$ 显示了 H 类借款人有把自己假扮为 L 类借款人的动机。但是，由于 H 类借款人提出 C_L^r 类合同贷款申请被拒绝的概率高，阻止了它的此类行为。

H 类型的 C_H 合同获得预期的回报 $p_H(Q\rho_{t+1} - Q\varepsilon\rho_{t+1}/p_H)w_t$；$H$ 类型的 C_L^r 合同获得预期的回报 $\pi_t p_H(Q\rho_{t+1} - Q\varepsilon\rho_{t+1}/p_L)w_t$。为了防止 H 类型的借款人申请 C_L^r 类的合同，π_t 要增加到使 H 类型借款人的两种回报的最大价值相等。即：π_t 要设定为 $\pi_t = \pi^* = (1 - \varepsilon/p_H)/(1 - \varepsilon/p_L)$，$C_L^r$ 合同因而由 $C_L^r = [Q\varepsilon\rho_{t+1}/p_L, w_t, \pi^*]$ 给定（很容易核定 L 类型的借款人相对于 C_H 更偏好于 C_L^r）。

由于相对于配给，筛选是有成本的，所以贷款人只选择对一部分 L 类型的借款人进行鉴别。为了确信借款人是 L 类型的借款人，筛选时贷款人要在每单位投资上花费 δ 部分的产出。因而每当被筛选时，借款人最多收到的贷款将为 $w_t/(1+\delta)$。将筛选合同规定为 $C_L^s = [\{\varphi_t, R_{Lt}^n, q_{Lt}^n\}; \{R_{Lt}^s, q_{Lt}^s\}]$，这里 ϕ_t 指借款人没有被筛选的概率。如果没有被筛选，贷款数量为 q_{Lt}^n，利率为 R_{Lt}^n，相应此类合同很容易被确定。其一，借款人将一直借贷每种状态下最大数量的贷款，因而 $q_{Lt}^n = w_t$ 且 $q_{Lt}^s = w_t/(1+\delta)$。其二，贷款人希望当借款人申请 C_L^r 类贷款，而经筛选后被确认为 H 类借款人时，将能够对借款人施加以最大的惩罚。给定借款人没有资产的假设，这里最大化的惩罚就是否决借款人的贷款要求。其三，为了防止 H 型的借款人申请 C_L^r 类的贷款，在借款人没有被筛选的状态下，借款人必须制定出尽可能地对 H 类借款人没有吸引力的合同。这可以通过设定被筛选后的利率 R_{Lt}^s 为 0，提高未经筛选的利率 R_{Lt}^n 到 $Q\varepsilon\rho_{t+1}/p_L$ 的办法来弥补预期的损失，因而最佳的合同是 $R_{Lt}^s = 0$ 且 $R_{Lt}^n = Q\varepsilon\rho_{t+1}/p_L$，此时借款人可以获得的预期经济利润为 0。其四，注意到 H 类借款人将从 C_L^s 类合同中收到 $\phi p_H(Q\rho_{t+1} - Q\varepsilon\rho_{t+1}/\phi_t p_L)w_t$

的回报。为了防止 H 型的借款人申请 C_L^s 类的合同，必须使 $\phi p_H (Q\rho_{t+1} - Q\varepsilon\rho_{t+1}/\phi_t p_L)$ $w_t = p_H (Q\rho_{t+1} - Q\varepsilon\rho_{t+1}/p_H) w_t$ ，即借款人在 C_L^s 类合同中没有被筛选的概率为 $\phi_t = \phi^s = 1 - (1/p_H - 1/p_L)\varepsilon$ 。因此，筛选的合同因而最终被确定为：

$$C_L^s = \left[\ \{\phi_t, R_{Lt}^n, q_{Lt}^n\}; \{R_{Lt}^s, q_{Lt}^s\}\ \right] = \left\{ \left[1 - (1/p_H - 1/p_L)\varepsilon, Q\varepsilon\rho_{t+1}/\phi p_L, w_t\right]; \left[0, w_t/(1+\delta)\right] \right\}$$

信贷市场中的竞争将会使贷款人为 L 类的借款人提供他们最偏好的合同，无论它是筛选的或是配给的合同。令 $U_L^r = p_L \pi^* (Q\rho_{t+1} - R_{Lt}^r) q_{Lt}^r + (1 - \pi^*)\beta_L$ ，$U_L^s = p_L \phi_t (Q\rho_{t+1} - R_{Lt}^n) q_{Lt}^n + (1 - \phi_t) p_L (Q\rho_{t+1} - R_{Lt}^s) q_{Lt}^s$ 分别代表低风险的借款人在 C_L^r 和 C_L^s 类合同下的预期效用，把以上 $\pi^*, R_{Lt}^r, q_{Lt}^r, \phi_t, R_{Lt}^n, q_{Lt}^n, R_{Lt}^s$ 以及 q_{Lt}^s 代入效用公式，可得出当且仅当 $\beta^* \equiv [p_L - \varepsilon]Q w_t \rho_{t+1}/(1+\delta)$ 时，才有 $U_L^s > U_L^r$ 的结论。所以可以用命题 1 描述信贷市场的均衡。

命题 1：（1）若 $\beta^* \equiv [p_L - \varepsilon]Q w_t \rho_{t+1}/(1+\delta) > \beta_L$ ，那么当均衡时，贷款人将会提供 C_L^s 类合同。在此类合同下，$\phi_t = \phi^s = 1 - (1/p_H - 1/p_L)\varepsilon$ ；$R_{Lt}^n = Q\varepsilon\rho_{t+1}/(\phi^s p_L)$ ；$R_{Lt}^s = 0$ ；$q_{Lt}^n = w_t$ ；且 $q_{Lt}^s = w_t/(1+\delta)$ 。

（2）若 $\beta^* < \beta_L$ ，那么均衡时，贷款人将会提供 C_L^r 类的合同。在此类合同下，$\pi_{Lt}^n \equiv \pi^* = (1 - \varepsilon/p_H)/(1 - \varepsilon/p_L)$ ；$R_{Lt}^n = Q\varepsilon\rho_{t+1}/p_L$ ；且 $q_{Lt}^n = w_t$ 。

（3）若 $\beta^* = \beta_L$ ，那么均衡时，贷款人提供 C_L^s 类合同还是 C_L^r 类合同无差异。

值得注意的是，无论筛选或是配给主要取决于 ρ_{t+1} 和 w_t 。由于从投资项目中获得的总回报越大，配给（而不是寻找可供投资项目）的成本就会越高，筛选合同将会在信贷市场上更为流行。其原因就在于项目总体回报直接随 ρ_{t+1} （在 $t+1$ 时的资本利率）和 w_t 而改变，而采用筛选合同更有可能提高 ρ_{t+1} 和 w_t 的价值。同时，随着 p_L 和 Q 这些变量的增加，β^* 也会增加；随着筛选费用 δ 的增加，β^* 将下降，从而使筛选失去吸引力。

（三）资本积累的路径

构建一个由两时期叠代模型（OLG）所组成的经济体，规定每一代人的数量（被标准化为 1）以及构成相同。将贷款人和借款人分为数量相同的两组。他们的特性依旧如上面描述的那样，每个年轻贷款人被赋予 1 单位的劳动力（相对竞争的市场这些劳动力供给是没有弹性的），赚取规定的工资 w_t ，并且在信贷市场中将部分工资贷去。借款人和贷款人都希望他们在生命第二个阶段的消费不变，并且他们都是风险中性的。借款人在 $t+1$ 时期为企业的经营者，能够分别以 ρ_{t+1} 的租金和 w_{t+1} 的工资借贷资本、雇佣劳动力。每一企业雇用 k_t 单位的资本和 L_t 单位的劳动力生产 y_t 单位的产出，其生产函数由下式给出：

$$y_t = k_t^\theta L_t^{1-\theta} \tag{1}$$

命题 1 展示了均衡的合同依赖资本的回报率 ρ_{t+1} 和工资 w_t 。这意味着在 t 时刻均衡的合同依赖于在 t 时刻以及 $t+1$ 时刻的资本水平，进而资本积累路径取决于合同的类型。

情况 1: $\beta^* = \{(p_L - \varepsilon)Qw_t\rho_{t+1}\}/(1 + \delta) < \beta_L$

在此情况下, 借款人被配给。因此, 均衡的合同如命题 1 所述, 由 (C_H, C_L^r) 给定。

$t + 1$ 时刻的资本存量来源于两个方面: 一是来源于借款人融资项目的成功; 二是来源于贷款人把自己的工资转变为资本后借贷给低风险的借款人。前者的数量为 $Qw_t[\lambda p_H + (1 - \lambda)p_L\pi^*]$, 后者的数量为 $Q\varepsilon w_t(1 - \pi^*)(1 - \lambda)$。所以, 每一企业的资本存量为:

$$k_{t+1} = \{[\lambda p_H + (1 - \lambda)p_L\pi^*] + [(1 - \pi^*)(1 - \lambda)\varepsilon]\}Qw_t \tag{2}$$

均衡时, 所有的企业都雇佣同样数量的劳动力。又因为借款人和贷款人的数量相等, 所以在每个时期, 劳动力/企业 $\equiv L_t = 1$。在 t 时刻的工资率为:

$$w_t = (1 - \theta)k_t^\theta(L_t)^{-\theta} = (1 - \theta)k_t^\theta \tag{3}$$

将 (3) 式代入 (2) 式得:

$$k_{t+1}^r = \{[\lambda p_H + (1 - \lambda)p_L\pi^*] + [(1 - \pi^*)(1 - \lambda)\varepsilon]\}Q(1 - \theta)k_t^\theta \equiv Ak_t^\theta \tag{4}$$

这里上标 "r" 代表配给的情况。

图 4 - 16 展示了由等式 (4) 所代表的资本动态路径。现在将这条路径规定为路径 R。对于路径 R, 惟一有意义的稳态由 (5) 式给定。

$$k_{ss}^r = [A]^{1/(1-\theta)} \tag{5}$$

同时, 值得注意的是, 因为 $p_L > \varepsilon$, 所以 $\partial A/\partial \pi^* = Q(1 - \theta)(1 - \lambda)(p_L - \varepsilon) > 0$。这就意味着信贷配给的减少会使资本积累曲线上移, 其结果将使达到稳态的资本存量增大。

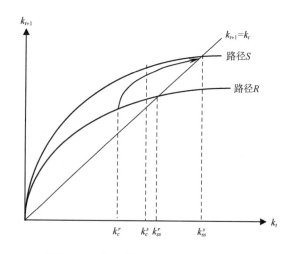

图 4 - 16 资本的动态路径及其稳定状态

情况 2: $\beta^* = \{(p_L - \varepsilon)Qw_t\rho_{t+1}\}/(1 + \delta) > \beta_L$

在此情况下，贷款人将筛选一部分低风险的借款人，此时所有低风险的借款人都将获得贷款。然而，对低风险借款人来说，贷款数量和贷款利率将出现差异。为了和以前的情况相区别，用上标"s"书写均衡时的各个变量。

$t+1$ 时刻全部资本存量由成功的、高风险的以及低风险的借款人（其中一些被筛选过）获得。其价值为：

$$Qw_t[\lambda p_H + (1-\lambda)\phi^s p_L + (1-\lambda)(1-\phi^s)p_L/(1+\delta)]$$
$$= Qw_t[\lambda p_H + (1-\lambda)p_L(1+\delta\phi^s)/(1+\delta)]$$

因而将每家企业的资本存量给定为：

$$k_t^{s+1} = Qw_t[\lambda p_H + (1-\lambda)p_L(1+\delta\phi^s)/(1+\delta)]$$
$$= Q(1-\theta)[\lambda p_H + (1-\lambda)p_L(1+\delta\phi^s)/(1+\delta)]k_t^\theta \equiv Bk_t^\theta \qquad (6)$$

图 4-16 同时也展示了由等式（6）所代表的资本积累路径，规定此路径为路径 S。注意到 $\partial B/\partial \phi^s > 0$ 以及 $\partial B/\partial \delta < 0$，这意味着随着筛选率（$1-\phi^s$）以及筛选成本的降低，经济增长将移动到更高的资本积累路径上。对于路径 S，惟一有意义的稳态由（7）式给定：

$$k_{ss}^s = [B]^{1/(1-\theta)} \qquad (7)$$

对等式（4）、（5）和（6）、（7）进行比较，可以发现筛选和配给合同的不同将会导致经济体不同的资本积累路径。这两条路径的区别由命题 2 定义。

命题 2：对于给定的 k_t，$k_{t+1}^s > k_{t+1}^r$，进而 $k_{ss}^s > k_{ss}^r$。即筛选合同与那些配给合同相比，将获得更高的资本积累路径和更高的稳态资本水平。

证明：证明命题 2 成立等同于证明 $B > A$。由于无论是配给的形式还是筛选的形式，高风险的借款人都要获得其最佳的合同。令 U_H^* 代表高风险的借款人选择最佳合同时的效用。高风险的借款人在选择配给以及筛选合同时被施加以激励兼容约束。由命题 1 可得 $U_H^* = p_H \pi^*[Q\rho_{t+1} - Q\varepsilon\rho_{t+1}/p_L]w_t$，以及：

$$U_H^* = \phi^s p_H[Q\rho_{t+1} - Q\varepsilon\rho_{t+1}/\phi^s p_L]w_t$$

继而可得：$\pi^* Q\rho_{t+1} - Q\varepsilon\rho_{t+1}\pi^*/p_L = \phi^s Q\rho_{t+1} - Q\varepsilon\rho_{t+1}/p_L$

因为 $p_L > \varepsilon$，所以令 $\varepsilon = sp_L$。其中，$0 < s < 1$，将 sp_L 代入上式替代 ε 后，可得：

$$\phi^s = \pi^* + s(1-\pi^*) \qquad (8)$$

公式（8）意味着 $\phi^s > \pi^*$，因此筛选的概率 $1-\phi^s$，要小于配给的概率 $1-\pi^*$。其经济学意义在于，在筛选合同下，贷款人要通过把筛选所耗费的全部费用转移到没有被筛选的合同中去，使得此类合同对于高风险的借款人缺乏吸引力。这就在一定程度上使得筛选合同具有了配给合同所没有的灵活性。由等式（4）和（6）可得：$B > A \Leftrightarrow (1+\delta\phi^s)/(1+\delta) > \pi^* + s(1-\pi^*) = \phi^s$。由等式（8）可知：$(1+\delta\phi^s)/(1+\delta) > \phi^s$，所以 $B > A$，命题得证。等式（8）的经济学意义在于，因为 $\phi^s > \pi^*$，所以采用筛选合同可以使更多的项目获得融资，进而能够积累更多的资本，使得经济能够在更高的资本积累路径上增长。

三、均衡状态下的合同以及资本的动态运动

（一）均衡的合同组合

命题 1 预示合同的形式取决于工资率 w_t、资本的边际产出 ρ_{t+1}、在 t 时刻以及 $t+1$ 时刻的资本存量。当然，$t+1$ 时刻的资本存量和资本的边际产出 ρ_{t+1} 则依赖于 t 时刻合同的类型。给定这些相互依赖的变量，可确定均衡时的合同如下：

首先，假定经纪人具有理性预期；其次，在 ρ_{t+1}（由此可以给定 k_{t+1} 的总价值）给定的情况下，每个贷款人设定其最佳合同。均衡时的合同是那种能够与由合同所形成的 ρ_{t+1}（以及 k_{t+1}）相一致的合同。当然，因为均衡时的 ρ_{t+1} 与由 ρ_{t+1} 自身所形成的合同相一致，所以均衡时的资本存量与合同类型之间是相互依赖的。

由等式（1）得知，当 $L_t = 1$ 时，在 $t+1$ 时刻资本的边际产出为 $\rho_{t+1} = \theta k_{t+1}^{\theta-1}$。所以，如果 t 时刻合同为配给形式，在 $t+1$ 时刻资本的边际产出由等式（4）可得：

$$\rho_{t+1}^r = \theta \left(k_{t+1}^r \right)^{\theta-1} = \theta \left[A k_t^\theta \right]^{\theta-1} \tag{9}$$

如果 t 时刻合同为筛选型的，由等式（6）可得：

$$\rho_{t+1}^s = \theta \left(k_{t+1}^s \right)^{\theta-1} = \theta \left[B k_t^\theta \right]^{\theta-1} \tag{10}$$

又因为 $B > A$，对于给定的 k_t，有 $k_{t+1}^s > k_{t+1}^r$，所以 $\rho_{t+1}^s < \rho_{t+1}^r$。

考虑变量 $\beta_r^* = \{ (p_L - \varepsilon) Q w_t \rho_{t+1}^r \} / (1 + \delta)$ 和 $\beta_s^* = \{ (p_L - \varepsilon) Q w_t \rho_{t+1}^s \} / (1 + \delta)$。$\beta_r^*$ 和 β_s^* 分别为在配给和筛选情况下 β^* 的表达式，由等式（3）、（9）、（10）分别替代 β^* 表达式中的 w_t、ρ_{t+1}^r 和 ρ_{t+1}^s，β_r^* 和 β_s^* 重新表达为：

$$\beta_r^* = \{ (p_L - \varepsilon) / (1 + \delta) \} Q \theta (1 - \theta) A^{\theta-1} \left(k_t^\theta \right)^\theta \equiv \beta_r^* (k_t) \tag{11}$$

$$\beta_s^* = \{ (p_L - \varepsilon) / (1 + \delta) \} Q \theta (1 - \theta) B^{\theta-1} \left(k_t^\theta \right)^\theta \equiv \beta_s^* (k_t) \tag{12}$$

由上式得知，$\beta_r^* (k_t)$ 和 $\beta_s^* (k_t)$ 是 k_t 的增函数，且因为 $B > A$，所以 $\beta_r^* (k_t) < \beta_s^* (k_t)$。做 $\beta_r^* (k_t)$ 和 $\beta_s^* (k_t)$ 的函数曲线图，如图 4 – 17 所示。

给定 $\beta_r^* (k_t) < \beta_s^* (k_t)$，仅仅只需考虑以下三种情况。

情况 1：$\beta_L \geq \beta_r^* (k_t) > \beta_s^* (k_t)$

如果对于某一给定 k_t，情况 1 成立，那么，在 t 时刻，配给的合同组合 (C_H, C_L^r) 为惟一的均衡组合。设想，如果贷款人提供合同 (C_H, C_L^r)，那么资本的边际产出为 $\rho_{t+1}^r = \theta \left[A k_t^\theta \right]^{\theta-1}$。给定 $\beta_L \geq \beta_r^* (k_t)$，由命题 1 得知贷款人没有激励背离原有合同集提供 (C_H, C_L^s)。因此，在 t 时刻，(C_H, C_L^r) 是均衡的合同集。为了证明这是惟一的均衡，假设贷款人提供 (C_H, C_L^s)。此情况下，均衡时资本的边际产出为 ρ_{t+1}^s。给定 $\beta_L > \beta_s^* (k_t)$，由命题 1 得知，贷款人的最优行为就是背离合同，提供 (C_H, C_L^r)。因此，

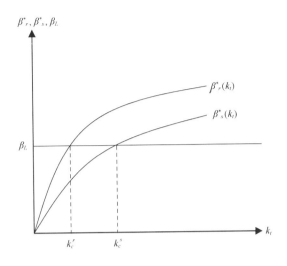

图 4-17　β^* 函数曲线图

(C_H, C_L^s) 不能成为均衡时的合同集。

情况 2：$\beta_r^*(k_t) > \beta_s^*(k_t) \geqslant \beta_L$

使用情况 1 的方法，很容易看出此时 (C_H, C_L^s) 是惟一的均衡组合。

情况 3：$\beta_r^*(k_t) > \beta_L > \beta_s^*(k_t)$

当上述关系成立时，在信贷市场中不存在纯策略均衡。假设贷款人提供配给合同 (C_H, C_L^r)，给定 $\beta_r^*(k_t) > \beta_L$，贷款人的最佳选择就是背离且提供筛选合同 (C_H, C_L^s)，因此 (C_H, C_L^r) 不可能是均衡的合同。再假设贷款人提供筛选合同 (C_H, C_L^s)，给定 $\beta_L > \beta_s^*(k_t)$，贷款人的最佳选择也是背离且提供配给合同 (C_H, C_L^r)。因此，(C_H, C_L^s) 也不可能是均衡的组合。在此情况下，存在贷款人随机选择两种策略的均衡，它们分别以概率 μ 提供 (C_H, C_L^r)，以概率 $1-\mu$ 提供 (C_H, C_L^s)。由此可得命题 3。

命题 3：如果对于 k_t，存在 $\beta_r^*(k_t) > \beta_L > \beta_s^*(k_t)$，那么就有一特定 $\mu^* \in (0,1)$，且 $(\partial \mu^*/\partial k_t < 0)$，在 t 时刻均衡时，贷款人分别以 μ^* 的概率提供 (C_H, C_L^r) 的配给合同，以 $1-\mu^*$ 的概率提供 (C_H, C_L^s) 的筛选合同。其结果使得：

$$k_{t+1} = \mu^* k_{t+1}^r + (1-\mu^*) k_{t+1}^s \equiv k_{t+1}^m$$

证明：当贷款人在 t 时刻以概率 μ 提供配给合同，以 $1-\mu$ 的概率提供筛选合同时，令 k_{t+1}^m 和 ρ_{t+1}^m 分别代表 $t+1$ 时刻的资本存量以及资本的边际产出。可以看出 $k_{t+1}^m = [\mu A + (1-\mu)B] k_t^\theta$ 意味着资本积累路径位于路径 R 和路径 S 之间。

考虑到 $\beta_m^* = \{(p_L - \varepsilon)Qw_t\rho_{t+1}^m\}/(1+\delta)$，$\beta_m^*$ 为当 $\rho_{t+1} = \rho_{t+1}^m$ 时 β^* 的表达式。当然，如果 β_m^* 严格大于或是小于 β_L，随机策略将不再是均衡策略。当且仅当 $\beta_m^* = \beta_L$ 时，混合策略才是均衡策略。替代 ρ_{t+1}^m，可得：$\beta_m^* = \{(p_L - \varepsilon)/(1+\delta)\}Q\theta(1-\theta)[\mu A + (1-\mu)B]^{\theta-1}[k_t^\theta]^\theta$。因为当 $\mu=1$ 时，$\beta_m^* = \beta_r^*(k_t)$，当 $\mu=0$ 时，$\beta_m^* = \beta_s^*(k_t)$，又因为 $\beta_r^*(k_t) > \beta_L > \beta_s^*(k_t)$，所以必存在惟一的 μ^*，使得 $\beta_m^* = \beta_L$。对应于此时的

μ^*，在混合策略中所描述的才是均衡的结果。

令 k_c^r 和 k_c^s 分别代表 $\beta_r^*(k_t) = \beta_L$ 和 $\beta_s^*(k_t) = \beta_L$ 时的资本存量水平，最终 k_c^r 和 k_c^s 如图 4 – 17 所示，且 k_c^r 和 k_c^s 由下式给定。

$$k_c^r = \left(\frac{\beta_L(1+\delta)}{Q\theta(1-\theta)(p_L-\varepsilon)} \right)^{1/\theta^2} A^{(1-\theta)/\theta^2} \qquad (13)$$

$$k_c^s = \left(\frac{\beta_L(1+\delta)}{Q\theta(1-\theta)(p_L-\varepsilon)} \right)^{1/\theta^2} B^{(1-\theta)/\theta^2} \qquad (14)$$

给定 $B > A$，$k_c^s > k_c^r$。因为 $\beta_r^*(k_t)$ 和 $\beta_s^*(k_t)$ 随着 k_t 的增加而增加，所以可以用 k_c^s 和 k_c^r 将前述的三种情况重写如下：

情况 1：$\beta_L \geqslant \beta_r^*(k_t) > \beta_s^*(k_t)$，或者等价于 $k_c^s > k_c^r \geqslant k_t$，为配给均衡。

情况 2：$\beta_r^*(k_t) > \beta_s^*(k_t) \geqslant \beta_L$，或者等价于 $k_t \geqslant k_c^s > k_c^r$，为筛选均衡。

情况 3：$\beta_r^*(k_t) > \beta_L > \beta_s^*(k_t)$，或者等价于 $k_c^s > k_t > k_c^r$，为混合均衡。

上述关系展示了当资本处于低水平积累时，在信贷市场中盛行的是配给规则。随着资本积累的增长，当 k_t 位于 $[k_c^r, k_c^s]$ 之间时，一部分贷款人开始使用收集信息的手段区分借款人。需要注意的是，为了使随机策略成为 $[k_c^r, k_c^s]$ 区域内的均衡策略，$\beta_m^* = \{(p_L-\varepsilon)/(1+\delta)\} Q\theta(1-\theta) [\mu A + (1-\mu)B]^{\theta-1} [k_t^{\theta}]^{\theta} = \beta_L$ 必须一直成立。因此，随着 k_t 在 $[k_c^r, k_c^s]$ 区间的不断增加，μ 必须不断减小以维持等式成立。这意味着将有更多的贷款人使用收集信息的手段区分借款人。其结果导致资本积累路径将移动得越来越靠近图 4 – 17 中的路径 S。这种从配给向筛选行为的转移，将会一直持续到资本存量为 k_c^s 的水平。当 $k_t > k_c^s$ 后，信贷市场中就将只有筛选合同流行。

（二）资本的动态运动及 δ 改变的影响

给定第三部分的结果，显然资本的均衡动态路径依赖于起始资本 k_0，它还取决于 k_c^s、k_c^r、k_{ss}^r 与 k_{ss}^s 之间的关系。假定起始资本存量 k_0 小于 k_c^s、k_c^r、k_{ss}^r 和 k_{ss}^s。等式（5）、（7）、（13）、（14）并不能展示 k_c^s、k_c^r、k_{ss}^r 和 k_{ss}^s 之间明确的关系，只是使我们知道 $k_c^s > k_c^r$ 以及 $k_{ss}^r < k_{ss}^s$。因此存在四种可能的情况，我们仅需考虑两种情况，其他情况不具有经济学意义。

情况 1：$k_c^r < k_c^s < k_{ss}^r < k_{ss}^s$

在这种情况下，初始时合同的类型是配给形式，资本沿路径 R 积累。随着资本的积累，资本存量位于 k_c^r 和 k_c^s 之间时，在此区间既有配给的合同，又有筛选的合同。其结果是，在 $[k_c^r, k_c^s]$ 之间，资本积累路径位于路径 R 和路径 S 之间，资本将沿着 k_c^r 和 k_c^s 交点间的路径进行积累，如图 4 – 16 所示。随着资本存量积累的进一步增长，当其超过 k_c^s 后，惟一的均衡合同是筛选合同。资本将沿着路径 S 增长直至经济达到更高的稳态 k_{ss}^s。这一结果展示了经济增长与金融发展之间的相互依存。正如上面所提及的，在本节的模型中通过引入信贷合同的结构变化促进经济的增长，扩展金融市场的规模，而不是通过增加经纪人的数量，用支付固定的、预先规定的费用与金融部门签订合同。

　　然而，这些情形中的任何一种，都存在着从配给状态向筛选状态迅速转移的可能。这是因为，每单位借贷总量的筛选成本将会随着贷款规模的增加而减少。这意味着与配给所考虑的情况相比，筛选相对更具有吸引力。

　　情况 2：$k_{ss}^r < k_c^r < k_c^s < k_{ss}^s$

　　在此情况下，当资本存量达到从纯粹信贷配给向配给和筛选同时发生的关键存量水平 k_c^r 以前，经济达到了稳态的资本存量 k_{ss}^r。因而，在信贷市场中，配给的形式始终起着主导的作用。每一企业的资本存量沿着路径 R 增长且稳态的资本存量为 k_{ss}^r。给定 k_c^r 与筛选的花费 δ 无关，k_{ss}^r 是 δ 的增函数，这种情况意味着筛选的高成本使经济陷入低水平发展的境地。为了更清楚地阐述这种情况，假定信息花费 δ 降低，这将降低 k_c^r 和 k_c^s。令 $\delta_{\min}$ 为 $k_{ss}^r = k_c^r$ 时的 δ。只要 $\delta > \delta_{\min}$，不等式 $k_{ss}^r < k_c^r$ 就始终成立，资本存量就将沿着路径 R 达到 k_{ss}^r。倘若 $\delta < \delta_{\min}$，那么就有 $k_{ss}^r > k_c^r$，资本存量路径就将于 k_c^r 处偏离路径 R。此时，k_t 将会向更高的资本存量聚积。所以，在信贷市场中，由于信息不对称的作用，潜在的市场参与者面临着信息壁垒，为客户寻找最优资源设置了障碍，信贷市场的整体竞争程度受到抑制，资源配置因为信息的垄断和不对称而无法实现，市场的交易成本增加，要素自由流动受到阻碍，在资金配置效率下降的同时，市场的整体效率也随之下降。

　　信贷市场结构在信息不对称的影响下，很难随市场因素的变动而产生变化。当市场的进入、退出机制被破坏后，市场结构更多的是由垄断信息的数量结构决定的，监管当局和有关立法部门的法律法规对市场结构的影响不大。在这种情况下，仅仅依靠有关部门运用价格、行政、法律手段进行调节是无法有效提高市场效率的，解决这一问题的关键在于生产信息、提供信息，即为了能够影响经济增长路径以及稳态的资本存量，信息费用必须降低到某一门槛水平（$\delta_{\min}$）以下。

四、模型的结论及其借鉴意义

　　本节将贷款的结构视为内生变量，在一个更为真实的框架下，把在非对称信息下信贷市场的功能与经济发展结合起来，尝试针对信贷市场是如何进行资本积累这一问题进行理论解释，展示在低水平的资本积累下，贷款人会通过拒绝一部分借款人的信贷申请对借款人进行区分。但是，随着资本的积累，信贷市场会越来越像现代信贷市场那样发挥作用，信贷配给的数量将越来越少，并且追求信息以区分借款人的贷款人的数量将逐步增加。从配给向筛选过渡的结果，将形成一条更高的资本积累路径，并具有更高的稳态资本存量。此结论是对阐述金融发展与经济增长之间联系文献的一点重要补充。

　　本节的模型的推导对于被配给的借款人来说，筛选借款人将会使经济增长中投资的回报增加。这可能会减少信贷配给，使得贷款扩张，经济增长。然而，这一过程是不确定的，经济还有可能陷入一种信贷配给的稳定状态并且伴随着低水平的资本积累。

　　在本节的模型中，借贷是由内生决定的。其结果是经济环境的改变，不仅能够在既定规则内改变均衡的合同，而且也能够改变均衡时借贷规则的性质。因而，与以前仅仅考虑信贷配给的增长模型相比，本节的模型为分析银行策略改变对经济增长的影响提供了更为丰富的分析框架。这一模型还展示了政府政策的效果非常依赖于资本积累的水平。比如，考虑一项改善借贷市场信息结构的政府政策，可以通过直接补贴甄别费用来减少筛选成本，或是通过激励提供有关借款人信息的机构，或是通过强化会计、审计、信息披露制度等途径得以实现。如果经济处在筛选均衡下，此类政策将引起资本积累路径的上移，形成更高的稳态资本存量。但是，倘若经济仍然是在配给均衡下，这种政策的边际变化可能就不足以把经济推向更高的资本积累路径以及更高的稳态资本存量。

从另外一个途径考虑此模型，可以把筛选的边际成本 δ 内生化。这样能够通过使 δ 依赖于全部借贷数量，或者依赖于每家企业的资本存量来实现。这种想法的意义在于，评估借款人时存在着外部性。因此，随着借贷数量的扩展，从低风险的借款人中区分高风险借款人的整体费用就会降低下来。所以，即便减少配给确实能够实现帕累托改进，但却由于外部性，没有个体贷款人会主动学习甄别技术，因而会使经济陷入配给均衡的低稳态资本存量陷阱之中。

通过研究金融发展（以筛选费用的减少为代表）对经济增长路径及经济的稳态的影响可以发现，在一个以筛选为主要运行机制的经济体中，筛选费用的减少会形成更高的资本积累路径，并且均衡时稳态的资本存量更多。而在一个由配给机制主导的经济体中，减少筛选的费用会使信贷市场从配给均衡向筛选均衡演变，进而把经济推向更高的稳态资本存量路径。然而，为了促使此类情况的发生，筛选的费用必须降低到某一门槛水平以下，否则，信贷配给的均衡将仍然在经济体中占据主导地位，并且经济自身仍然深陷低水平发展的状态中。

在中国特定的经济环境中，由于国家信用基础结构存在缺陷，想获得可靠的借款人信息的花费巨大，因而使得金融发展进程缓慢，投资者面临着信贷配给的预期，其中典型的情况是受到政府偏好的大型国有企业群体能以非常低的成本享用信贷资源，而其他的企业则必须依赖于企业的内部融资。除了政府施加的利率限制以及直接的信贷计划以外，人们普遍认为，在信贷市场上，尖锐的信息问题也导致了信贷配给的泛滥。本节模型研究的结论支持提供借款人相关信息的制度，如设立评定信贷等级的中介机构以及健全可靠的会计、审计和信息披露制度等，以减轻借贷双方的信息不对称，促进借款人与贷款人的贷款交易。比如，在全国的大型企业中，上市公司与非上市公司相比，由于上市公司的信息相对透明，以至于上市公司不但通过资本市场增加筹资，银行借款会也相应增加。所以，借款人信息制度的完善，对于降低银行筛选成本、促进经济增长的作用极为显著。

总之，在资本积累的起始水平上，均衡时的合同形式将是配给合同。但是，随着资本积累的延续，一部分贷款人开始使用筛选技术区分借款人，因而在资本积累过程的某一阶段，配给合同和筛选合同将同时存在。随着资本积累的加速，提供配给合同的借款人的比例减少，结果导致贷款规模的增大。当资本积累超越此临界阶段后，配给合同将会消失，此时信贷市场会处于纯粹的筛选均衡。本节也证明了伴随着筛选合同的经济将沿着更高的资本积累路径增长，并且将获得比配给合同下的经济更高的稳定的资本存量。因而在从使用信贷配给向使用至少部分筛选合同的演进中，将把资本积累推入更高的动态路径并且获得更高的稳定的资本存量。

第五章　相关政策建议

根据前面各章对我国双重信贷配给机制的分析可知，要想减少信贷配给对经济造成的负面影响，关键之举在于改造国有银行的运行机制，取消政府对资金配置的行政干预，建立公平竞争的银行业市场，降低获取信息的成本。只有这样才能提高资源分配的效率，才能完善银行系统在我国经济发展中的作用机制，使信贷市场更好地引导金融资源的流动，起到优化资源配置的作用。

一、推进银行体系的混合所有制改革，促进商业银行的独立经营

消除信贷配给负面影响的正确步骤是进行金融结构、特别是银行体系的改革。这一改革的核心是改善中国商业银行市场结构，提高其竞争程度，从而提高银行业金融资源配置效率与经营绩效。要允许、鼓励其他产权形式银行的发展，通过混合所有制改革，实现国家退出或变更金融产权结构，以降低社会交易费用，从而提高资源的配置效率。在外部环境开放的条件下，随着非国有产权份额逐步上升，原先占据垄断地位的国有银行在日益严峻的竞争环境中会逐步调整其行为，市场最终会代替政府指令内生出最优的金融资源配置方式。

从银行管制角度看，一方面，人民银行对国有银行并没有真正的权威，也就是说，中央银行对国有银行的管制约束是一种软约束。2003年，中国银行业监督管理委员会成立，行使对银行业的监管职能，但银监会对国有银行的监管尺度的关键，是看国家财政收入与金融风险的累积程度两者之间的权衡。从近些年的实际情况看，在国家信用担保所形成的道德风险下，银监会对国有银行采取的往往是管制纵容的态度。另一方面，银监会对非国有银行却拥有真正的权威。因为非国有银行大多是城市商业银行，这些银行是以地方政府为依附成立的。由于银监会对非国有银行的管制约束是一种硬约束，加上普遍认为国有银行有国家信用担保，风险再大也出不了乱子，故城市商业银行被认定为中国金融风险的主要触发点，成为严加整治的对象。中央银行对城市商业银行的管制约束，对社会公众及存款人对非国有银行的整体看法和信心具有决定性影响，这使城市商业银行天生注定在极为不利的制度环境与市场环境中生存。加上城市商业银行本身规模小、网点少，在存款市场上和社会支付结算体系中完全处于劣势，使得其只能在市场的缝隙中生存。

诸多的城市商业银行与国有银行之间潜在的竞争关系，使得非国有银行始终存在

有被国有银行吞并的危险。一直以来，非国有银行的"工农中建化"①，国内学术界的代表性观点将其归因于股份制银行市场定位不明确，所以才有了所谓大力发展民营银行的"体制外改革观点"。但客观事实却是，由于面临制度上的歧视，在存款市场和结算市场上，相对于国有银行的绝对垄断地位而言，非国有银行注定毫无竞争力。非国有银行的惟一比较优势，就是凭借各地方政府的支持与干预，同地方上的各类企业维持一种松散的关系合同，开展批发银行业务。客观地讲，非国有银行的经营现状，既是存款人理性选择的结果，也是非国有银行本身理性选择的结果。在微观上所谓的"工农中建化"现象是符合效率观点的，而在宏观上则表现为基于效率观点的市场失灵。令人真正担忧的是，随着时间的推移，社会对城市商业银行的认同感不断降低，城市商业银行对国有银行构成的有限竞争正逐步消失。

中国目前的寡头垄断型银行市场结构，完全是由中央银行、国有银行与非国有银行及其对存款人和企业理性选择的影响所共同决定的。那么，一般产业中的"体制外改革"的成功经验能否照搬适用于银行业，关键要看国有银行的垄断能否消除，监管部门的政策是否公平、公正，这是决定中国金融改革成败的两个关键性制度变量，两者不可或缺。更为严重的是，如果改革不以消除垄断、引入有效竞争为目标，长时间内国有银行垄断地位将出现固化，广大中小城市商业银行和民营银行生存的机会和空间将会被逐步压缩侵蚀，中国银行的改革将被迫走上回头路。所以，金融结构改革的目标应该是按照现代企业制度的要求，建立一个混合型商业银行体系。这一商业银行体系应有如下三个特点：

第一，在现阶段，它应是以国有商业银行为主体，包括股份制银行、外资银行以及民营银行等多种所有制银行并存的混合商业银行体系，这也是建设富有竞争、充满活力的商业银行体系的必要之举。

第二，它应是受人民银行以及银监会等相关监管机构调控和有效监管的、脱离各级政府的行政干预的、按商业银行原则运营的银行体系。只有在消除政府主导型的信贷配给之后，信贷市场才能真正发挥配置资源的作用，社会主义市场经济体系才能真正建立起来。

第三，它应是一个大、中、小银行并存的商业银行体系。在中国这样一个幅员辽阔，现代工业与传统工业、先进的城市与落后的农村并存的经济中，现时应着力构建大量产权明晰、资本充足、运营有效、充满生机的新型银行。这些银行将促进非国有产权份额的发展，将打破国有商业银行寡头垄断的现状，并在整体上提高中国商业银行的经营绩效，最终促进我国商业银行业市场结构的发展与完善（刘伟、黄桂田，2002）。

---

① 意指非国有银行不仅在治理结构上越来越像国有银行，而且在市场经营取向上也越来越像国有银行，都是以面向大企业的批发银行业务为主。

二、建立公平竞争的信贷市场，降低获取信息的成本

（一）消除信息壁垒

即使在同一监管环境中，由于市场不同部分的竞争程度不同，银行与借款人信息不对称的程度也有所不同。一方面，银行业存在获取借款人信息的规模经济，银行贷款给小公司的单位资金的信息成本较高，因此对大公司的贷款较有吸引力，而且银行的可贷资金越多，越有助于避免风险；另一方面，有些行业更容易进行资信评估，借款人更容易提供抵押和担保，减少信息不对称的影响。在信息不对称影响不大的市场中运作的借款人是提高市场竞争程度、放松管制的最主要的受益者。放松银行业监管、促进市场竞争，可能会导致信贷资金在市场中的重新分配，信贷资金将从受信息不对称影响较大的市场部分转移到受这种影响较小的市场部分，同时新的资金竞争也会增大银行的经营成本。

为了获取利润，银行需要获得大量的信息。它或者是与其他竞争对手共享信息，或者是从独立的信息生产机构那里购买信息。而作为第三者的独立信息生产机构对信息的收费将降低银行体系整体利润水平，增加银行的经营成本。所以，对于监管当局来讲，最佳的选择应当是面对整个市场而言的，应当消除市场信息壁垒这一整体问题，而不是仅仅解决某些特殊机构的困难。现实的选择就是建立全社会的个人、法人信用等信息系统，对经济个体的收入、税收、信用等信息进行全面的跟踪。这不仅对改善信贷市场结构的合理性、提高市场效率和竞争程度意义重大，还将降低全社会的信息不对称程度，从而降低其负面影响。

随着时间的推移，贷款人可以逐渐解决部分信息不对称的问题。在借贷过程中，金融中介可以收集到关于借款人信用及品质的一些私人信息，因此就获得了某种程度上对客户信息的垄断，从而形成对市场的垄断。信用状况好的借款人由于无法向市场中竞争的其他贷款人发出自身的质量信息，不得不束缚于现有的银行—客户关系，被迫支付高于竞争水平的利息。从银行业竞争和借款人的激励来看，一方面，银行要为未来的垄断利润争夺市场，因此会继续保持其对客户信息的垄断地位；另一方面，"租金"则诱使借款人违反"游戏规则"，其导致的道德风险会提供竞争性银行之间共享信息的激励。

对特定客户信息的掌握，使相关银行相对于其他银行有着明显的信息优势，这种优势对市场结构具有重要的决定性影响。因此，有进入信贷市场计划的信贷机构，比市场中原有的鉴别客户质量的能力较差的银行将面临更多的逆向选择。信息不对称制造的逆向选择，充当了进入市场的无形壁垒角色。竞争越是激烈的市场，信息不对称的市场壁垒问题越小。也就是说，借款人数量增长越快，市场越容易进入。但是从技术上讲，市场也只能维持有限数量银行的均衡，通过大量机构的竞争，消除信息垄断的负面作用在实际操作中并不现实。

但是，信息不对称问题的严重性，对不同银行和不同行业的企业有所不同。一方面，不同行业、不同企业可信度的评价难度根据其特征会有所不同，相应的风险大小

也不尽相同，银行可以用信息不对称的程度对借款人进行分类，提供抵押和担保的企业也是一种令信息不对称的负面作用降低的办法。另一方面，市场同一方的代理人之间也有信息不对称问题，一些金融机构会有信息优势或劣势。在借贷的管理控制过程中，银行可以收集到客户信用的私人信息，从以前已建立借贷关系的客户中区别出优劣，借贷市场的潜在进入者则面临严重的逆向选择。[①] 结果是进入者比已在者面临程度更严峻的借款客户分布，从而进入市场的意愿降低或者干脆拒绝进入。这样就可以理解为什么在借款人数量增长快的市场中信息性进入壁垒较低，进入者面临的逆向选择会在新借款人的市场份额增加时减少，即在借款人增长更快的市场中逆向选择效应较小。由此可见，中国信贷市场建设首先需要消除市场中的信息壁垒。

第一，需要严格执行相关的法律法规，其中重点是严格会计方面的法律法规，保证企业信息披露的真实性和准确性。从立法和司法方面体现保护债权人合法利益的原则，保障信用合约的履行。

第二，需要建立信用记录体系。我国应借鉴西方国家的做法，建立健全信用记录体系。自2000年上海成立首家个人信用联合征信机构（上海资信有限公司）以来，各地陆续建立了企业信用制度，其中包括中小企业信用记录体系。信用记录体系的建立是健全信用制度的重要环节。

值得注意的是，广大中小企业，尤其是民营企业融资难的症结在于企业的信用状况和资产运营效益的评估较难，以及由此带来的预期评估成本过高。各家商业银行为各自业务需要，分别评估企业信用及资产运营效益，对全社会来说是不合算的，会带来全社会交易成本的提高。而由民间机构评估企业信用及资产运营效益，在目前还存在着道德风险问题。较好的选择是，由代表广大商业银行利益的权威机构行使评估企业信用及资产运营效益的职能。中国人民银行的征信系统在这方面资料最为全面丰富，也最具权威性，应充分发挥其功能。随着时间和数据的积累，相关个人和企业的信用记录的覆盖面会越来越广。

信用制度基础的完善可以从两个方面推动正规市场的发展和资金供给：一方面，严格信息披露和建立信用记录体系，这可以在很大程度上解决信息不对称问题。这不仅能够促进资本市场的规范运作和规模壮大，还减少了银行了解企业的信息成本，降低了企业道德风险行为和银行信贷配给行为发生的可能性，从而推动银行信贷的发展。另一方面，严格执行相关的法律法规可以对借款人产生很强的约束作用，从而能够遏制其机会主义倾向，维护全社会的信用秩序。这将增大银行贷款的回收概率，它是信贷市场上信贷数量增长的一个重要前提条件。

（二）逐步清除银行业的政策壁垒，建立公平竞争的市场机制

由前述可知，目前我国银行业的市场结构具有较为明显的寡头垄断特征，国有产权占据绝对的垄断地位。国有银行的垄断来自传统惯性、行业进入管制以及较高的退出壁垒。此外，从行业集中度指标判断，我国银行业现存的利他性制度成本负担、产

[①] 缺乏足够的信息和能力来区别借款人是寻找资金的新客户，还是被市场原有银行拒绝的客户。

业化进程迟滞、行业规模不经济、国有商业银行盈利能力下降等因素制约着整个银行业市场绩效的提高。从行业进入壁垒指标判断，政策性进入壁垒占有较大权重。虽然银行市场结构的政策壁垒在一定程度上造成了信贷市场的扭曲，阻碍了经济的发展，然而，这并不意味着政府应该鼓励新的、没有经验的银行在缺乏监管的情况下进入金融体系，因为这一做法将引发更多的不良贷款，导致人们对金融系统稳定性的信心进一步丧失。相反，政府应建立一个稳定的经济环境，它理应包括健全的法律、现代会计制度和监管标准等，吸引新的、高效的参与者（国内的和国外的）进入金融市场。

近20年来金融改革的历程证明，随着政策性进入壁垒的逐步放开，进入者对原行业成员构成强有力的竞争威胁，并且随着高效的金融中介的进入，我国信贷紧张的状况也随之得到缓解。竞争是一把双刃剑，竞争的缺乏将导致较高的贷款利率以及国有银行的低效率，而竞争强度的提高则会降低存贷款利差。考虑到银行竞争必然导致不良资产的暴露，将会对存款人和贷款人产生负面效应，令银行业面临系统性内外部风险的冲击。倘若银行倒闭，最终会由存款人承担损失。因此，银行业的开放必须制定周密的计划，稳步推进，以防止银行信贷市场过度放开所造成的过度竞争局面，同时还需要制定银行破产处置条例，进一步完善存款保险的覆盖范围，防范突发性金融风险的冲击，保障金融安全。

（三）取消对资金配置的行政干预，完善正规市场法规制度

为了防范信贷配给的消极影响，政府应放弃对金融资源的行政干预，并代之以间接调控。惟有如此，由政府主导的行政性的信贷配给才能让位于金融资源的市场配置，所有制形式优先的原则才能让位于效益优先的原则，资金价格才能在资源配置上发挥基础性的作用。

中央和地方政府不应再下达指令性贷款，不应对银行的信贷投向和贷款利率进行直接的行政干预，而应让商业银行根据风险和收益对称的原则，自主选择投资项目。这就要求彻底转变政府职能，实现政银分开。2005年银行实行股份制改造后，基本上实现了把国有银行的社会职能剥离出来的目标，国有银行基本上脱离了具有社会经济管理职能的行政部门的控制。通过国有银行上市，建立规范的法人治理结构，通过股权分散化、多元化达到政银分开的目的，进一步限制了政府主导的行政性信贷配给。与此同时，银监会自成立以来，通过各类政策法规的颁布，规范与商业银行的关系。在政治体制改革落后于经济体制改革的情况下，如果缺乏法律规范和约束，即便政府职能界定明晰，也难免发生政府干预行为。所以，完善金融立法是确保政府与国有商业银行关系的有效保障。

三、改革信贷资源配置机制，提高分配效率

要真正消除信贷市场中信贷配给造成的负面影响，切实完成政府职能的转变成为最为关键的政策措施之一。政府主要运用财政政策和货币政策间接调控经济，不再直接决定资金的分配，不再使用各种补贴措施支持国有企业，政府要彻底根除由其所主导的信贷配给，取消对资金配置的行政干预。

（一）创造稳定的宏观、微观经济环境，完善信贷导向政策，突出信贷配给对
经济增长的促进作用

在中国经济转轨的早期，政府主要运用行政权力配置资源，通过直接干预贷款或
各种各样的补贴措施分配资金，直接导致了信贷市场中金融资源的配给现象。可以说，
在我国经济和金融的运行中，无论是宏观方面出现的一些痼疾，如二元金融结构、资
金配置效率低下、利率管制等，还是微观方面的某些问题，如银行的不良资产、企业
"投资饥渴"、微观主体信用缺损等，都或多或少地同政府主导型的信贷配给行为有关。

一方面，政府应着重深化税收改革，在开源节流、增加财政收入、防止财政赤字
进一步扩大的同时，创造良好的宏观经济环境；另一方面，既然信贷配给问题已事实
上成为影响我国货币政策效果的重要因素，那么就需要运用选择性货币政策工具和间
接信用指导工具，积极发挥信贷政策的指导作用，以有效遏制信贷配给的消极作用。
显然，传统的货币政策三大工具无法做到遏制信贷配给的消极效应，因为它们都是通
过影响商业银行的超额准备金发挥作用的，而信贷配给却使得超额准备金变动对商业
银行行为影响趋于迟钝。在1998年取消对国有商业银行贷款限额控制，货币政策由直
接控制转向间接控制后，回归传统的信贷计划手段只能加重政府主导的信贷配给。

尤其是近几年在经济回归新常态以后，要发挥好信贷配给对经济增长的促进作用，
实现信贷配给的有序退出。通过对信贷资源的集中使用，更好地完善差别化的信贷分
配政策，对地区、产业、企业乃至个人实施差别化的信贷政策，在当前我国经济增长
面临着较大的下行压力的情况下，发掘新的经济增长点。具体的信贷政策的制定应当
考虑经济发展的环保标准和产业结构转换等要求，通过制度构建，完善信贷准入标准，
积极引导商业银行支持新兴战略产业的发展。通过加大对新兴战略产业长期贷款的投
入，增强对重大创新工程、先进制造业等领域的支持力度。做大做强一批有国际影响
力的知名企业，带动经济增长。此外，对传统产业的信贷支持以产业升级和改造为主，
在去库存、去落后产能的基础上，加大对传统产业解决产能过剩问题的支持力度，根
据新要求建设新增产能项目，对于不符合法律规定和程序的项目，一律不允许给予信
贷支持；对于"僵尸企业"和不具有市场竞争力的企业，或者环保要求不达标、产能
落后的企业，坚决实施退出相关贷款的政策。在贷款介入时，金融机构一定要确保坚
守经营原则，认真评估项目的可行性，坚决不涉足国家禁止发展的经济领域。

信贷政策还应在产业和区域上给予倾斜，打造经济的新增长点。由于不同地区经
济发展状况不同，掌握的资源不同，建设水平不同，对信贷资金的需求也会有所差异。
因此，应当认真研究区域的差异，根据区域自身的特色，从自身的经济优势出发，根
据国家给予的政策支持制定出相关具体的发展政策，合理分配信贷资金，最大限度地
将信贷资金投放与区域发展相结合，避免资金的消耗和浪费，有效化解信贷资金系统
风险。要引导金融机构对当前我国的"一带一路"战略、"京津冀协同发展"和"东
北老工业基地振兴计划"等区域发展战略给予信贷上的大力支持。此外，对于受信贷
配给不利影响的落后地区企业、中小企业、新兴企业、风险投资企业等，可以与财政
政策相配合，通过优惠利率予以支持，也可利用监管当局的地位和影响，借助道义劝

说或通过窗口指导，鼓励政策性银行对受信贷配给不利影响的企业和地区予以信贷倾斜。

（二）克服中小企业融资困境，消除二元金融结构

中国现存的信贷配给制度导致资金很难分配给更富有活力和效率的中小企业，这也是二元金融结构存在的重要根源。因此，要设法解决中小企业的融资困境，将非正规交易活动纳入正规市场的轨道。近年来，我国以互联网金融为代表的民间金融不断发展壮大，民间金融作为现有金融体系的有力补充，它可以进入当前金融体系难以涉及的领域。此外，民间金融还可以与商业金融机构良性竞争，进而提高我国各种金融机构的竞争力，推动我国建设现代金融体系。

发达国家和地区的政府很重视支持中小企业的发展，而且拥有支持中小企业发展的法律、政策和机构。发达国家的成功经验表明，金融支持是解决中小企业融资问题、促进中小企业持续稳健发展的有效办法。

政府支持中小企业发展的模式可分为清障铺路法和扶持法。前者以美、欧为代表，比如，美国设有永久性的政府金融机构——中小企业管理局，它通过多种贷款形式向中小企业提供经济支持；对中小企业的支持主要集中在保证市场公平、消除不利于公平竞争的障碍，提供有利于中小企业发展的信息、技术等各种服务方面。这对降低中小企业融资过程中的交易成本具有重要意义。这种模式的行政成本和财政成本较小，适合于小政府、大市场的成熟市场经济。后者以日本为代表，政府的政策性金融支持的力度较大，行政审批程序较复杂，财政成本较高，在政府主导型经济的成长阶段可能比较有效，但不利于经济转型和结构提升，也容易产生道德风险。

政府对中小企业融资支持的力度受到政府预算、经济体制和发展模式等因素的制约。国外经验还表明，政府对中小企业的资金支持与金融市场对中小企业的资金支持具有一定的替代性。此外，发达国家的中央银行以及金融监管机构在支持中小企业融资中并没有扮演主要角色或承担主要责任，解决中小企业融资难问题是一个系统过程，需要相关部门政策的协调配合。这一点尤其值得中国借鉴。

中小企业的发展同样需要完整、协调的法律体系。我国应该通过借鉴发达国家的立法经验，制定完善的法律和政策体系，鼓励创新，更多地运用市场手段解决中小企业的融资问题。现阶段，我国政府财力有限，因此应更多地通过制定协调、配套的政策，提高相关政策的优惠程度来支持中小企业的发展。

（三）发展信用中介机构，引入中小企业信用担保机制

中小企业特定的信息结构决定了其融资的边际信誉成本低于大企业，因此作为外部投资者，投资中小企业将面临更大的信息不对称。信息不对称问题的实质是一种市场失灵。在这种市场上，贷款利率不仅反映资源的稀缺程度，而且具有筛选与激励作用。为了实现社会总体福利的最大化，不能仅仅依赖价格机制配置资源，引入第三方弥补市场缺陷就成为一种合理的选择。对于信息不对称问题，第三方介入的方式通常有两种：一是政府管制以增加信息披露；二是发展能够使信息收益内部化的中介机构。

中小企业的信息结构是与其规模和内部治理结构相适应的，符合其内部最有效利

用信息资源的原则。而银行的均衡信贷配给也受到其为识别风险所耗费的边际信息成本的制约。所以，通过政府管制，强制要求中小企业披露信息或者银行增加对中小企业的贷款，都背离了帕累托最优原理。这也是我国政府一再要求各商业银行增加对中小企业贷款收效甚微的原因。

因此，发展专业化的信用中介机构，使信息收益充分内部化，不失为解决中小企业融资困境的有效途径。针对中小企业融资，信用担保显得尤为重要。因为专业化的信用担保机构正是以信息资源作为其经营对象的，而其产品正是信用供给。中小企业的信用担保机构作为第三方，可以通过信用担保的形式为中小企业的债务履约风险提供保证，从而降低了后者融资的风险水平，补充了其信用不足，同时也分散了包括大银行与中小银行在内的整个金融系统的风险，促进了融资交易的发生，成为超越"银行思路"的另一条路径。

我国中小企业在国民经济中的贡献份额与其所获得的金融支持的不对等，一方面反映了信息成本因素，信息问题阻碍了信贷配给的局部均衡向社会总体福利均衡的收敛，另一方面也是与我国集中、统一的国有银行体制这一结构性因素分不开的。因此，有必要引入中小企业信用担保机制，建立专业化的信用担保体系。这对于缓解中小企业的信用困境，提高信贷配给的均衡位置以及改善社会总体福利均具有深远的意义。

对于信用担保机构的运营模式，各地正在进行积极的尝试与创新。目前，上海采用的是以财政支持性担保机构为主、委托专业机构运作与管理的模式；深圳则采用企业互助担保基金模式，基金委托民营专业机构代理担保，实现了互助担保基金与商业担保机构的结合。中小企业信用担保机构的运营模式应在充分借鉴上述地区经验与教训的基础上，针对国内不同地区的情况，形成多种模式并存、互补与竞争相结合的担保机制。

参考文献

[1] 罗纳德·I·麦金农. 经济市场化的顺序——向市场经济过渡时期的金融控制(中文第2版)[M]. 北京:中国金融出版社,1993.

[2] 刘民权,徐晓萍. 缺乏和包含不对称信息假设的信贷市场模型[J]. 金融研究,2000(7).

[3] 齐志鲲. 银行惜贷、信贷配给与货币政策有效性[J]. 金融研究,2002(8).

[4] 申海波,等译. 金融自由化的经验[M]. 上海:上海财经大学出版社,2002.

[5] 王健. 新凯恩斯主义信贷配给论[J]. 经济学动态,1995(11).

[6] 杨天宇. 国有商业银行对民营企业的信贷配给行为研究[J]. 经济科学,2000(4).

[7] 王健. 国有商业银行信贷配给论[J]. 学习与探索,1997(5).

[8] 黄树青. 发展中国家的信贷配给与我国乡镇企业融资困境的解决[J]. 福建论坛(经济社会版),2001(8).

[9] 管毅平. 现实的信贷配给现象与宏观经济波动[J]. 学术动态,2000(8).

[10] 葛西城. 银行困境与斯蒂格利茨的信贷配给[J]. 银海听涛,2002(2).

[11] 张静琦,古文威,朱疆. 现代信贷配给理论评述及启示[J]. 财经科学,2000(4).

[12] 杨咸月. 金融深化理论发展及其微观基础研究[M]. 北京:中国金融出版社,2001.

[13] 北京大学中国经济研究中心经济发展战略研究组. 中国金融体制改革的回顾和展望[Z]. 北京大学中国经济研究中心内部讨论稿,No. C2000005,2000.

[14] 张杰. 民营经济的金融困境与融资次序[J]. 经济研究,2000(4).

[15] 林毅夫,李永军. 中小金融机构发展与中小企业融资[J]. 经济研究,2001(1).

[16] 林毅夫,孙希芳. 信息、非正规金融与中小企业融资[J]. 经济研究,2005(7).

[17] 王曙光. 中国经济转轨进程中的金融自由化[J]. 经济科学,2003(5).

[18] 罗玥. 国有银行市场势力分析[J]. 金融研究,2003(10).

[19] 刘民权,徐忠,俞建施. 信贷市场中的非正规金融[J]. 世界经济,2003(7).

[20] 施华强,彭兴韵. 商业银行软预算约束与中国银行业改革[J]. 金融研究,2003(10).

[21] 刘涛. 国有商业银行与非国有商业银行信贷行为比较:1996—2002[J]. 经济科学,2003(6).

[22] 宋亚敏,黄绪江. 对信贷配给模型的基层实证:咸宁个案[J]. 金融研究,2003(3).

[23] 刘伟,黄桂田. 银行业的集中、竞争与绩效[J]. 经济研究,2003(11).

[24] 张杰. 制度、渐进转轨与中国金融改革[M]. 北京:中国金融出版社,2001.

[25] 林毅夫,章奇,刘明兴. 银行业结构的国际比较与实证分析[Z]. 北京大学中国经济

研究中心内部讨论稿,2002.

[26]史晋川,叶敏.制度扭曲环境中的金融安排:温州案例[J].经济理论与经济管理,2001(1).

[27]史晋川,孙福国,严谷军.浙江民营金融的发展[J].浙江社会科学,1998(5).

[28]张杰.中国体制外增长中的金融安排[J].经济学家,1999(2).

[29]贺力平.克服金融机构与中小企业之间的不对称信息障碍[J].改革,1999(2).

[30]王信.台湾中小企业融资及对大陆的启示[J].经济社会体制比较,1996(5).

[31]柴学武.中国信贷市场的结构与变迁[J].经济问题,2002(1).

[32]罗珺.商业银行"惜贷"现象的制度分析[J].武汉金融,2002(12).

[33]刘海虹.国有企业融资效率与银行危机相关问题研究[J].财经问题研究,2000(3).

[34]高玉泽.我国银行业的市场结构与竞争行为[J].产业经济研究,2003(1).

[35]李庆云.中国利率市场化的结构主义分析[Z].北京大学经济学院内部讨论稿,1999.

[36]杨德勇,王桂贤.我国银行业垄断与效率的经济学分析[J].财贸经济,2001(12).

[37]刘荣.论商业银行结构及其竞争力[J].金融教学与研究,2003(2).

[38]刘端.信息不对称对信贷市场结构的影响[J].当代经济科学,2001(3).

[39]袁鹰.我国银行业市场结构效应分析——兼论其对中小商业银行市场定位的影响[J].财经研究,2000(12).

[40]吴育华,吴奉刚,连军,王朝弟.超额信贷风险分析[J].中国软科学,2000(10).

[41]季恒.论我国银行市场结构重组的制度约束与改革设想[J].改革探索,2003(4).

[42]周小全.垄断与竞争:"十五"期间中国银行业产业组织问题研究[J].投资研究,2001(10).

[43]张伟,罗凡.对我国信贷配给双重性的探讨[J].商业研究,2004(23).

[44]谢进城,张家峰.论抵押担保在不对称信息信贷市场中的作用[J].经济评论,2003(6).

[45]穆争社.道德风险引起的信贷配给及其治理[J].财贸研究,2002(6).

[46]文远华.中国经济转型时期信贷配给问题研究[D].北京:中国社会科学院研究生院,2003.

[47]程卫红.评述信贷配给论[J].金融研究,2003(11).

[48]潘明清,叶维.商业银行信贷配给与货币政策的有效性[J].经济论坛,2004(11).

[49]金俐.均衡信贷配给研究述评[J].经济学动态,2004(4).

[50]李文豪.我国银行经营绩效评价标准对信贷配给程度的影响[J].金融研究,2006(10).

[51]黄宪,马理,代军勋.资本充足率监管下银行信贷风险偏好与选择分析[J].金融研究,2005(7).

[52]王征.论信贷配给及其对我国金融运作机制的影响[J].中共济南市委党校学报,

2010(1).

[53]王征.当代中国的信贷配给[J].上海企业,2014(3).

[54]孙小丽.信贷配给下的中国货币政策信贷传导机制优化[J].管理科学,2005(3).

[55]白大鹏.论信贷配给对宏观经济波动的影响[J].学术论坛,2015(3).

[56]张微微.论信贷配给对宏观经济波动的影响[J].财会金融,2014(18).

[57]刘禹君.关于信贷配给对宏观经济波动的影响分析[J].商业经济,2014(12).

[58]叶宁华,包群.信贷配给、所有制差异与企业存活期限[J].金融研究,2013(12).

[59]孟祥兰,鞠雪祯.我国信贷规模对经济增长影响的定量分析——基于正规金融与非正规金融[J].宏观经济研究,2012(5).

[60]张龙耀,江春.中国农村金融市场中非价格信贷配给的理论和实证分析[J].金融研究,2011(7).

[61]王静,吕罡,周宗放.信贷配给突变分析——破解信贷配给难题的理论模型[J].金融研究,2011(8).

[62]刘瑞明.金融压抑、所有制歧视与增长拖累[J].经济学(季刊),2011(1).

[63]冯科.信贷配给、固定资产投资水平与企业创新[J].中央财经大学学报,2016(4).

[64]尹志超,甘犁.信息不对称、企业异质性与信贷风险[J].经济研究,2011(9).

[65]王霄,张捷.银行信贷配给与中小企业贷款——一个内生化抵押品和企业规模的理论模型[J].经济研究,2003(7).

[66]苟琴,黄益平.我国信贷配给决定因素分析——来自企业层面的证据[J].金融研究,2014(8).

[67]江伟,李斌.制度环境、国有产权与银行差别贷款[J].金融研究,2006(6).

[68]康珂,丁振辉.中国经济"新常态"与银行业改革对策——基于商业银行转型视角[J].海南金融,2015(4).

[69]李成,黄友希,李玉良.国有企业改革和利率市场化能否改善非国有企业融资困境?[J].金融经济学研究,2014(4).

[70]王小鲁,余静文,樊纲.中国分省企业经营环境指数2013年报告(摘要)[J].国家行政学院学报,2013(4).

[71]王小鲁."十三五"时期需要怎样的结构调整[J].开放导报,2015(6).

[72]周小川.新世纪以来中国货币政策的主要特点[J].中国金融,2013(2).

[73]任建军,柯善咨.信贷配给与区域经济发展[J].金融论坛,2011(18).

[74]任建军.中国区域信贷配给现状及区域差异分析[J].金融论坛,2009(10).

[75]王欣呈.我国信贷配给效率差异性研究——基于31个省域面板数据[J].云南社会科学,2013(6).

[76]何问陶,王松华.地方政府隐性金融干预与信贷配给区域分化——基于面板数据的模型分析[J].财经理论与实践,2009(1).

[77]周方,我国信贷配给对经济增长的影响研究[D].北京:中共中央党校,2016.

[78]JOSEPH E. STIGLITZ, ANDREW WEISS, Credit rationing in markets with imperfect

information, The American Economic Review, Volume 71, Issue 3 (Jun. , 1981), 393 – 410.

[79] JOSEPH E. STIGLITZ, ANDREW WEISS, Credit rationing: reply, The American Economic Review, Volume 77, Issue 1 (Mar. , 1987), 228 – 231.

[80] J. E. STIGLITZ, A. WEISS, Asymmetric information in credit markets and its implications for macro – economics, Oxford Economics Papers, Volume 44, Issue 4, Special Issue on Financial Markers, Institutions and Policy (Oct. , 1992), 694 – 724.

[81] DWIGHT M. JAFFEE, THOMAS RUSSELL, Imperfect information, uncertainty, and credit rationing, The Quarterly Journal of Economics, Volume 90, Issue 4 (Nov. , 1976), 651 – 666.

[82] DWIGHT M. JAFFEE, THOMAS RUSSELL, Imperfect information, uncertainty, and credit rationing: a reply, The Quarterly Journal of Economics, Volume 99, Issue 4 (Nov. , 1984), 869 – 872.

[83] DWIGHT M. JAFFEE, FRANCO MODIGLIANI, A theory and test of credit rationing, The American Economic Review, Volume 59, Issue 5 (Dec. , 1969), 850 – 872.

[84] CORRY F. AZZI, JAMES C. COX, A theory and test of credit rationing: comment, The American Economic Review, Volume 66, Issue 5 (Dec. , 1976), 911 – 917.

[85] ALLEN N. BERGER, GREGORY F. UDELL, Some evidence on the empirical significance of credit rationing, The Journal of Political Economy, Volume 100, Issue 5 (Oct. , 1992), 1047 – 1077.

[86] EMST BALTENSPERGER, Credit rationing: issues and questions, Journal of Money, Credit and Banking, Volume 10, Issue2 (May, 1978), 170 – 183.

[87] ALAN S. BLINDER, Credit rationing and effective supply failures, The Economic Journal, Volume 97, Issue 386(Jun. ,1987), 327 – 352.

[88] ROBERT W. CLOWER, The keynesian counterrevolution: a theoretical appraisal, in the theory of interest rates, Edited by F. H. Hahr and F. P. R. Brechling, pp. 103 – 125, London: Macmillan, 1965.

[89] SHOUYONG SHI, Asymmetric information, credit rationing, and economic growth, The Canadian Journal of Economics, Volume 29, Issue 3 (Aug. , 1996), 665 – 687.

[90] COSTAS AZARIADIS, BRUCE SMITH, Financial intermediation and regime switching in business cycles, The America Economic Review, Volume 88, Issue 3 (Jun. , 1998), 516 – 536.

[91] JOSEPH ZEIRA, Credit rationing in an open economy, International Economic Review, Volume 32, Issue 4 (Nov. , 1991), 959 – 972.

[92] BRUCE SMITH, Limited information, credit rationing, and optimal government lending policy, The America Economic Review, Volume 73, Issue 3 (Jun. , 1983), 305 – 318.

[93] DUANE G. HARRIS, Credit rationing at commercial banks: some empirical evidence,

Journal of Money, Credit and Banking, Volume 6, Issue 2, (May,1974), 227 - 240.

[94] JOHN MCCALLUM, Credit rationing and the monetary transmission mechanism, The America Economic Review, Volume 81, Issue 4 (Sep. , 1991), 946 - 951.

[95] NILOY BOSE, RICHARD COTHREN, Asymmetric information and loan contracts in a neoclassical growth model, Journal of Money, Credit and Banking, Volume 29, Issue 4, Part1(Nov. ,1997), 423 - 439.

[96] JAMES R. TYBOUT, Credit rationing and investment behavior in a developing country, The Review of Economics and Statistics, Volume 65, Issue4 (Nov. , 1983) , 598 - 607.

[97] DONALD R. HODGMAN, Credit risk and credit rationing, The Quarterly Journal of Economics, Volume 74, Issue 2 (May, 1960), 258 - 278.

[98] DONALD R. HODGMAN, Credit risk and credit rationing: reply, The Quarterly Journal of Economics, Volume 76, Issue 3 (May, 1962), 488 - 493.

[99] MERTON H. MILLER, Credit risk and credit rationing: further comment, The Quarterly Journal of Economics, Volume 76, Issue 3 (May, 1962), 480 - 488.

[100] MITCHELL BERLIN, LORETTA J. MESTER, Deposits and relationship lending, The Review of Financial Studies, Volume 12, Issue 3(Autumn, 1999), 579 - 607.

[101] KERRY D. VANDELL, Imperfect information, uncertainty, and credit rationing: comment and extension, The Quarterly Journal of Economics, Volume 99, Issue 4 (Nov. , 1984), 841 - 863.

[102] DAVID BESANKO, ANJAN V. THAKOR, Collateral and rationing: sorting equilibria in monopolistic and competitive credit markets, International Economic Review, Volume 28, Issue 3 (Oct. , 1987), 671 - 689.

[103] MARSHALL FREIMER, MYRON J. GORDON, Why bankers ration credit, The Quarterly Journal of Economics, Volume 79, Issue 3 (Aug. , 1965), 397 - 416.

[104] JASON FURMAN, JOSEPH E. STIGLITZ, Economic crises: evidence and insights from east asia, Brookings Papers on Economic Activity, Volume 1998, Issue 2 (1998), 1 - 114.

[105] A. J. L. CATT, 'Credit Rationing' and the keynesian model, The Econimic Journal, Volume 75, Issue 298 (Jun. , 1965), 358 - 372.

[106] ROBERT J. BARRO AND HERSCHEL I. GROSSMAN, Money, employment, and inflation, New York: Cambridge University Press, 1976.

[107] ARMEN A. ALCHIAN, Information costs, pricing, and resource unemployment, Microcconomic Foundations of Employment and Inflation Theory, Edited by Edmund S. Phelps, pp. 27 - 52. New York: Norton, 1970.

[108] ERKKI A. KOSKELA, A study of bank behavior and credit rationing. Helsinki: Academia Scientiarum Fennica, 1976.

[109] CONSTANTINE C. AZARIADIS, Implicit contracts and underemployment equilibria,

Journal of Political Economy, Volume 66(December 1976), 911 – 917.

[110] MARTIN N. BAILEY, Wages and employment under uncertain demand, Review of Economic Studies, Volume 41(January 1974), 37 – 50.

[111] DONALD F. GORDON, A neo – classical theory of keynesian unemployment, Economic Inquiry, Volume 12(December 1974), 431 – 459.

[112] THOMAS PIKETTY, The dynamics of the wealth distribution and the interest rate with credit rationing, The Review of Economic Studies, Volume 64, Issue 2 (Apr., 1997), 173 – 189.

[113] EDWARD F. BUFFIE, Credit rationing and capital accumulation, Economica, Volume 58, Issue 231 (Aug., 1991), 299 – 316.

[114] STANLEY FISCHER, Recent development in macroeconomics, The Economic Journal, Volume 98, Issue 391 (Jun., 1988), 294 – 339.

[115] STEPHEN D. WILLIAMSON, Costly monitoring, loan contracts, and equilibrium credit rationing, The Quarterly Journal of Economics, Volume 102, Issue 1 (Feb., 1987), 135 – 146.

[116] HARL E. RYDER, Credit risk and credit rationing: comment, Quarterly Journal of Economics, Volume 76(August 1962), 471 – 479.

[117] PAUL A. SAMUELSON, Monetary policy and the management of the public debt: hearings before the subcommittee on general credit control and debt management, Joint Committee on the Economic Report, 82d Cong., 2d sess., 1952, p. 697.

[118] CHRISTOPHER M. SUYDER, Loan commitments and the debt overhang problem, The Journal of Financial and Quantitative Analysis, Volume 33, Issue 1 (Mar., 1998), 87 – 116.

[119] DWIGHT M. JAFFEE, Credit rationing and the commercial – loan market, The Journal of Finance, Volume 24, Issue 4 (Sep., 1969), 729.

[120] YUKIO RIMBARA; ANTHONY M. SANTOMERO, A study of credit rationing in Japan, International Economic Review, Volume 17, Issue3 (Oct., 1976), 567 – 580.

[121] JOHN W. GALBRAITH, Credit rationing and threshold effects in the relation between money and output, Journal of Applied Econometrics, Volume 11, Issue 4 (Jul. – Aug., 1996), 419 – 429.

[122] C. W. SEALEY, JR., Credit rationing in the commercial loan market: estimates of a structural model under conditions of disequilibrium, The Journal of Finance, Volume 34, Issue 3 (Jun.,1979), 689 – 702.

[123] ALEX CUKIERMAN, The horizontal integration of the banking firm, credit rationing and monetary policy, The Review of Economic Studies, Volume 45, Issue 1 (Feb., 1978), 165 – 178.

[124] BHATTACHARYA. S., AND A. V. THAKOR, Contemporary banking theory, Journal

of Financial Intermediation. Vol. 3, (1993), pp. 2 – 50.

[125] BONACCORSI DI PATTI. E., AND G. DELL´ARICCIA, Bank competition and firm creation, Mimeo, 2000.

[126] CAO. M., AND S. SHI, Screenin, bidding, and the loan marker, Queen's University, Mimeo, 2000.

[127] CETORELLI. N., Does bank concentration lead to concentration in industrial sectors? Federal Reserve Bank of Chicago, Working Paper, No. WP – 2001 – 01, 2000.

[128] CETORELLI. N., The role of credit market competition on lending strategies and on capital accumulation, Federal Reserve Bank of Chicago, Working Paper, No. WP – 97 – 14, 2000.

[129] CETORELLI. N. AND M. GAMBERA, Banking marker structure, financial dependence, and growth: international evidence from industry data, Journal of Finance. Vol. 56, No. 2, 2001, pp. 617 – 648.

[130] CETORELLI, NICOLA. AND PIETRO F. PERETTO, Oligopoly banking and capital accumulation, Federal Reserve Bank of Chicago, Working Paper, No. 2000 – 12, 2000.

[131] COLLENDER, R. N., AND S. SHAFFER, Local bank office ownership, deposit control, marker structure, and economic growth, U. S. Department of Agriculture, Technical Bulletin, No. 1886, 2000.

[132] DELL' ARICCIA, G., Learning by lending, competition, and screening incentives in the banking industry, Internatinal Monetary Fund, Mimeo, 2000.

[133] GUZMAN, M., Bank structure, capital accumulation, and growth: a simple macroeconomic model. Economic Theory, Vol. 16, No. 2, 2000, pp. 421 – 455.

[134] HELLMAN, T., K. MURDOCK AND J. STIGLITA, Liberalization, moral hazard in banking, and prudential regulation: are capital requirements enough? American Economic Review, Vol. 90, (2000), pp. 147 – 165.

[135] JAYAARATNE. J., AND P. STRAHAN, The finance growth: evidence from bank branch deregulatin, Quarterly Journal of Economics, Vol. 111, (1996), pp. 639 – 670.

[136] KUMAR, K., R. RAJAN AND L. ZINGALES, What determines firm size? University of Chicago, Working Paper, 1999.

[137] MANOVE, M., J. PADILLA AND M. PAGANO, Collateral VS. project screening: a model of lazy bank, Centre for Economic Policy Research, Discussion Paper, No. 2439, 2000.

[138] Pagano, M., Financial markets and growth, an overview, European Economic Review, Vol. 37, 1993, pp. 613 – 622.

[139] PETERSEN, M. A., AND R. G. RAJAN, The effect of credit market competition on

lending relationship, Quarterly Journal of Economics, Vol. 110, (1995), pp. 407 – 443.

[140] RAJAN, R. G. , AND L. ZINGALES, Financial dependence and growth, American Economic Review, Vol. 88, No. 3, (1998), pp. 559 – 586.

[141] SHAFFER, S. , The winner's curse in banking, Journal of Financial Intermediation, Vol. 7, No. 4, (1998), pp. 359 – 392.

[142] LA PORTA, R. , F. LOPEZ – DE – SILANES AND A. SCHLEIFER, Government ownership of banks, Harvard University, Mimeo, 2000.

[143] PIERRE PIEGAY, The new and post keynesian analyses of bank behavior: consensus and disagreemen, Journal of Post Keynesian Economics; Vol. 22, No. 2, (Winter 1999/2000) pp. 265 – 283.

[144] JENSEN , M. AND MECKLING , W. , Theory of the firm: managerial behavior, agency costs and capital structure, Journal of Financial Economics 3 , May, 1976.